はしがき

― 製品原価の計算を通じて利益を生み出し、ヒトの幸せを考えられる人をめざす ―

本書は、公益社団法人全国経理教育協会（いわゆる全経）・簿記能力検定試験（後援：文部科学省・日本簿記学会）１級：原価計算・管理会計の『公式テキスト』である。

全経では、近年の経済・経営環境の変化に対応すべく、経営管理の基礎となる簿記ならびに会計の能力水準の見直し作業を行ってきた。直近では、令和６年度（2024年度）より簿記の出題基準が一部改定されることになっている。その詳細は、【令和６年度改定】簿記能力検定試験出題基準および合格者能力水準および【令和６年度】簿記能力検定試験出題範囲に掲載されている。

資本主義社会において基本をなすのは、時代に合う工業製品を作ることであり、原価計算は、この製品原価を計数的に把握するツールである。たとえば「半導体」の計算である。したがって、われわれはこのツールを理解する必要がある。と同時に、この工業が資本主義体制の下に存在する以上、効率的に行われる必要がある。これをつかさどるのが管理会計の理論、論理である。つまり、原価計算と管理会計とは両輪の関係にある。

１級：原価計算・管理会計の検定試験は、これらの技能を学習し、理解することを目的としている。

なお、工的企業全体の運営においては、このための資金調達（場合によっては、余裕資金の運用）についても学ばねばならない。これは、全経簿記検定では「商業簿記・財務会計」の領域となる。商業簿記・財務会計の合格と一体となって、１級合格となる所以である。

したがって、学徒は、本書と併せて、１級：商業簿記・財務会計『公式テキスト』『公式問題集』も手元におかねばならない。

本テキストは、「出題範囲表」の下、製品原価計算のプロセスを学ぶ簿記ならびに原価の論理と処理を解説している。

本テキストには『公式問題集』（１級：原価計算・管理会計）が別に刊行されている。併せて利用され、合格証書を手にされることを祈っている。

令和６年３月

元金融庁・公認会計士試験委員
福岡大学教授・博士（経営学）
田坂　公

簿記能力検定試験受験要項

試験日　年４回（５月、７月、11月、２月）実施
※５月と11月は上級を除きます。

受験資格　男女の別，年齢，学歴，国籍等の制限なく誰でも受けられます。

受験料（税込）

上級		7,800円
１級	商業簿記・財務会計	2,600円
	原価計算・管理会計	2,600円
２級	商業簿記	2,200円
２級	工業簿記	2,200円
３級	商業簿記	2,000円
基礎簿記会計		1,600円

試験会場　本協会加盟校　※試験会場の多くは専門学校となります。

申込方法　協会ホームページの申込サイト（https://app.zenkei.or.jp/）にアクセスし，メールアドレスを登録してください。マイページにログインするためのＩＤとパスワードが発行されます。

上級受験者は，試験当日，顔写真付の「身分証明書」が必要です。

マイページの検定実施一覧から検定試験の申し込みを行ってください。２つの級を受けることもできます。

申し込み後，コンビニ・ペイジー・ネットバンキング・クレジットカード・キャリア決済・プリペイドのいずれかの方法で受験料をお支払ください。受験票をマイページから印刷し試験当日に持参してください。試験実施日の２週間前から印刷が可能です。

試験時間　試験時間は試験規則第５条を適用します。開始時間は受験票に記載します。

合格発表　試験日から１週間以内にインターネット上のマイページで閲覧できます。ただし，上級については２か月以内とします。※試験会場の学生，生徒の場合，各受付校で発表します。

［受験者への注意］
1．申し込み後の変更，取り消し，返金はできませんのでご注意ください。
2．上級受験者で，「商簿・財務」の科目を受験しなかった場合は「原計・管理」の科目を受験できません。
3．受験者は，試験開始時間の10分前までに入り，受験票を指定の番号席に置き着席してください。
4．解答用紙の記入にあたっては，黒鉛筆または黒シャープペンを使用してください。
　簿記上，本来赤で記入する箇所も黒で記入してください。
5．計算用具（計算機能のみの電卓またはそろばん）を持参してください。
6．試験は，本協会の規定する方法によって行います。
7．試験会場では試験担当者の指示に従ってください。

この検定についての詳細は，本協会又はお近くの本協会加盟校にお尋ねください。

検定や受付校の詳しい最新情報は、全経ホームページでご覧ください。
「全経」で検索してください。
https://www.zenkei.or.jp/

郵便番号　170－0004
東京都豊島区北大塚１丁目13番12号
公益社団法人　全国経理教育協会
TEL　03（3918）6133
FAX　03（3918）6196

工業簿記・原価計算・管理会計

2　級	1　級
工業簿記（製造業簿記入門）	原価計算・管理会計
1　工業簿記の特質	
1．商業簿記と工業簿記	
2．工業経営における分課制度	
2　工業簿記の構造	
1．商的工業簿記（小規模製造業簿記）	
2．完全工業簿記	
3．工業簿記の勘定体系	
4．工業簿記の帳簿組織	
5．報告書の作成	
a．原価計算表	製造原価報告書／明細書
	b．損益計算書と貸借対照表
3　原価	
1．原価の意義	
2．原価の要素と種類	
a．材料費，労務費，経費	
b．直接費と間接費	
c．製造原価と総原価	
d．製品原価と期間原価	
e．実際原価	
	f．正常原価
	g．予定原価
	h．標準原価
	3．原価の態様
	a．変動費と固定費
	4．非原価項目
4　原価計算	
1．原価計算の意義と目的	
2．原価計算の種類	
a．個別原価計算	
b．総合原価計算	
c．実際原価計算	
	d．正常原価計算
	e．予定原価計算
	f．標準原価計算
	g．直接原価計算
3．原価計算期間	
5　材料費の計算と記帳	
1．分類	
2．帳簿と証ひょう	
3．購入	
4．消費	
5．期末棚卸、棚卸減耗	
6　労務費の計算と記帳	
1．分類	
2．帳簿と証ひょう	
3．支払	
4．消費	
5．賃金以外の労務費	
7　経費の計算と記帳	
1．分類	
2．帳簿と証ひょう	
3．支払	
4．消費	

2　級	1　級
工業簿記（製造業簿記入門）	原価計算・管理会計
8　製造間接費の計算と記帳	
1．分類	
2．帳簿と証ひょう	
3．製造間接費の配賦	
a. 実際配賦	
	b. 正常配賦／予定配賦
	4．製造間接費予算
	9　部門費の計算と記帳
	1．意義と種類
	2．部門個別費と部門共通費
	3．補助部門費の配賦
	a. 直接配賦法
	b. 相互配賦法（簡便法）
10　個別原価計算と記帳	
1．意義	
2．特定製造指図書	
3．製造元帳	
	4．作業くず、仕損の処理と評価
11　総合原価計算と記帳	
1．意義と記帳	
a. 直接材料費と加工費	
b. 仕掛品の評価	
c. 平均法と先入先出法	
2．単純総合原価計算	
	3．組別総合原価計算
	4．等級別総合原価計算（等級係数の決定を含む）
	a. 単純総合原価計算に近い方法
	b. 組別総合原価計算に近い方法
	5．連産品原価計算
	6．工程別総合原価計算
	a. 累加法
	7．副産物、作業くずの処理と評価
	8．仕損、減損の処理
	a. 度外視法
	12　標準原価計算と記帳
	1．意義
	2．記帳
	a. パーシャル・プラン
	3．原価差異の計算と分析
	a. 直接材料費の材料消費価格差異と数量差異
	b. 直接労務費の賃率差異と作業時間差異
	c. 製造間接費差異（三分法）
	13　直接原価計算と記帳
	1．意義
	2．直接原価計算方式の損益計算書
	3．損益分岐点と CVP 分析
	a. 安全率と損益分岐点比率

2　級	1　級
工業簿記（製造業簿記入門）	原価計算・管理会計
16　製品の受払 1．製品の完成、受け入れ 2．製品の販売、払い出し	 17　販売費及び一般管理費 18　工場会計の独立 1．振替価格に内部利益を含めない方法 19　原価差異の会計処理 1．売上原価加減法 20　原価計算基準

CONTENTS

試験 標準勘定科目表

標準的な勘定科目の例示は、次のとおりである。なお、製造過程外で使用される商業簿記の勘定科目を除く。

2級　工業簿記

製造原価に関する勘定	材料（費）	補助材料（費）	工場消耗品（費）	消耗工具器具備品費	労務費
賃金	雑給	経費	賃借料	電力料	ガス代
水道料	直接材料費	直接労務費	製造間接費	加工費	資産勘定
仕掛品	製品	機械装置	費用勘定	売上原価	その他の勘定
月次損益	年次損益				

1級　原価計算・管理会計

製造原価に関する勘定	素材（費）	原料（費）	買入部品（費）	燃料費	○○手当
（法定）福利費	外注加工賃	特許権使用料	厚生費	直接経費	○○部門費
組間接費	第○工程仕掛品	（第○工程）半製品	○組仕掛品	○組製品	○級製品
副産物	作業くず	原価差異	直接材料費差異	材料消費価格差異	数量差異
直接労務費差異	賃率差異	作業時間差異	製造間接費（配賦）差異	予算差異	能率差異
操業度差異	○○部門費（配賦）差異	負債勘定	未払賃金	収益勘定	半製品売上
費用勘定	半製品売上原価	販売費及び一般管理費	その他の勘定	本社	工場

Chapter 1

工業簿記と原価計算

工業簿記と原価計算の全体像

		重要度
Section 1	工業簿記とは	★★★☆☆
Section 2	原価計算とは	★★★☆☆

ココがPOINT!!

商品は作った人にとっては製品

我々が日常手にする「商品」は必ず、どこかで誰かが作ったものです。そして作った人(会社)にとって、それは「商品」ではなく「製品」です。

工業簿記はそういった「製品」を作り出す製造業(メーカー)での簿記ということになります。

それではメーカーの世界、見ていきましょう。

工業簿記とは

はじめに

あなたは、家具を仕入れて販売する、全経家具の経営者です。
最近のあなたの悩みは、良い家具は安く仕入れられませんし、安い家具は品質が悪く、お客様に喜んでもらえないことにあります。
そこで一念発起したあなたは、自社で家具を作るために工場を持つことにしました。
工場で行われる簿記と、これまで行ってきた簿記、いったいなにが違うのでしょうか。

1 商業簿記と工業簿記

外部から**仕入れた商品を、そのまま外部に販売する企業**を商品売買業といい、そこで用いられる簿記が「商業簿記[01]」です。

これに対して、**外部から材料などを仕入れ、自社内で加工し、製造した物を外部に販売する企業**を製造業(メーカー)といい、そこで用いられる簿記を「工業簿記」といいます。つまり、労働者が社内で加工し、製品を製造することが、商業簿記と異なる点です。

01)みなさんは、3級の学習から、商業簿記の学習を本格的にしています。

商品売買業では「商品」、製造業(メーカー)では「製品」と呼んで区別しています。

〈商品売買業〉

商品を仕入れる　在庫する　販売する

商品売買業で用いるのが商業簿記、製造業(メーカー)で用いるのが工業簿記です。

〈製　造　業〉

材料を購入　加工して製品を製造　販売(出荷)

2 製造業と原価計算

製品を自社で製造する製造業では、製品を販売したさいの売上原価の算定や貸借対照表に記載する「製品」の金額を算定するために、**製造した製品の原価**[02]**を計算**しておく必要があります[03]。

この「**製品1個を作るのにかかったお金を計算すること**」を原価計算といい、製造業で行う工業簿記の中核となるものです。

02)製品を製造するためにかかった金額、コストのことです。

03)商品売買業では、仕入原価がわかっているので、製品原価の計算を行う必要がありません。

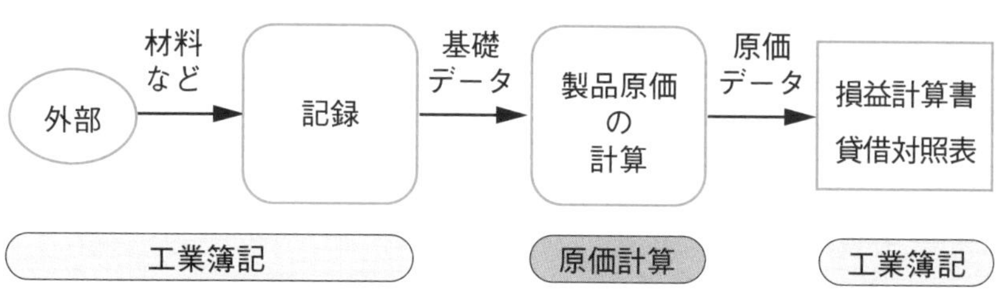

工業簿記も商業簿記と同じく、取引を「記録」し、必要な「計算」を行い、その結果を損益計算書や貸借対照表といった財務諸表で「報告」します。このうち、**「記録と報告」は主に『工業簿記』の役目**であり、**『原価計算』は主に「計算」を役目**とします。

3 原価計算の期間

製造業も商品売買業と同じく、一会計期間(通常1年)ごとに財務諸表を作成し公表します。

しかし原価の計算は、対応を迅速にするために**1カ月単位**[04]で行われ、この期間を「原価計算期間」といいます。

04)毎月1日から月末までの1カ月です。
なお、月の初めを「**月初**」、月の終わりを「**月末**」といいます。

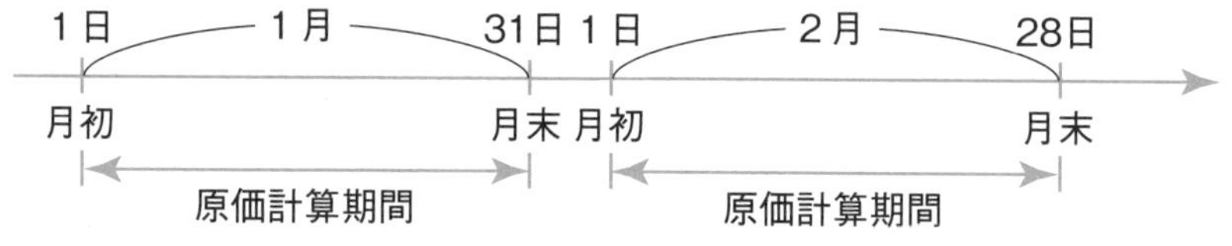

「先月は原価がかかりすぎたから今月はセーブしよう」と判断できるようにしています。「昨年は原価がかかりすぎたから、今年は…」では遅すぎるのです。

Section 1のまとめ

■商業簿記と工業簿記

商業簿記：商品を外部から仕入れて、その商品を外部に販売する「商品売買業」を営む企業が採用する簿記

〔商品売買業の流れ〕

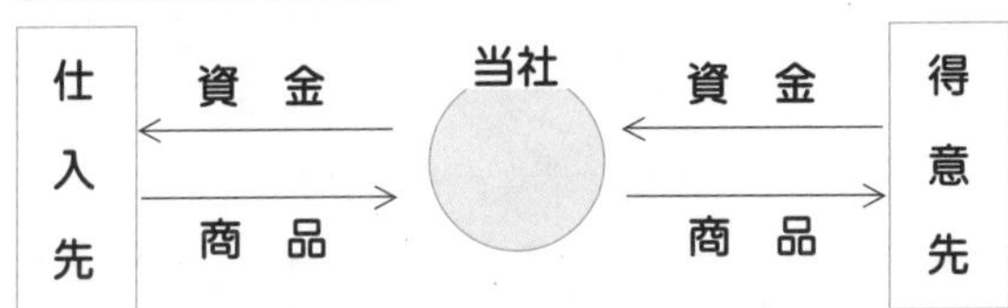

工業簿記：自ら製品を作り、それを外部に販売する「製造業」を営む企業が採用する簿記

〔製造業の流れ〕

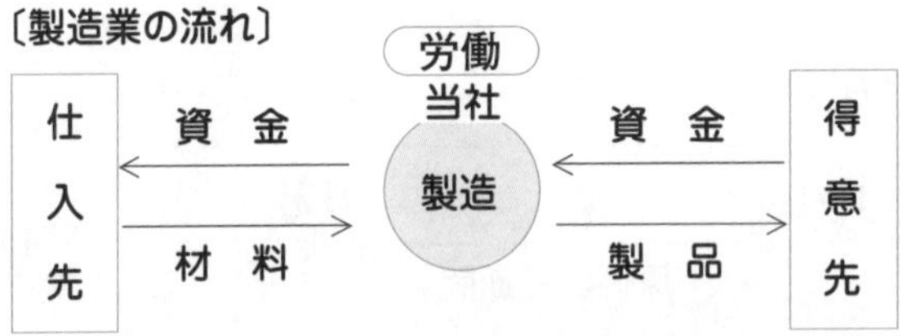

※製造を行うため、企業外部との取引の記録の他、製造活動に関する記録と原価計算を行います。

■製造業と原価計算

工業簿記：記録と報告が主な役目

原価計算：製品原価の計算が主な役目

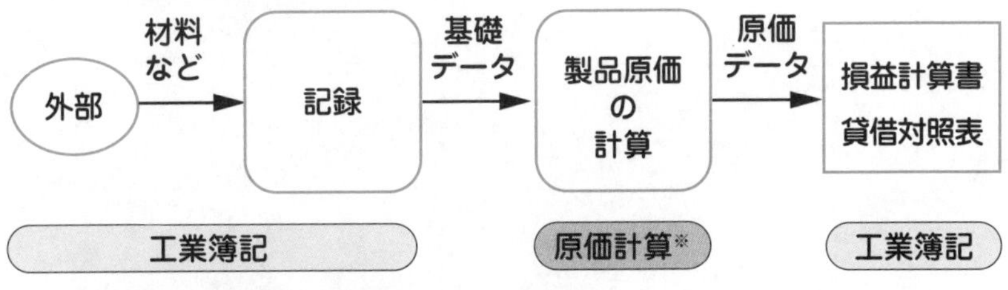

※１カ月単位（原価計算期間）で行われます。

原価計算とは

はじめに

Section 1では、製造業では原価計算というもので「製品1個を作るのにかかったお金」を計算しなければならないことを学びました。
原価計算とは原価を計算することですが、ここでは原価計算とは一体どういうものなのか、その概要について見ていきましょう。

1 原価計算とは

製造業を営む企業において、発生する原価についての様々な情報を提供するための手法を原価計算といいます。原価の情報は、製品の販売価格を決定する際の資料として、また企業外部に公表する財務諸表を作成する上でも必要不可欠です。さらには企業内部の経営意思決定のためにも重要な判断材料となります。

原価計算の目的
- 価格決定目的
- 財務諸表作成目的
- 経営意思決定目的

(1)価格決定目的の原価計算

製品を製造・販売して利益を獲得するためには製品1単位につきどれだけのお金をかけていたのかを計算する必要があります。これは、製品の原価よりも高い販売価格で製品を販売しなければ利益が生じないためです。この際に原価計算によって提供される情報が必要になります。

(2)財務諸表作成目的のための原価計算

企業の財政状態を報告する貸借対照表には、期末製品原価と期末仕掛品原価の情報を提供し、経営成績を報告する損益計算書には、販売した製品の売上原価、販売費及び一般管理費[01]などの情報を提供することになります。

01)販売費及び一般管理費も原価であり、原価計算の対象です。なぜなら製造原価がいくら安くても、販売その他に多額のコストを使っているようでは、利益を獲得することができないからです。

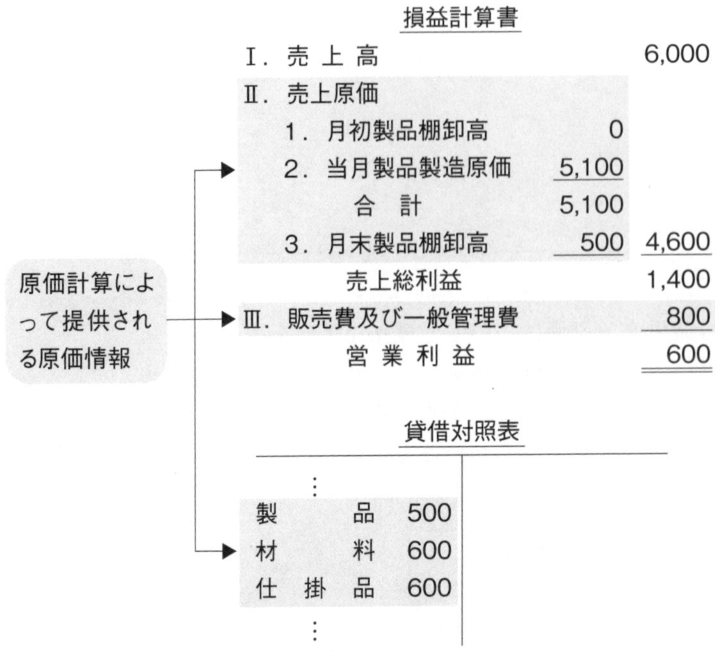

(3)経営意思決定目的のための原価計算

ある企業にとって解決すべき問題が生じた場合、解決策(これを代替案という)を検討し、それらの中から採算性やリスク等を考慮し、最も良い代替案を選択します。これを経営意思決定といい、採算性などの検討のためには原価計算の提供する原価情報を役立てることができます。

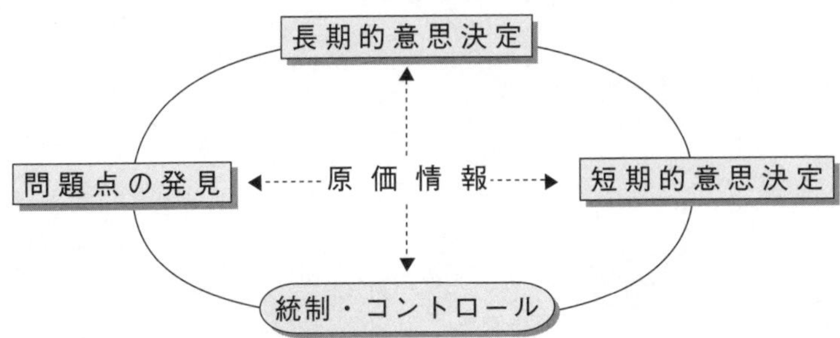

例えば、ある投資案を採用するべきか否かの選択を迫られた場合、当該投資を行うにあたって発生するであろう原価を分析することは意思決定を行うに際して大いに役立つでしょう。また複数の製品を生産している場合に、その組合せの数量を変化させることにより、原価がどのように変化するのかが把握できるならば、市場で優位を確保できるかもしれません。原価計算は必要に応じた原価情報を提供してくれます。

2 原価計算の分類

(1)原価計算制度と特殊原価調査

まず原価計算は、制度としての原価計算(原価計算制度)と制度外の原価計算(特殊原価調査)に分類されます。

原価計算 ─┬─ 原価計算制度
　　　　　└─ 特殊原価調査

①**原価計算制度**●財務諸表の作成、原価の管理、予算のコントロールなどのために、財務会計機構と結びつき常時継続的に行われる原価計算のことです[02]。原価計算制度は実際原価計算(制度)と標準原価計算(制度)に大別されます。

原価計算制度 ─┬─ 実際原価計算(制度)
　　　　　　　└─ 標準原価計算(制度)

02)いわゆる工業簿記のことです。原価計算制度に関する計算基準を示したものに、「原価計算基準」(昭和37年11月8日大蔵省企業会計審議会)があります。本書「巻末資料」を参照してください。

(i)実際原価計算(制度)

製品の製造にかかった実際の原価を**実際原価**[03]といいます。実際原価で製品原価計算や財務諸表の作成を行う原価計算制度を実際原価計算制度といいます。

実際原価＝実際価格×実際消費量

また実際価格ではなく予定価格で実際原価を計算することもあります。

実際原価＝予定価格×実際消費量

03)予定価格を用いても、実際の消費量にもとづき計算された原価であれば、それも実際原価とみなします。

(ii)標準原価計算(制度)

実際原価とは製品の製造に実際にかかった原価です。そのため実際原価の計算は製造が終了してから開始されます。これとは逆に生産にかかる前に材料等の価格、製造に必要な時間などをあらかじめ決めておき、これにもとづき、製品の原価を設定することがあります。この原価を**標準原価**[04]といい、標準原価を用いて製品原価計算や財務諸表作成を行う原価計算を標準原価計算(制度)といいます。

標準原価＝予定価格×標準消費量

04)標準の消費量にもとづき計算された原価ということもできます。

標準原価計算制度において用いられる原価に、**正常原価**というものがあります。正常原価とは、経営における異常な状態を排除し、経営活動に関する比較的長期にわたる過去の実際数値を統計的に平準化し、これに将来のすう勢を加味した正常能率、正常操業度および正常価格に基づいて決定される原価です[05]。

また、実務上、標準原価として**予定原価**が用いられることがあります。

予定原価とは、将来における財貨の予定消費量と予定価格とをもって計算した原価です[06]。

05)正常原価は、経済状態が安定している場合に、たな卸資産価額の算定のために最も適していますが、原価管理のための標準としても用いられます。

06)予定原価は、予算の編成に適していますが、原価管理およびたな卸資産価額の算定のためにも用いられます。

●比較：実際原価と標準原価●

実際原価＝AP（またはEP）× AQ

標準原価＝EP × SQ

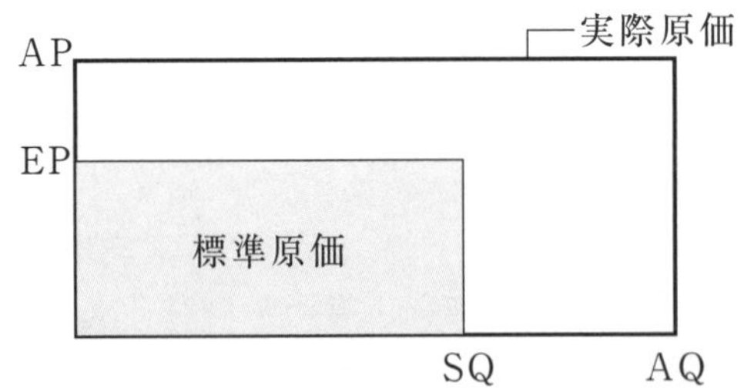

略号の説明
AP…実際価格
EP…予定価格
SQ…標準消費量
AQ…実際消費量

②特殊原価調査●経営上の意思決定などのために財務会計機構外で随時断片的に行われる原価計算のことです[07]。

07）全経上級の内容では損益分岐点分析などが特殊原価調査の例です。詳しくは、全経上級で学習します。

(2)個別原価計算と総合原価計算

製造業において、製品の生産形態が異なるならば、それぞれの生産形態にあった原価計算の方法を採用しなければなりません。この観点から原価計算は個別原価計算と総合原価計算とに分類されます。

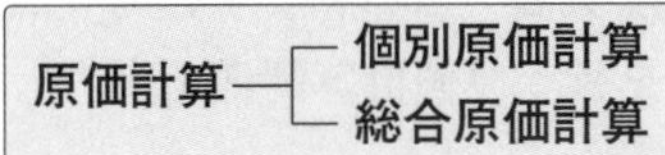

①個別原価計算

製品の生産形態として、注文を受けてから製品の生産をする**受注生産形態**[08]をとっている場合には、注文ごとに個別に原価を集計するのが合理的です。これを**個別原価計算**といいます。

個別原価計算 ⇒ 製造指図書ごとの個別原価を計算

08）受注生産形態の例として、建設業、造船業などがあります。

当月製造費用 500,000円 ⇒

指図書別原価計算表

摘　要	No.1	No.2	No.3	合　計
直接材料費	90,000	70,000	85,000	245,000
直接労務費	50,000	60,000	55,000	165,000
製造間接費	40,000	20,000	30,000	90,000
合　計	180,000	150,000	170,000	500,000

製造指図書ごとの原価を計算する

②総合原価計算

製品の生産形態として、市場における需要にあわせて見込みで量産品を生産している**大量生産形態**[09]をとっている場合には、量産品全体の原価を集計するのが合理的です。これを**総合原価計算**といいます。

総合原価計算 ⇒ 製品単位原価の計算

09）大量生産形態の例として、自動車産業、食品メーカー、家電産業などがあります。

当月製造費用 500,000円 ⇒ $\dfrac{\text{当月製造費用　500,000円}}{\text{当月生産量　1,000個}}$ ＝@500円

製品単位原価を算定する

⑶全部原価計算と部分原価計算

どの範囲までを製品原価に含めるかによって原価計算は全部原価計算と部分原価計算に分類されます。

原価計算 ─┬─ 全部原価計算
　　　　　└─ 部分原価計算

①全部原価計算

全部原価計算とは製品の製造にかかったすべての原価を製品原価とする方法です。

②部分原価計算

部分原価計算とは製品の製造にかかった原価のうち一部分だけを製品原価とする方法です。部分原価計算の代表例として直接原価計算があります。

●直接原価計算とは？●

直接原価計算とは、製品製造にかかった原価のうち、変動製造原価のみを製品原価とし、固定製造原価は発生した期の費用とする方法です。

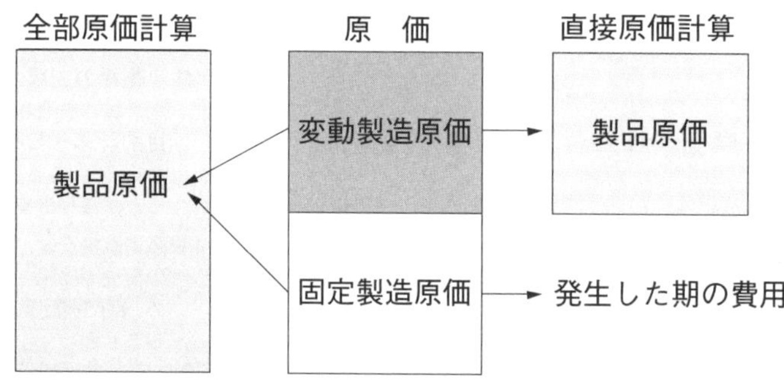

●まとめ●

これまでに説明してきた内容はおおむね次の図のように整理することができます。

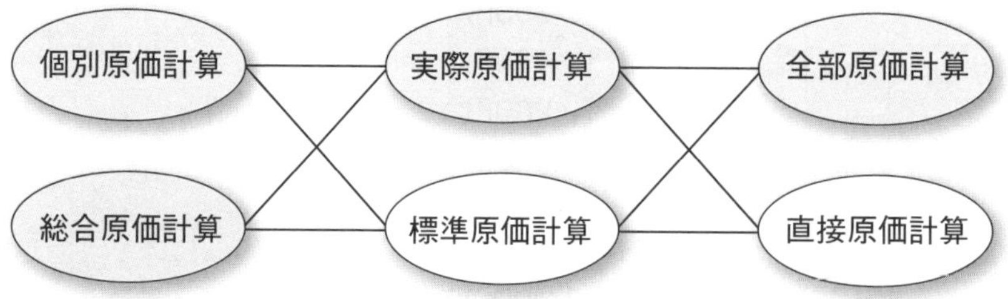

3 製品原価計算の手続き

製品原価計算は次の手順で行われます。

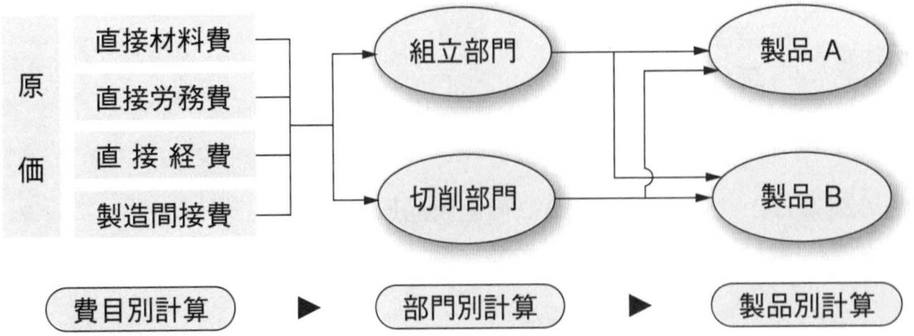

①費目別計算

原価計算期間内に発生した原価の発生額を直接材料費、直接労務費、直接経費等の製造直接費と製造間接費などに分類集計します。

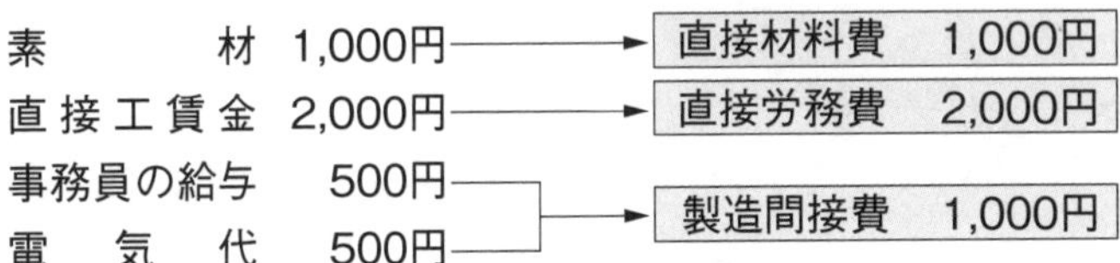

②部門別計算[10]

部門別計算では費目別に集計した原価、特に製造間接費を製造部門ごとに集計します[11]。

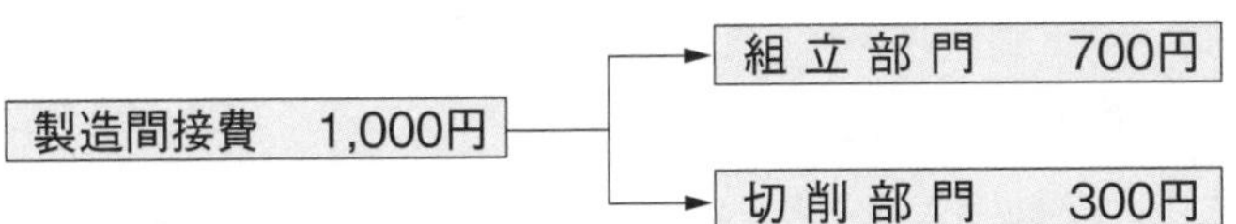

10)小規模の工場では部門別計算は省略されて、費目別計算→製品別計算という手順で行われることがあります。

11)製造直接費は、製品ごとの発生額が明らかなため、部門別計算を必要としません。

③製品別計算

部門ごとに集計した原価を最後に製品ごとに集計します。

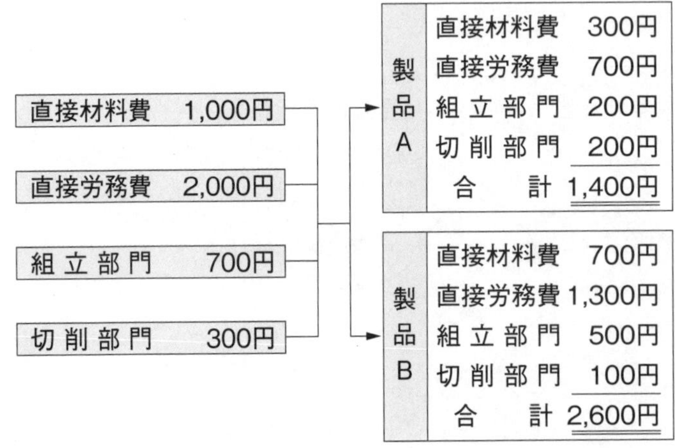

Section 2のまとめ

■原価計算の目的
・価格決定目的
・財務諸表作成目的
・経営意思決定目的

■原価計算の分類

	原価計算制度と特殊原価調査	実際原価か標準原価かによる分類	製品の生産形態による分類	製品原価の集計範囲による分類
原価計算	原価計算制度	実際原価計算	個別原価計算	全部原価計算
		標準原価計算	総合原価計算	直接原価計算
	特殊原価調査			

■原価計算の手続き

Step 1 費目別計算 ⇨ 

部門別計算 ⇨ Step 3 製品別計算

コラム　商業簿記と工業簿記の違い

商業簿記は商品売買業の簿記で、工業簿記は製造業…。などという話ではなくて、知識のありようとしての違いについてお話しましょう。

商業簿記で「有価証券の評価の処理がわかっている」からといって「貸倒引当金の処理ができるか」というと、それは無理です。両者は、まったく違う知識です。

一方、工業簿記で「単純総合原価計算」で原価の計算ができれば「組別総合原価計算もできるようになるか」というと、できるようになるのです。

そうなんです。

商業簿記の知識は常に１対１、つまり１つをマスターすれば１つ分の実力になり、その１つが出題されれば得点できるという１対１の“細切(こまぎ)れの知識”なのです。

それに対して工業簿記の知識は「総合原価計算」なら「総合原価計算」、「個別原価計算」なら「個別原価計算」という、１つの“塊(かたまり)の知識”なのです。そうして、その１つの塊について、問題ではいろいろな切り口で問われるという関係です。

このことが、両者の学習方法にも影響してきます。

商業簿記は“細切れの時間”でも、学習を進めることができます。しかし、工業簿記は“塊の時間”を使わないと、なかなか理解するところにまで行き着きません。

ですからみなさん、全経１級の２科目を同時に受験するときの学習計画は、時間が充分にとれる時期を工業簿記の学習にあて、そうでないときに商業簿記を学習するというのが合理的な方法と考えてください。

こう考えれば、多少忙しい方でも効率よく学習でき、しっかりと合格していけるでしょう。

Chapter 2

工業簿記の流れと原価の分類

工業簿記の流れと原価の分類の全体像

ココがPOINT!!

モノの動きと原価の流れ

材料を買ってきて、工場で加工すると製品ができ上がります。つまり工場では材料を加工することにより

材　料　→　仕掛品(しかかりひん)*　→　製　品　　＊作りかけの製品を意味します。

加　工　労　働

と姿を変えていくのです。この過程を工業簿記でも材料・仕掛品・製品といった勘定科目を用いて記録します。

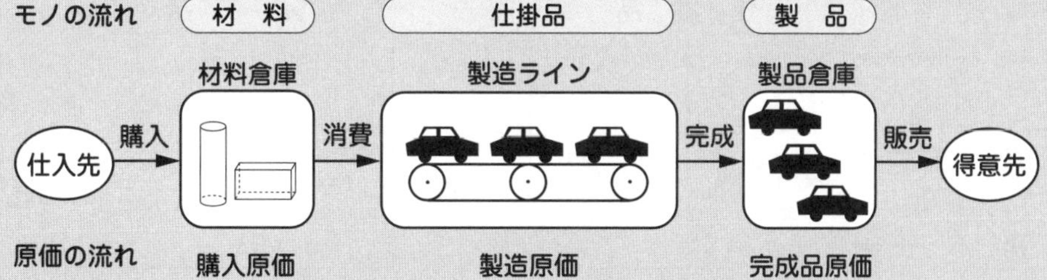

まずは、この勘定科目の流れ(つながり)が大切です。
少しずつはじめていきましょう。

工場で製品が作られるまで

はじめに

自社で家具を製造する工場を持とうと決めたあなた。
工場で製造して販売するには工業簿記で記録するということを知りました。
商品を販売する商業簿記は知っているのですが、製品を作る工業簿記の記録の方法はわかりません。どうやら、工場での製造ラインと同じように記録していくようなのですが…。
それでは、全経家具がどのように製品を作り、それをどのように記録すればよいのかを見ていきましょう。

1 工業簿記の全体像

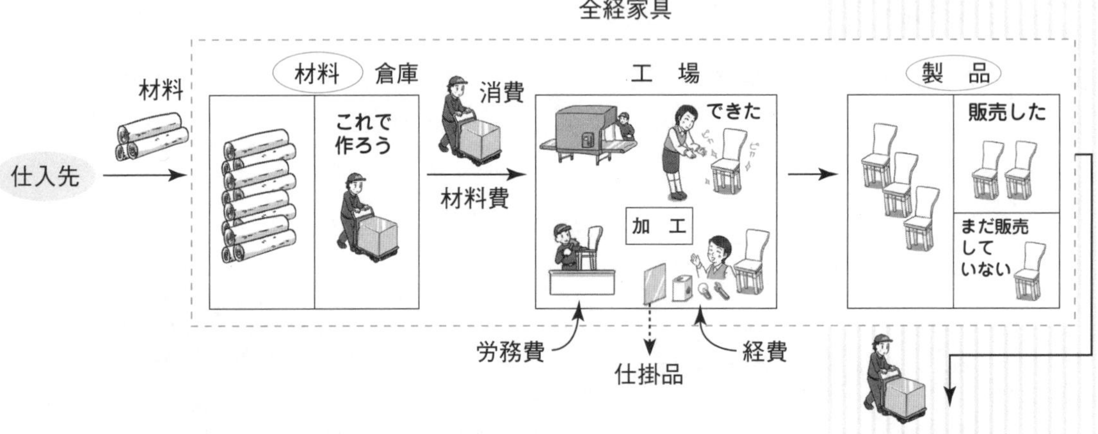

製品は、材料を買ってきて工場で加工してできあがります。

工場で加工するときは、材料の他に、加工する職人の賃金(労務費)や、電気代や水道代などの経費もかかります。そうしてできあがった製品は、製品の倉庫に保管され売られていきます。

ここで、工場にある作りかけの製品は「仕掛品」と呼ばれます。この過程を、工業簿記では以下の勘定の流れで記録していきます。

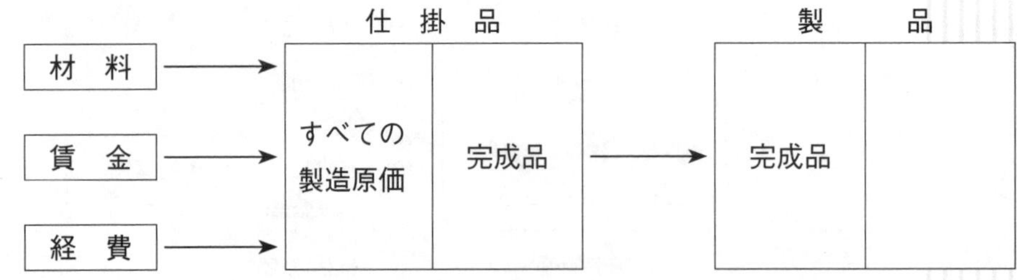

2 材料が製品になり販売されるまで

次に、これまでの説明を仕訳と図を使って表してみましょう。

簡単にするために、職人の賃金や電気代などの経費の説明は省略して、材料が製品になるまでを示します。賃金や経費は、後ほど詳しく説明します。

(1)まず材料を購入

製品の材料にかかる材料費は、材料勘定を用いて処理します。材料を購入すると、**材料勘定(資産の勘定)の借方**に記入します。これは材料という資産が増加するためです。

例1-1

材料3,000円を掛けで購入した。

(借) 材　料	3,000	(貸) 買 掛 金[01]	3,000

01)製品の製造にかかるものなので、買掛金勘定を用います。未払金ではありません。

材　料

(1)購入 → 購入原価 3,000円

(2)材料を工場で消費

製品の製造のために材料を使用することを「消費」といいます。ここでは、材料の倉庫から工場に材料を移動させるイメージで考えてください。

このときは材料の倉庫から、材料という資産が減少するので、材料勘定の貸方に材料消費額を記入します。

そして、作りかけの製品を表す**仕掛品勘定(資産の勘定)の借方**に記入します。

例1-2

上記【例1-1】の材料のうち2,400円を製品の製造のために消費した。

(借) 仕 掛 品	2,400	(貸) 材　料	2,400

この取引を勘定の流れで見ると、次のようになります。

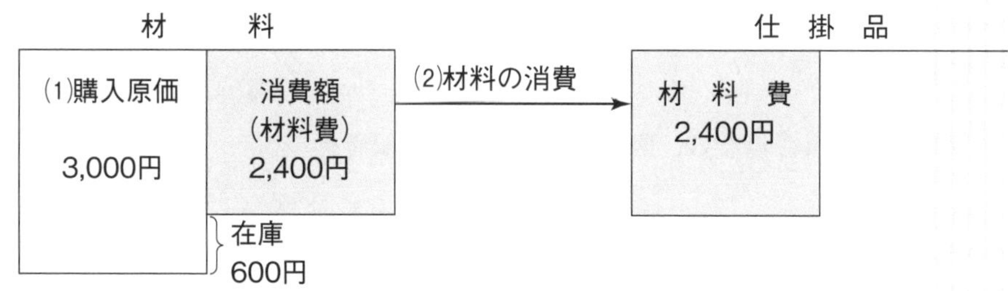

ちなみに、工場で材料を加工するには職人の「賃金」や電気代などの「経費」も発生しています。これらも材料勘定と同様に、賃金勘定、経費勘定を設けてそれぞれ仕掛品勘定へ振り替えていきます。

(3)製品が完成！

製品が完成しました。このときは**仕掛品勘定から製品勘定（資産の勘定）の借方**に振り替えます。

例1-3

製品6,400円（原価）が完成した。なお、労務費は2,800円、経費は1,200円、それぞれの勘定から仕掛品勘定に振り替えられている。

（借）	製　品	6,400	（貸）	仕　掛　品	6,400

この取引を勘定の流れで見ると、次のようになります。なお、当期に完成した製品の製造原価を**当期製品製造原価**といいます。

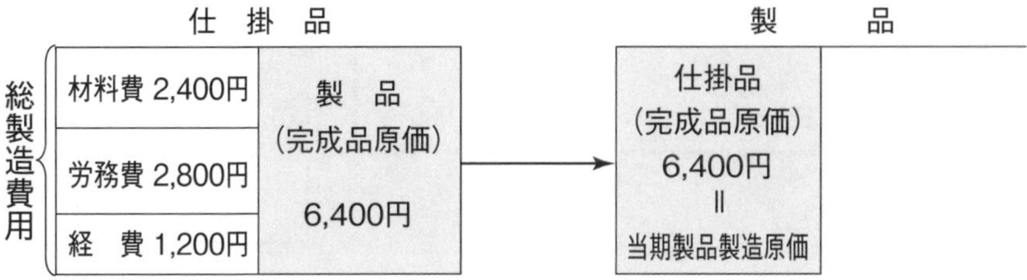

(4)製品の販売・返品

製品を販売したときに行う処理は2面あります。1つは「売上」に関する処理であり、**商業簿記ですでに学んだのと同じ処理**をします。

もう1つは、「売上原価」の計上の処理であり、**販売した製品の減少の仕訳をするとともに売上原価勘定（費用の勘定）の借方**に記入します[02]。

02）この処理法は、売上高とそれに対応する原価を対立させて計上するため、「売上原価対立法」といい、工業簿記ではこの方法が用いられます。

例1-4

製品の一部（原価6,000円）を10,000円で販売し、代金は掛けとした。

（借）	売　掛　金	10,000	（貸）	売　上	10,000
（借）	売上原価	6,000	（貸）	製　品	6,000

この取引を勘定の流れで見ると、次のようになります。

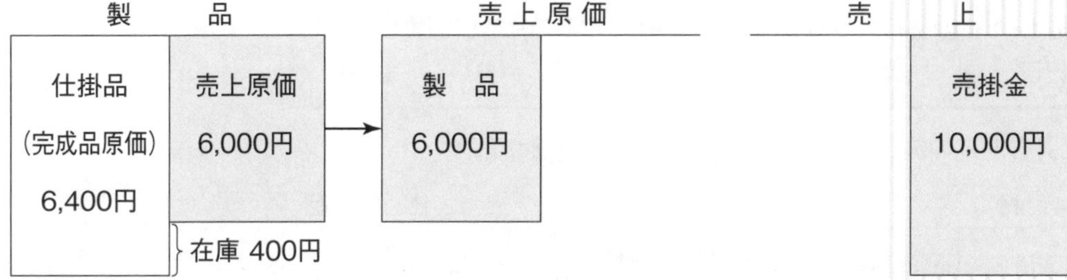

また、販売した製品が返品された場合は、販売時と貸借逆の仕訳を行います。

例1-5

例1-4で販売した製品のうち、販売価格1,000円分が返品された。

（借）	売　上	1,000	（貸）	売　掛　金	1,000
（借）	製　品	600	（貸）	売上原価	600

材料が製品になり販売されるまでの流れ

次の取引の仕訳を示しなさい。

(1) 材料 4,000円を掛けで購入した。
(2) 購入した材料のうち、3,000円を工場に移し、製造を開始した。
(3) 製品が完成した。なお、製品の製造原価は 7,000円であった。
(4) 完成した製品のうち 6,000円が、10,000円で販売され、代金は掛けとした。

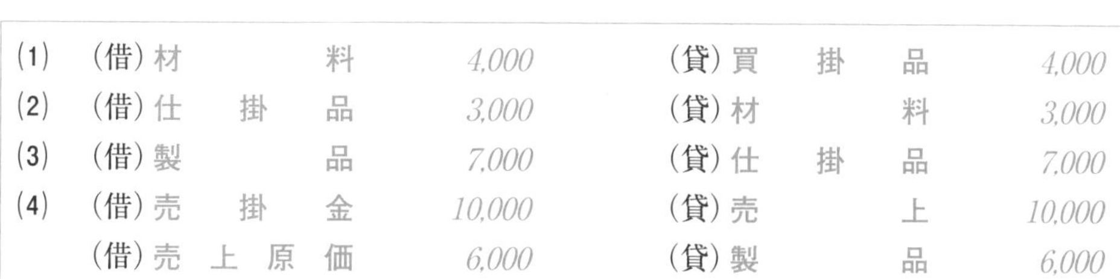

(1)	(借)	材料	4,000	(貸)	買掛金	4,000
(2)	(借)	仕掛品	3,000	(貸)	材料	3,000
(3)	(借)	製品	7,000	(貸)	仕掛品	7,000
(4)	(借)	売掛金	10,000	(貸)	売上	10,000
	(借)	売上原価	6,000	(貸)	製品	6,000

Section 1のまとめ

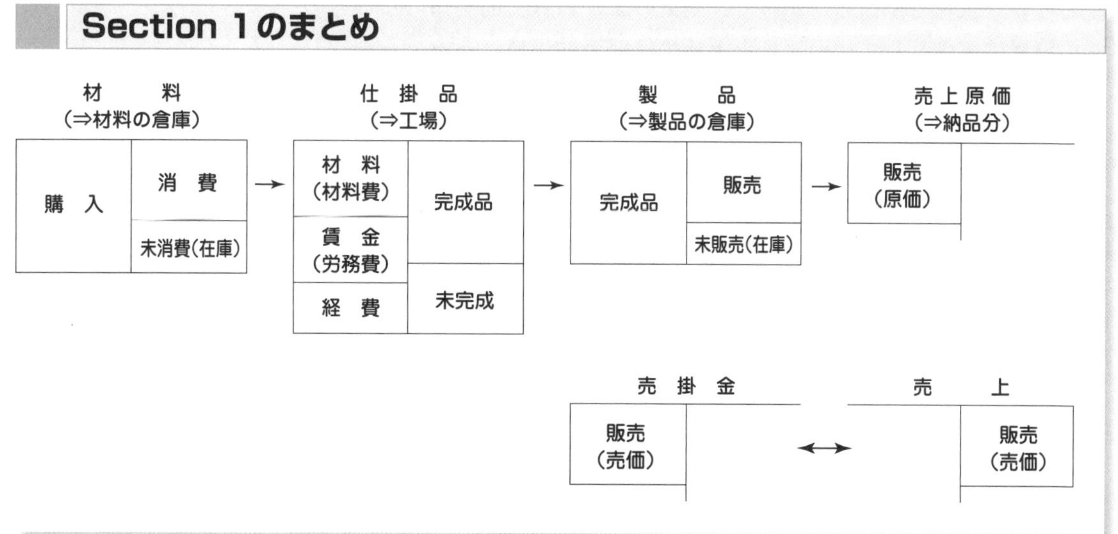

原価の意義と分類

はじめに

製造業では原価計算により原価の計算をして、その計算結果を工業簿記により帳簿に記録し、最終的に財務諸表を作成していくことを学習しました。
家具製造を営む当社としては、何が原価で、何が原価でないのか区別がつきません。
そもそも原価とは何なのでしょう。ここでは、原価の意義と分類についてみていきます。

1 原価計算制度上の原価とは

原価計算制度上の原価についてさしあたって次のように定義しましょう。

「原価計算制度上の原価とは、企業の経営活動のために消費された物やサービスを支出額で測定したものである」

ただし、この定義は抽象的で難解ですから、とりあえず次のようにイメージしてください。

「原価とは製造業が原材料の仕入れ、製品の製造販売などの経営活動を行うためにかけた費用」のことです。

原価計算制度上の原価には次に示すような特徴があります[01)]。

01) これらの特徴のすべてを備えていないと原価とはなりません。

①原価とは経済価値の消費である
②原価とは経営において作り出された一定の給付に転嫁された価値である
③原価とは経営目的に関連したものである
④原価とは正常的なものである

①の「経済価値の消費」とは、有形無形の経済的価値のある財貨を消費するという意味です。したがって、空気のように経済的価値のないものの消費は原価としません。また土地等は経済的価値はあっても消費しないので資産とはしますが、原価とはしません。

②の「一定の給付」とはわかりやすくいえば製品・仕掛品・サービス等を意味します。そして経済的価値のあるものを消費したら、その価値は製品等の給付に転嫁(てんか)される(＝乗り移ってしまう)と考えるのです。

③の「経営目的」とは一般的に生産と販売を指します。このため、生産と販売という目的のための経済的価値の消費は原価としますが、財務活動・投資活動による消費は原価としません。

④の「正常的なもの」とは、正常な経営活動を前提とした正常な経済的価値の消費を意味します。例えば仕損費は製造上生じたものですが、このうち新人工員が不慣れのため、多額の仕損が生じた場合、正常な状態で生じた仕損費とはいえないため、原価とはしません。この場合は異常仕損費(特別損失)として処理されます。

2 原価の範囲

1で定義した原価はさらに製造原価と営業費に分けられます。

①**製造原価**　●原価のうち製品の製造にかかった原価です。

②**営 業 費**　●製品の販売のためにかかった原価です。営業費はさらに販売費と一般管理費に分けられます。

なお、製造原価と営業費をあわせて総原価[02]といいます。

02)原価には製造原価の他、営業費が含まれます。つまり、総原価が原価計算の対象となります。これはいくら製造原価が安くても、営業費をかけすぎているようでは結局、利益を獲得できないためです。

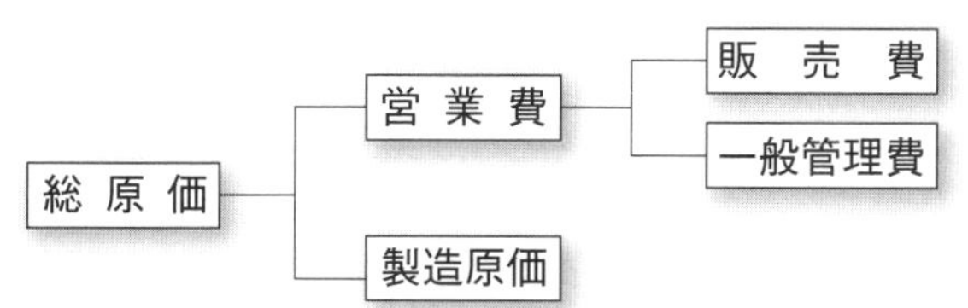

工員さんの賃金

製造原価

営業マンの給料

販売費

本社事務員の給料

一般管理費

3 非原価項目

原価に含まれない費用や損失を非原価項目といい、次のような項目があります。

非原価項目
- 経営目的に関連しない価値の減少
- 異常な状態を原因とする価値の減少
- 税法上特に認められている損金算入項目
- 剰余金の配当と処分に関する項目（その他の利益剰余金に課する項目）

⑴経営目的[03]に関連しない価値の減少

【例】

① 投資不動産・有価証券・貸付金、使用開始前の固定資産、長期休止設備の減価償却費、管理費、租税等の費用[04]

② 寄付金等であり経営目的に関連しない支出

③ 支払利息、手形売却損、繰延資産の当期償却額等の財務費用

④ 有価証券売却損、評価損[05]

03)一般的には「製品の製造と販売」が経営目的となります。

04)つまり製品の製造販売に関連しない(または貢献していない)資産に関わる経費、と覚えておきましょう。

05)商業簿記でも営業外費用、特別損失として扱います。

⑵異常な状態を原因とする価値の減少[05]

【例】

① 異常仕損費、異常減損費等

② 災害、盗難等の偶発的事故による損失

③ 固定資産売却損、除却損

⑶剰余金の配分と処分に関する項目

【例】

① 法人税、所得税、都道府県民税等

② 配当金

「税法上特に認められている損金算入項目」については重要性が低いので省略します。

例2-1

ＮＳ工業の当期の資料にもとづき、資料⑴～⒅にあげた項目を（イ）当期の製造原価（ロ）販売費及び一般管理費（ハ）非原価項目にそれぞれ分類しなさい。

〔資　料〕
⑴ 工場固定資産税
⑵ 工員募集費
⑶ 製造関係事務職員給料
⑷ 本社企画部費
⑸ 新技術基礎研究費
⑹ 重役室費
⑺ 広告費
⑻ 工場従業員のための茶道華道講師料
⑼ 工場火災による当期仕損費
⑽ 本社役員給料
⑾ 支払利息
⑿ 工場減価償却費
⒀ 長期休止設備の減価償却費
⒁ 有価証券売却損
⒂ 法人税
⒃ 固定資産売却損
⒄ 掛売集金費
⒅ 販売員給料

（イ）　⑴、⑵、⑶、⑻、⑿
（ロ）　⑷、⑸[06]、⑹、⑺、⑽、⒄、⒅
（ハ）　⑼[07]、⑾、⒀[08]、⒁、⒂、⒃

(イ)項目の前に製造・工場・工員などと付いているもの
　→ 製造原価となります。
(ロ)項目の前に本社・販売・営業所などと付いているもの
　→ 販売費及び一般管理費となります。
(ハ)経営目的に関連しない・異常な状態を原因とするもの
　→ 非原価項目となります。

06)新技術基礎研究費は通常の場合、販売費及び一般管理費に分類されます。

07)当期仕損費は本来製造原価となりますが、“工場火災”という異常な状態にもとづく発生額であるため、特別損失に分類されます。

08)長期休止設備の減価償却費は製品の製造販売に関連して生じていませんが、(設備を保有しているため)経常的に生じるので営業外費用に分類されます。

製造原価の分類

はじめに

自社で家具を製造する工場を持つにあたり、工業簿記について調べているあなたは、「メーカーには製品の製造原価の計算が必要なのだ」ということがわかってきました。
しかし、ひと口に“製造原価”とはいっても、家具を作るために必要な木材の代金が原価であることはわかるのですが、この他にも職人の賃金や工具代等になると、原価に含めてよいのかさえもわかりません。では、これらの扱いについて見ていきましょう。

1 形態別分類とは

製品は「モノ」、「ヒト」、「設備など」から作られます。このことから、製品の製造原価は「材料費」、「労務費」、「経費」の3つに分けることができます[01)]。

つまり、この3つが、製品の製造原価を構成しているのです。それぞれについて見ていきましょう。

01)これを形態別分類といいます。

(1)材料費(素材費)

製品を製造するために使われる物品を材料といい、製品の製造のために材料を使用(消費)したとき、その消費した金額(消費額)のことを材料費といいます。

家具の製造における木材や、自動車の製造における鉄板やタイヤをイメージしておきましょう。

(2)労務費

製品を製造するために工場で工員に働いてもらったとき、その労働に対して支払う賃金を労務費といいます。

(3)経　費

製造原価のうち、材料費・労務費以外のものすべてを経費といいます。具体的には、工場設備の減価償却費や、電力料・ガス代・水道料金などが該当します。

経費はその中身が雑多なため、「製造原価のうち材料費・労務費以外の原価」と定義されているのです。

2 製品との関連による分類とは

材料費、労務費、経費のそれぞれを、「製造している製品(特定の製品)に対してどれだけ使ったのか」を個別に把握できるものと、「製造している製品(特定の製品)に対してどれだけ使ったのか」を個別に把握できないものとに分類します。前者を製造直接費といい、後者を製造間接費といいます。

(1)製造直接費(せいぞうちょくせつひ)

製品1個あたりに使用した金額(消費額)が明確にわかり、製品1個あたりに対して**直接に計算できる原価**のことです。

例えば机1台あたり天板は1枚、脚は4本、それを組み立てる工賃は**1台につきいくら、と決まっている**のであれば、これらは直接材料費、直接労務費などの製造直接費となります。

(2)製造間接費(せいぞうかんせつひ)

製品1個あたりに使用した金額(消費額)が明確ではなく、製品1個あたりに対して**直接には計算できない原価**のことです。

例えば管理者である工場長の給料や、工場の建物の減価償却費は、特定の製品に対してかかっている原価ではないため、**「机1台あたりにいくらかかっていたのか」はわかりません**。したがって、これらは製造間接費となるのです。

3 操業度との関連における分類とは

設備の利用度、工員の作業時間などを操業度といいます。操業度との関連における分類では、操業度の増減に対して原価がどのように変化するかにより分類します。

①変動費 ●変動費とは操業度の増減に応じて比例的に増減する原価のことです。

②固定費 ●固定費とは操業度の増減にかかわらず変化しない原価のことです。

③準変動費 ●準変動費とは操業度がゼロの場合にも一定額の原価が発生し、同時に操業度の増加に応じて比例的に増加する原価のことです。

【例】電力料[02)]

④準固定費 ●準固定費とは、ある範囲内の操業度の変化では固定的であり、これを超えると急増し、再び固定化する、つまり階段状に変化する原価のことです。

【例】監督者給料[03)]

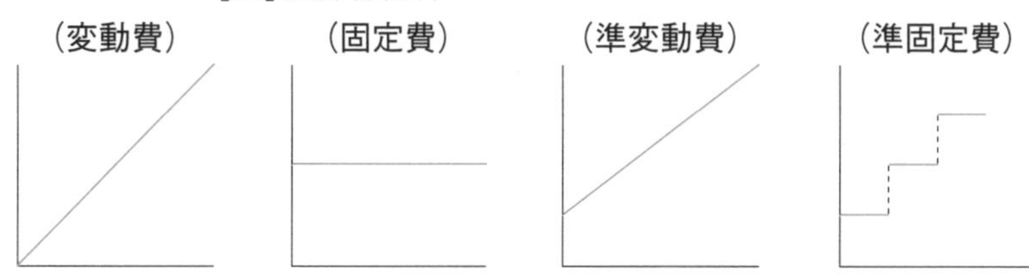

(注)その他の分類として機能別分類、管理可能性による分類等があります。

02)電力料は基本料金が設定されており、これは固定的に発生します。またその他に使用した分だけ使用料が加算されてきます。

03)例えば、操業度70%までは1人の監督者で足りますが、それを超えると監督者補佐が1人必要となるとします。その場合、監督者給料は操業度70%までは固定的ですが、それを超えると急増し、その後は再び固定的になります。

4 製造原価の分類のまとめ

これまで見てきた分類のうち、形態別分類と製品との関連による分類の2つの分類を組みあわせると、次のようにまとめることができます。

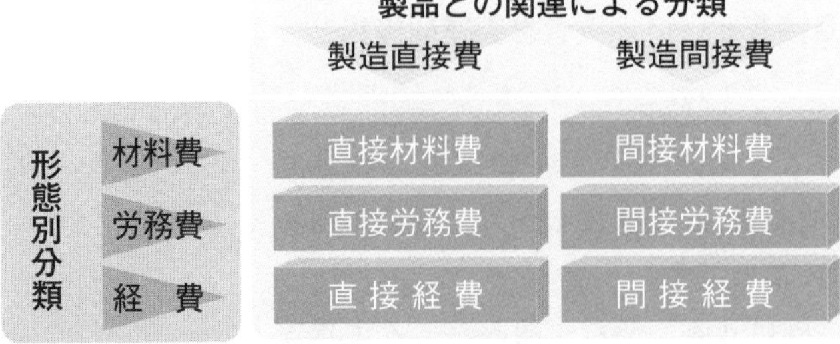

(1)直接材料費と間接材料費

材料費は、直接材料費と間接材料費に分類されます。家具製造業の例では、机を作る場合の天板や脚は製品1個あたりいくらと計算できるため直接材料費となります。また、塗料は製品1個あたりいくらと計算できないため間接材料費となります。まれに直接材料を修繕などのために間接使用(間接材料費となる)することがありますが、間接材料を直接材料として使用することはありません[04]。

04) 直接材料 → 直接材料費 / → 間接材料費
間接材料 → 間接材料費

(2)直接労務費と間接労務費

労務費も材料費と同様に、直接労務費と間接労務費に分類されます。家具製造業の例では、通常製品を作る工員(直接工という)の賃金は、製品1個あたりいくらと計算できるため直接労務費、管理者である工場長や事務員の給料は製品1個あたりいくらと計算できないため間接労務費となります。ただし工員が事務の手伝いをした場合には、その賃金は間接労務費となりますが、事務員は工場で作業する技術はないので、事務員の給料が直接労務費となることはありません[05]。

05) 工　員 → 直接労務費 / → 間接労務費
事務員 → 間接労務費

(3)直接経費と間接経費

経費も直接経費と間接経費に分類されます。家具製造業の例では、自社内では行えない天板への彫刻などが必要な場合に、外注に出して加工してもらうことがあります。この場合の加工費用は外注加工賃といい、直接経費となります。しかし、他のほとんどの経費は間接経費となります[06]。

06) 外注加工賃 → 直接経費
その他経費 → 間接経費

5 製品原価と期間原価

原価は、財務諸表上収益との対応関係に基づいて、製品原価と期間原価とに区別できます。製品原価は一定単位の製品に集計された原価、期間原価は一定期間に集計された原価です[07]。

07) 製品原価と期間原価との範囲の区別は相対的ですが、全部原価計算では、売上品およびたな卸資産の価額を構成する全部の製造原価を製品原価とし、販売費および一般管理費は、期間原価とします。

原価の分類

（問1） NS工業では机の製造を行っている。次にあげるア～コの項目は先月、当工場で発生した原価の一部である。これらを①～③の各基準によって分類しなさい。

ア．工場の電力料の基本料金	イ．製品用木材の消費額
ウ．工場事務員の給料	エ．製品を磨く紙やすりの購入額
オ．直接工の直接賃金	カ．製品の外注加工賃
キ．工場の減価償却費	ク．釘を打つハンマーの購入額
ケ．製品の塗料の消費額	コ．工場事務員の賞与

① 形態別分類

a．材料費〔　　　　〕
b．労務費〔　　　　〕
c．経　費〔　　　　〕

② 製品との関連における分類

a．直接費〔　　　　〕
b．間接費〔　　　　〕

③ 操業度との関連における分類

a．変動費〔　　　　〕
b．固定費〔　　　　〕

（問2） 次の空欄にあてはまる金額を答えなさい。（単位：円）

販　売　費（③）
一般管理費　200
（営業費）

間接材料費　150
間接労務費（②）
間接経費　600
（製造間接費）

直接材料費　1,400
直接労務費　1,100
直接経費（①）
製造直接費　3,200

製造原価 4,200

総原価 4,800

(問1)

① 形態別分類

a．材料費〔イ、エ、ク、ケ〕

b．労務費〔ウ、オ、コ　　〕

c．経　費〔ア、カ、キ　　〕

② 製品との関連における分類

a．直接費〔イ、オ、カ　　〕

b．間接費〔ア、ウ、エ、キ、ク、ケ、コ　〕

③ 操業度との関連における分類

a．変動費〔イ、エ、オ、カ、ケ〕

b．固定費〔ア、ウ、キ、ク、コ〕

(問2)

① 700 円　② 250 円　③ 400 円

ウ．工場事務員の給料…
製品製造に直接には関わっていないので、間接労務費となります。また、毎月一定額が支払われ、操業度によって発生額が変化しないので、固定費です。

エ．製品を磨く紙やすり…
工場消耗品費なので、材料費となります。

ク．釘を打つハンマー…
消耗工具器具備品費なので、材料費となります。

ケ．製品の塗料…
補助材料費なので、材料費となります。

① 3,200円－(1,400円＋1,100円)＝700円

② 4,200 円 －(3,200 円＋600 円 ＋150 円)＝250円

③ 4,800 円 －(4,200 円＋200円)＝400円

Section 2・3のまとめ

■形態別分類

材料費（素材費）：物品を材料として消費することにより発生する原価

労務費：労働用役を消費することにより発生する原価

経費：上記以外の原価財を消費することにより発生する原価

■製品との関連による分類

製造直接費：製品の製造と原価の発生とが、直接的に結びつけられる原価
→ 直接材料費、直接労務費、直接経費

製造間接費：複数の製品に対して共通的にかかる原価
→ 間接材料費、間接労務費、間接経費

■操業度との関連における分類

変動費：操業度の増減に応じて比例的に増減する原価

固定費：操業度の増減にかかわらず変化しない原価

準変動費：操業度がゼロの場合にも一定額の原価が発生し、同時に操業度の増加に応じて比例的に増加する原価

準固定費：ある範囲内の操業度の変化では固定的であり、これを超えると急増し、再び固定化する、つまり階段状に変化する原価

※上記の分類は大切なものです。とくにアンダーラインに注意しましょう。

Chapter 3

費目別計算

費目別計算の全体像

		重要度
Section 1	材料費会計	★★★★☆
Section 2	労務費会計	★★★★☆
Section 3	経 費 会 計	★★★☆☆
Section 4	製造間接費会計～2種類以上の製品を作っている場合～	★★★★☆
Section 5	予定消費額による計算	★★★☆☆
Section 6	製造間接費予算	★★★★☆
Section 7	営業費会計	★☆☆☆☆
Section 8	工業簿記の勘定連絡と財務諸表	★★★★★

ココがPOINT!!

すべてのモノは３つでできている！

　ありとあらゆる製品は、すべて３つのモノでできています。
　それは、材料費と労務費と経費です。
　まず材料があり、そこに労働によって加工を加え、さらに電気代などの経費がかかります。
　この、それぞれについて詳しく見ていきましょう。

Section 1

重要度 ★★★★☆

材料費会計

はじめに

全経家具の経営者であるあなたは、製品の製造原価が材料費、労務費、経費に分類されることを知りましたが、それぞれの費用には何が含まれるかを詳しく知りません。単に投入する木材や金具だけが材料だと思っていたのですが、どうやら他のものも含まれるようです。
ここでは材料について見ていきましょう。

1 材料費の分類

材料費	(1)直接材料費	① 主要材料費
		② 買入部品費
	(2)間接材料費	③ 補助材料費
		④ 工場消耗品費
		⑤消耗工具器具備品費

材料費は、生産する製品との関連で、**直接材料費**と**間接材料費**に大別されます。

(1)**直接材料費**[01]**とは、製品1単位についていくらかかったかが明らかな物品の原価のことです。**

(2)**間接材料費とは、製品1単位についていくらかかったかが不明な物品の原価のことです。また、金額的に重要でない物品の原価も間接材料費となります。**

これらの物品の原価は簡便な方法で計算してよいのです。

01)製品を形作る物品です。金額的にも重要なので、製品単位あたりの消費量を集計し、それに価格を掛けて正確な原価を計算する必要があります。

＜直接材料費＞

①主要材料費(しゅようざいりょうひ)

製品の主要部分に用いる物品の原価です。家具の製造を例にとれば、**木材や板**など。素材費や原料費ともいいます。

②買入部品費(かいいれぶひんひ)

他の企業から購入して、そのまま製品に組み込む部品の原価です。例えば**金具や机の天板用のガラス**などです。

＜間接材料費＞

③補助材料費[02]

製品を生産するために**補助的に消費される物品の原価**です。例えば**製造機械の燃料、塗料、補修用木材**などです。

02)製品を形作る物品ですが、金額的に重要性がありません。

④工場消耗品費

製品を生産するうえで必要な**消耗品の原価**です。例えば**ニス、サンドペーパーなど**です。

⑤消耗工具器具備品費(しょうもうこうぐきぐびひんひ)[03]

耐用年数が**1年未満**または**取得原価が安い**ため、固定資産として扱われない工具器具備品の原価です。例えば、のこぎり、カンナ、ドライバーなどです。

03)製品の生産のためには消費されますが、製品そのものを形作るわけではありません。

2 材料の動き

材料に関する一連の動きは次のとおりです。

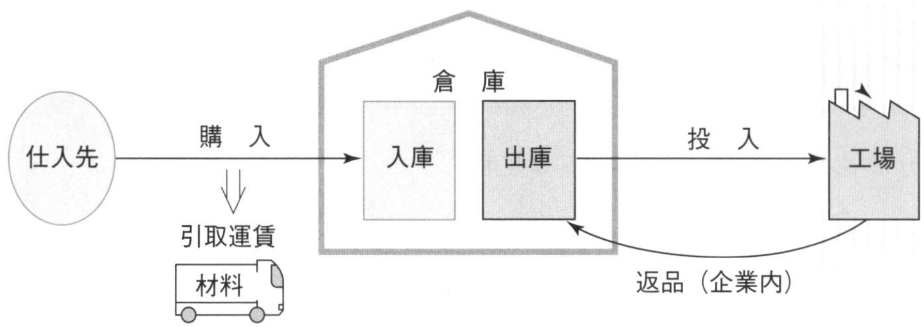

まず材料を購入し、材料の倉庫への入庫後、製品を作る工場へ出庫します。工業簿記ではこれを材料勘定で処理します。

それでは順を追って見ていきましょう。

3 材料勘定

材料勘定では、⑴材料の購入、⑵材料の消費（使用）の２つの取引があります。

⑴材料の購入

材料を購入したときは、**材料勘定（資産の勘定）の借方**に記入します。これは材料という資産が増加するためです。

例 1 - 1

材料 3,000 円を掛けで購入した。

（借）材　　料	3,000	（貸）買　掛　金[04]	3,000

04）製品の製造にかかるものなので、買掛金勘定を用います。未払金ではありません。

材　　料

購入原価 3,000円	

(1)購入 →

⑵材料の消費

材料を消費したときには、材料という資産が減少するので、**材料勘定の貸方**に材料消費額[05]を記入します。

このとき、どの製品の製造のために使ったのかが明確なもの（**直接材料費**）は**仕掛品勘定の借方**に、またどの製品の製造のために使ったのかが明確でない材料[06]（**間接材料費**）は**製造間接費勘定**[07]（**費用の勘定**）**の借方**に集計しておきます。

05）材料のうち、消費した分を材料費といいます。材料費は通常、勘定科目としては用いない点に注意しましょう。

06）補助材料や工場消耗品などがあります。

07）製造間接費勘定は本Chapter Section 4 で詳しく説明します。

例1-2

前記【例1-1】の材料のうち2,400円を製品の製造のために消費した（直接材料費1,600円、間接材料費800円）。

（借）	仕　掛　品	1,600	（貸）材　　　料	2,400
	製造間接費	800		

この取引を勘定の流れで見ると、次のようになります。

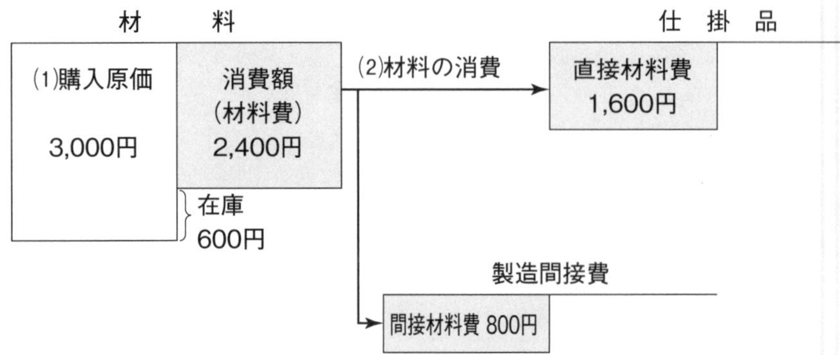

次からは、購入原価や消費額がどのように決まるかを見ていきましょう。

4 材料の購入

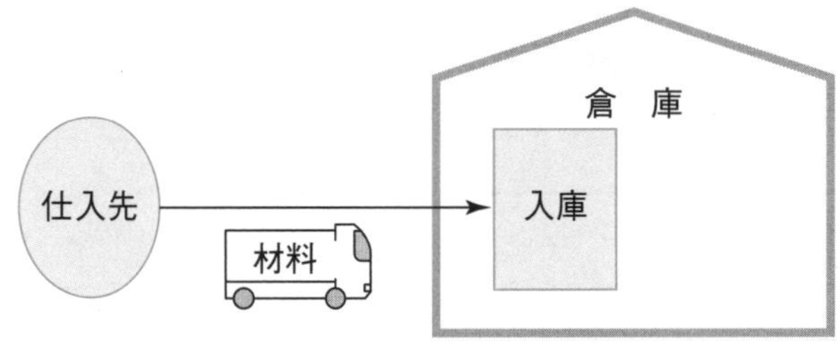

材料を購入したさいには、購入代価に引取運賃を加えた**購入原価**で処理します。

購入原価 ＝ 購入代価（こうにゅうだいか） ＋ 引取運賃
（取得原価）

購入代価は材料そのものの価格、引取運賃は購入した材料を運ぶのにかかった運賃や荷役費などです。

例1-3

1月10日、材料500個を現金で購入した。購入代価は65,000円であった。

（借）	材　　　料	65,000	（貸）現　　　金	65,000

例1-4

1月20日、材料1,000個を掛けで購入した。購入代価は90,000円であり、他に運賃10,000円を現金で支払った。

（借）	材　　　料	100,000[08]	（貸）買　掛　金	90,000
			現　　　金	10,000

08）90,000円＋10,000円
＝100,000円

5 材料費の計算

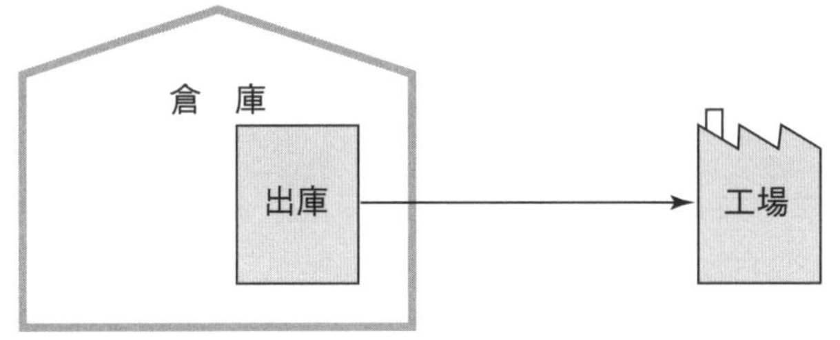

倉庫から工場へ出庫する場合、出庫する金額や数量を記録しておきます。そして倉庫から工場へ出庫される金額を材料費といいます。

例外もあります。ネジや釘などはいくつ買い、いくつ使ったかを計算することは可能ですが、それを数えるだけの手間暇（コスト）をかけられないものです。そこで、こうした重要性の低い材料は購入した金額を当月中に消費した、と考えて計算を行います。

材料費は、原則として次のように計算します。

材料費 ＝ 材料の消費価格[09] **× 実際消費量**[10]

ここからは、材料費の計算を、前ページの例を用いて**消費価格の計算**と**実際消費量の計算**の２つの面で見ていきましょう。

09) 材料１個あたりの購入に要した原価のことです。

10) 製品生産のために使用した材料の量のことです。

6 消費価格の計算

前ページの**【例 1-3】**で材料を500個、**【例 1-4】**で材料を1,000個購入しています。この時点での材料勘定は、次のようになっています。

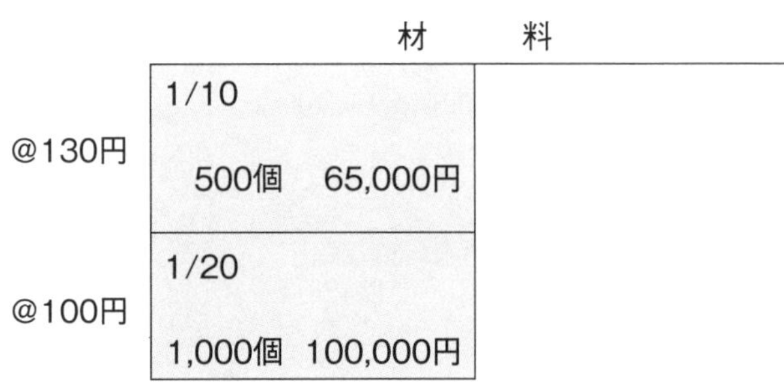

	材　料	
@130円	1/10　500個　65,000円	
@100円	1/20　1,000個　100,000円	

例として１月の消費量が1,400個とした場合の消費価格の求め方を見ていきましょう。

消費価格の計算方法には、次のものがあります。

⑴先入先出法（さきいれさきだしほう）

先に仕入れたものから先に払い出すと仮定して、消費価格を計算する方法です。

例1-5

【例1-3】、【例1-4】にもとづき、消費量が1,400個であった場合の当月の材料消費額（材料費）を先入先出法で計算しなさい。

材　　料

1/10 500個　65,000円 @130円	消費量 1,400個
1/20 1,000個　100,000円 @100円	月末数量　100個

1/10　@130円×500個＝65,000円
1/20　@100円×900個＝90,000円
材料費 155,000円

1/20　@100円[11]×100個＝10,000円

11)結果として月末分が後から仕入れたものの単価で構成されます。

⑵平均法（総平均法）

前月繰越高と当月の仕入高の合計から月間の平均単価を計算し、それを消費価格とする方法です[12]。

12)月末まで消費価格が決まらないという欠点があります。
なお、ここでいう平均法は総平均法です。平均法には、払出の都度平均を出す移動平均法もあります。

例1-6

【例1-3】、【例1-4】にもとづき、消費量が1,400個であった場合の当月消費額を平均法で計算しなさい。

材　　料

1/10 500個　65,000円 @130円	消費量 1,400個
1/20 1,000個　100,000円 @100円	月末数量　100個

材料費
@110円[13]×1,400個＝154,000円

@110円[13]×100個＝11,000円

合計　1,500個　165,000円
@110円（平均単価）＝165,000円÷1,500個

13)消費分も月末分も同じ単価で計算されます。

材料費の計算

次の資料により、A材料の当月消費額を、⑴先入先出法、⑵平均法により計算しなさい。

〔資　料〕

A材料の月初在庫量は 10kg @100円、当月購入量は 90kg @120円、当月消費量は80kg、月末棚卸量は 20kg であった。

	当月消費額
⑴　先入先出法	*9,400* 円
⑵　平　均　法	*9,440* 円

解説

(1) 先入先出法

A材料

月初10kg@100円	消費 80kg
当月 90kg @120円	
	月末　20kg

@100円×10kg＝1,000円
@120円×70kg＝8,400円　} 9,400円

@120円×20kg＝2,400円

(2) 平　均　法

A材料

月初10kg@100円	消費 80kg
当月 90kg @120円	
	月末　20kg

@118円×80kg＝9,440円

@118円×20kg＝2,360円

100kg 11,800円
@118円（＝11,800円÷100kg）

7 実際消費量の計算

前ページの**【例1-6】**をもとに実際消費量の計算方法を見ていきましょう。

実際消費量の計算方法には、(1)継続記録法と(2)棚卸計算法の２つがあります。

(1)継続記録法[14]

継続記録法は、材料の購入時、消費時ともに、材料の有高帳[15]に記録する方法です。この方法によると、常に在庫数量が判明し[16]、月末に実地棚卸を行うことにより棚卸減耗量[17]が把握できます。

【例1-6】の例では、消費量が1,400個、月末数量が100個あります。この消費量や月末数量は、材料の有高帳に記録して把握している帳簿上の数量です。

ここで、月末に実地棚卸[18]をした結果、95個だった場合、帳簿上の月末数量100個との差の５個は棚卸減耗量となります。

14) 原則的な方法です。

15) 材料元帳ということもあります。
３級で学んだ商品有高帳ととくに変わりはありません。

16) 同時に消費量も判明しています。

17) 次で詳しく見ていきます。

18) 実際に数量を数えることをいいます。

材　　料

1/10 500個 65,000円 @130円	消費量（帳簿） 1,400個	
1/20 1,000個 100,000円 @100円	月末数量 100個（帳簿棚卸数量）	棚卸減耗量 5個
		実地棚卸数量 95個

(2)棚卸計算法[19]

19)簡便な方法です。

棚卸計算法は、納品書などから把握される購入数量と月末に行う実地で把握される棚卸数量との差で消費数量を計算する方法です。この方法では帳簿上の棚卸数量がわからないので、棚卸減耗量は把握できません[20]。

20)消費数量に含まれてしまいます。

継続記録法では常に消費量がわかりましたが、棚卸計算法では、月末に実地棚卸を行うまで消費量がわかりません[21]。

21)消費量を差で計算するためです。

また実地棚卸をした結果、95個だったときは、購入数量1,500個と95個の差、1,405個が当月の消費量となります。

材　料

1/10 500個　65,000円 @130円	消費量 (差引)　1,405個
1/20 1,000個　100,000円 @100円	月末数量　95個 (実地棚卸)

2つの方法を比較すると、次のようになります。

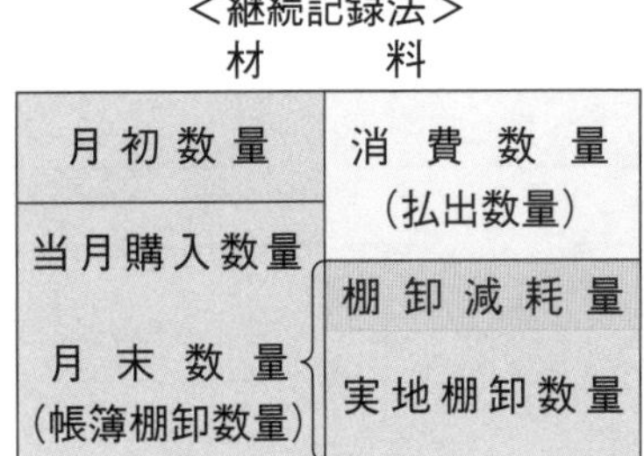

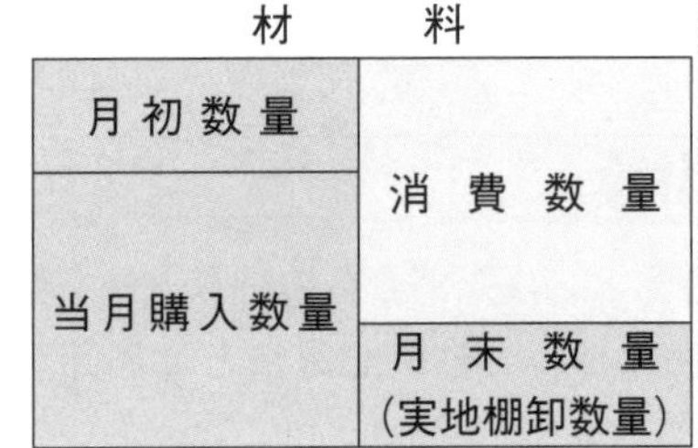

8 棚卸減耗の処理

実際有高[22]は帳簿有高[23]と一致するはずですが、紛失、破損、蒸発などにより、帳簿有高より少ないことがあります[24]。この減少分が**棚卸減耗**(たなおろしげんもう)です。

棚卸減耗は、**正常な量であれば、製造間接費として処理**します[25]。

22)実地棚卸をして確かめた実際の月末在庫量のことです。

23)材料の有高帳上で計算した帳簿上の月末在庫量のことです。

24)増えていることはありません。「材料が夜中にこっそり増殖している」なんてことありませんよね(笑)。

25)正常な量とは、「毎期決まって発生する程度」という意味です。

例1-7

材料の月末帳簿有高100個 @100円 10,000円。実際有高は95個であった。

(借)	製造間接費	500	(貸)	材料	500

まず、棚卸減耗量を計算します(帳簿数量100個－実際数量95個＝棚卸減耗5個)。次に、その金額を計算して(@100円×5個＝500円)、材料勘定から製造間接費勘定に振り替えます。

上記の処理によって、材料勘定の月末残高は実際の材料残高と一致します。

なお、棚卸減耗の単価は消費価格の計算に用いる方法(先入先出法、平均法など)と同じ方法で計算します。

9 材料の製造工程への投入と返品

(1)投　入

材料を製造工程に投入し、消費したさいには次のように処理します。

例1-8

材料 150,000 円を出庫し、製造工程に投入した。なお、このうち 4,000 円は間接費である。

(借)	仕掛品	146,000	(貸) 材料	150,000
	製造間接費	4,000		

(2)返　品

いったん投入した材料が倉庫に戻されることがあります。このときの仕訳は投入のさいの仕訳と貸借逆の仕訳となります。

例1-9

投入した材料 1,000 円が倉庫に戻された。このうち 200 円は間接費であった。

(借)	材料	1,000	(貸) 仕掛品	800
			製造間接費	200

棚卸減耗の処理

次の資料によって、(1)材料の払出し、(2)棚卸減耗の仕訳を示しなさい。

〔資　料〕

月初有高は 200 個 @80円、月間の買入高 1,000 個 @100円、月間の直接材料としての払出高は 1,100 個、月末の実際有高は 98 個であった。材料費の計算は先入先出法による。材料の減耗量は正常な量である。

(1)	**材料払出し**	(借)	仕掛品	106,000 [26]	(貸) 材料	106,000
(2)	**棚卸減耗**	(借)	製造間接費	200 [27]	(貸) 材料	200

26) (@ 80 円× 200 個)＋(@ 100 円× 900 個)＝106,000 円

27) @ 100 円×(100 個－98 個)＝200 円

Section 1のまとめ

■材料費の分類　材料費は、次のように分類できます。

	製品との関連	主な分類
材　料　費	直接材料費	主要材料費
		買入部品費
	間接材料費	補助材料費
		工場消耗品費
		消耗工具器具備品費

■材料の購入

購入原価 ＝ 購入代価（こうにゅうだいか） ＋ 引取運賃

例)材料を掛けで購入した。購入代価は900,000円であり、他に運賃100,000円を現金で支払った。

(借)	材　料	1,000,000	(貸) 買掛金	900,000
			現　金	100,000

■消費価格の計算　材料の消費価格の計算方法として、(1)先入先出法、(2)平均法があります。

(1)**先入先出法**：先に仕入れたものから先に払い出すと仮定して、消費価格を計算する方法
(2)**平　均　法**：月間の平均単価を計算し、それを消費価格とする方法

■棚卸減耗の処理　棚卸減耗は、正常な量であれば、製造間接費として処理します。

例)材料の月末帳簿有高100個 @100円。実際有高は95個であった。

(借)	製造間接費	500	(貸) 材　料	500

棚卸減耗の単価は消費価格の計算に用いる方法(先入先出法、平均法)と同じ方法で決めます。

■材料の返品　投入のさいの仕訳と貸借逆の仕訳となります。

例)投入した材料1,000円が倉庫に戻された。このうち200円は間接費であった。

(借)	材　料	1,000	(貸) 仕掛品	800
			製造間接費	200

労務費会計

はじめに

「材料費には引取運賃が含まれる」と知ったあなたは、「ボーナスや退職金は労務費に含まれないのだろうか」と気になってきました。どうやら労務費にも含まれる費用があるようです。
それでは、労務費について見ていきましょう。

1 労務費の分類

労務費	(1)直接労務費	直接工賃金（直接作業分）
	(2)間接労務費	直接工賃金（直接作業以外の部分）
		間接工賃金
		給料
		従業員賞与・手当
		退職給付費用
		法定福利費

労務費は生産する製品との関連で、**直接労務費**と**間接労務費**に大別され、さらに支払対象や報酬内容よって分類されます。

(1)直接労務費

製品の生産に直接的にかかった労務費のことです。基本的には、**直接工の賃金が直接労務費となります**[01]。

(2)間接労務費

製品の生産に間接的にかかった労務費のことです。**直接労務費以外はすべて間接労務費とされます。**

(3)支払対象や報酬内容による分類

労務費は、誰に対して支払ったものか、またその報酬の内容によって、次のように分類されます。

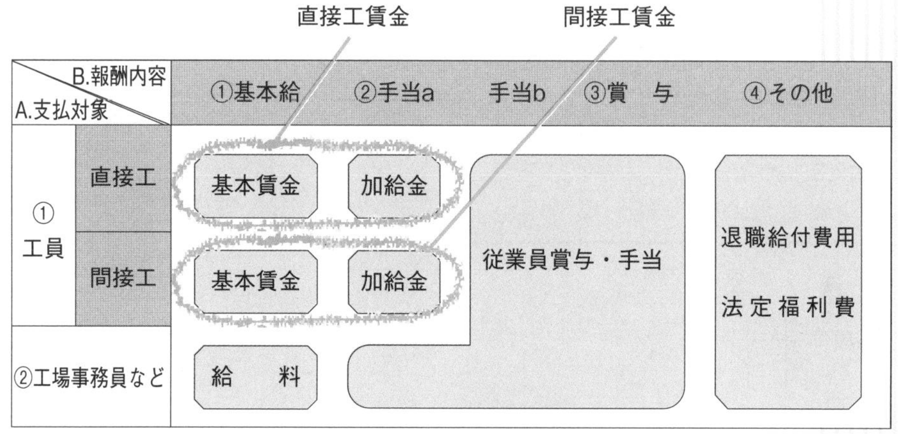

01) ただし、直接工の賃金がすべて直接労務費となるわけではありません。たとえば、間接作業分の賃金は間接労務費となります。(詳しくは、3-15ページ)

A．支払対象による分類

①**工員**

製品の生産に携わる従業員のことです。工員はさらに**直接工**(機械工、組立工など**直接**に製品の**加工作業を行う**工員)と**間接工**(修繕工、運搬工、清掃工など、製品の**加工以外の間接的な作業**を行う工員)とに分類されます。

②**工場事務員など**

工場では工員以外にも**事務員**(工場の経理などの事務を担当する従業員)や**守衛**、**工場長**等の管理者などが働いています。これらの人々に対する報酬も労務費に含まれます。

B．報酬内容による分類

①**基本給**

主たる労働の対価として支給される報酬のことです[02]。工員に対するものは**基本賃金**、工場事務員などに対するものは**給料**と呼び方が異なります。

②**手当**

基本給に加えて支給される報酬のことです。これには、手当a：**作業に直接に関係するもの**(加給金)と、手当b：**作業に関係のないもの**(住宅手当など)とがあります。

③**賞与**

工員や工場事務員などに対して支給されるボーナスのことです。**従業員賞与**[03]という科目で処理します。

④**その他**

従業員を雇用したときに付随的にかかる原価です。**退職給付費用**は退職金支給に備えた引当金の繰入額、**法定福利費**は社会保険料の会社負担分です。

02)労働の対価として支給されるものを労務主費といい、退職給付費用や法定福利費など、主費以外のものを労務副費といいます。

03)従業員に対する賞与と作業に関係のない手当をまとめて従業員賞与手当勘定で処理することもあります。

2 労務費

製品の製造にかかる労務費、つまり工員に対する基本給と加給金は、賃金勘定[04]を用いて処理し、(1)賃金の支払い、(2)賃金の消費の２つの取引があります。

04)販売員など、製造にかかわらない人の労務費は、給料勘定を用いて処理します。
なお、製品の製造にかかわる人の労務費と製造にかかわらない人の労務費の両方をまとめて賃金給料勘定で処理することもあります。

(1)賃金の支払い

賃金を支払ったときには、**賃金勘定(費用の勘定)の借方**に記入します。これは賃金という費用が増加するためです。

例2-1

賃金2,800円を現金で支払った。

(借)	賃　　金	2,800	(貸)	現　　金	2,800

賃　　金

支払額 2,800円	

(1)支払い →

⑵賃金の消費

賃金を消費したときには、**賃金勘定の貸方に賃金消費額を記入**します。

このとき、どの製品の製造のために使ったのかが明確なもの(**直接労務費**)は**仕掛品勘定の借方に**、また、製品との関連が明確でない労務費(**間接労務費**)は**製造間接費勘定の借方**に集計しておきます。これは、賃金という費用が製品の製造原価になったことを意味しています。

「賃金の消費」では実際に労働してもらっているタイミングをイメージしましょう。
もらった給料を使うことではないですよ(笑)。

例2-2

上記【例2-1】の賃金を製品製造のため消費した(直接労務費 2,100 円、間接労務費 700 円)。

(借)	仕掛品	2,100	(貸) 賃金	2,800
	製造間接費	700		

この取引を勘定の流れで見ると、次のようになります。

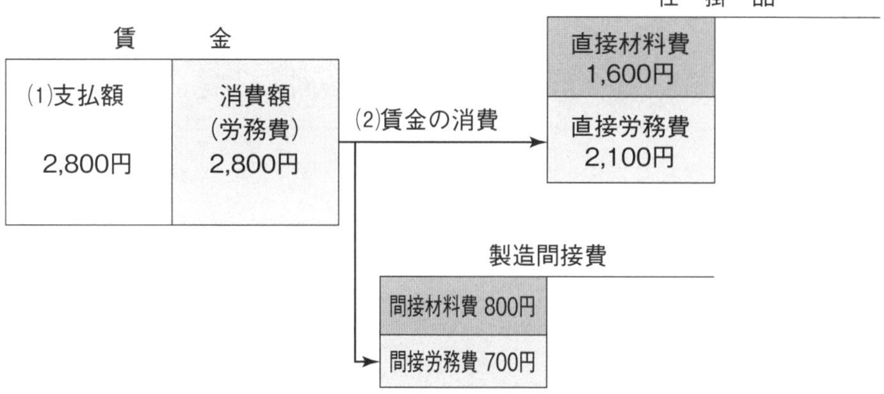

3 賃金の支払い

労務費は、労働の後で賃金を支払う「**後払い**」となります。たとえば毎月20日までの賃金を25日に支払っていたとする[05)]と、月末には21日~月末までの労働に対する賃金が未払いとなっています。したがって、**月末には**その未払額を費用として計上するとともに、**負債として未払賃金勘定で繰り越す**ことになります。

05) タイムテーブルは以下のとおり。

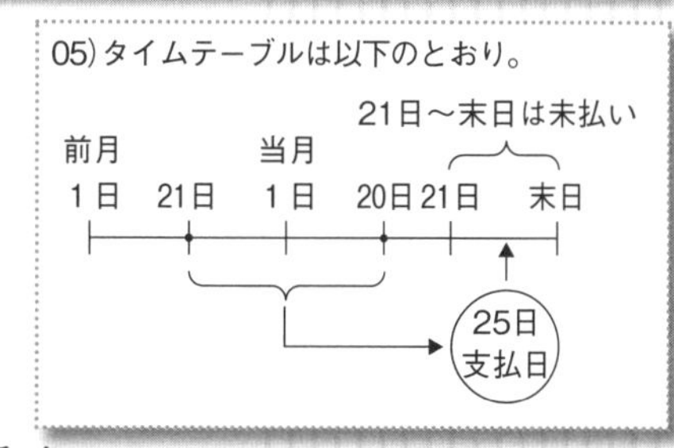

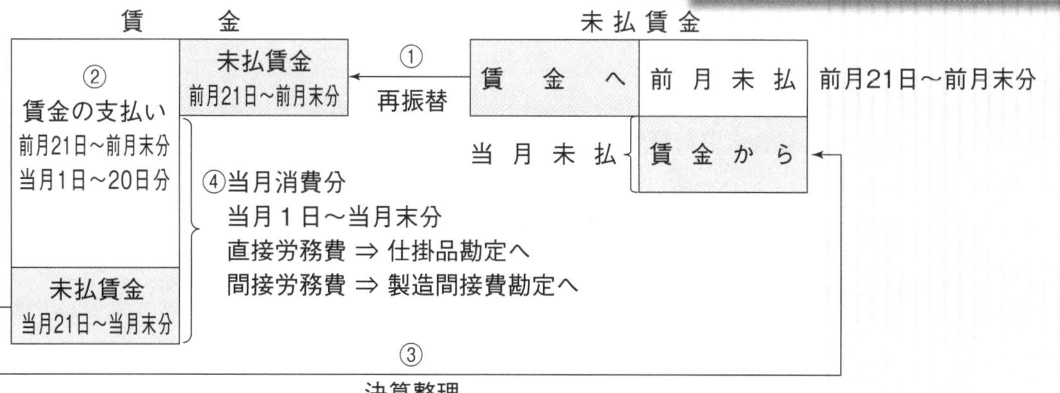

①月初に前月未払分を未払賃金勘定から賃金勘定の貸方へ振り替えます。この時点で未払賃金勘定の残高はいったんゼロになります。

例2-3

月初に未払賃金を賃金勘定に振り替える。なお、4月の21日から4月末までの未払賃金は10,000円であった。

(借)未払賃金	10,000	(貸)賃金[06]	10,000

06)賃金勘定は費用の勘定ですが、月初は貸方に記入されるところからはじまります。

②現金等で賃金を支払います。

例2-4

5月25日に賃金40,000円を現金で支払った。

(借)賃金	40,000	(貸)現金	40,000[07]

07)支払った現金40,000円のうち10,000円は前月の未払分です。

③月末になり、当月末の未払賃金の額を計算し、費用計上します。

例2-5

月末に未払賃金を計上する。なお、5月の21日から月末までの未払賃金は12,000円であった。

(借)賃金[08]	12,000	(貸)未払賃金	12,000

08)未払いであっても賃金(費用)としては発生しています。

④当月消費分を仕掛品勘定や製造間接費勘定へ振り替えます。

例2-6

5月の賃金の消費額は42,000円[09]であった。なお、このうち11,000円は間接労務費であった。

(借)仕掛品	31,000	(貸)賃金	42,000
製造間接費	11,000		

09)

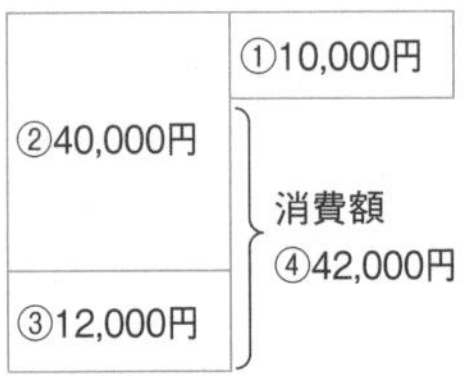

賃金

借方	貸方
	①10,000円
②40,000円	消費額 ④42,000円
③12,000円	

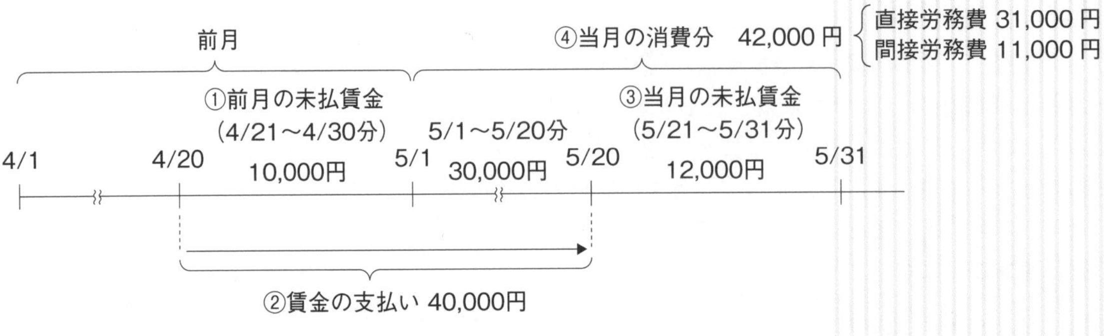

前月

④当月の消費分　42,000円 { 直接労務費 31,000円 / 間接労務費 11,000円 }

4/1	4/20		5/1		5/20		5/31
		①前月の未払賃金(4/21～4/30分) 10,000円		5/1～5/20分 30,000円		③当月の未払賃金(5/21～5/31分) 12,000円	

②賃金の支払い 40,000円

4 消費賃金の計算

当月の作業にかかった賃金を**消費賃金**といいます。賃金の消費額は、次のように計算します。

(1)　**直接工の消費賃金 ＝ 実際賃率 × 作業時間**[10]

(2)　**間接工の消費賃金 ＝ 要支払額**[11]

10)直接工は作業内容ごとに労働時間を把握します。

11)要支払額＝当月支給額－前月未払額＋当月未払額
つまり、賃金の消費額です。

(1)直接工の消費賃金

賃率と**作業時間**の掛け算で計算します。これは、直接工の賃金を**直接労務費分**と**間接労務費分**に分けるためです[12]。

まず、作業時間については、工員からの報告にもとづいて、次のように分類・集計します。

<table>
<tr><td colspan="5">勤務時間（拘束時間）</td></tr>
<tr><td colspan="4">就業時間[13]</td><td>休憩時間</td></tr>
<tr><td colspan="3">実働時間</td><td>手待時間</td><td></td></tr>
<tr><td colspan="2">直接作業時間</td><td>間接作業時間</td><td></td><td></td></tr>
<tr><td>加工時間</td><td>段取時間</td><td></td><td></td><td></td></tr>
<tr><td colspan="2">←直接労務費→</td><td colspan="2">←間接労務費→</td><td></td></tr>
</table>

12) さらに製品別の直接労務費などを計算するためでもあります。

13) 賃金は就業時間に対して支払われます。アルバイトをしたときに、休憩時間分は時給がつかないのと同じです。

①就業時間

賃金の支払対象となる時間のことです。

②手待時間

前の工程での作業が滞っていたり、停電、機械の故障などにより作業ができずに待機している時間のことです。

③直接作業時間

直接工の本来の仕事である製品の生産に従事している時間のことです。実際に加工をしている**加工時間**と作業の準備をしている**段取時間**からなります。

④間接作業時間

修繕、運搬、清掃などの**間接作業**を行っている時間のことです。

上記のうち、手待時間と間接作業時間に対応する分は間接労務費、直接作業時間に対応する分は直接労務費とします。

(2)間接工の消費賃金

間接工の賃金はすべて間接労務費とするので、総額がわかれば充分です。そこで**当月の要支払額をもって消費額**とします。

【例2-3】から**【例2-6】**をまとめると、次のようになります。直接労務費は仕掛品勘定、間接労務費は製造間接費勘定に振り替えることを確認しましょう。

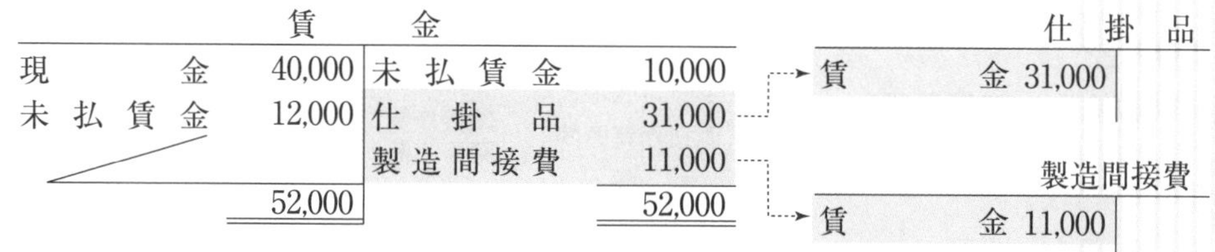

消費賃金の会計処理

賃金の消費に関する仕訳を示しなさい。

〔取　引〕

当月の作業を終えたところ、直接工の就業時間は 1,500時間(内訳；直接作業時間 1,200時間、間接作業時間 230時間、手待時間 70時間)であった。なお、当月の賃金要支払額は 1,000,000円(直接工 900,000円、間接工 100,000円)である。

(借) 仕掛品	720,000 14)	(貸) 賃金	1,000,000
製造間接費	280,000 15)		

14) 900,000円÷ 1,500時間＝@ 600円
　@ 600円× 1,200時間＝ 720,000円

15) @ 600円×(230時間＋ 70時間)＋ 100,000円＝ 280,000円

Section 2のまとめ

■労務費の分類　労務費は、次のように分類できます。

	製品との関連	主な分類
労務費	直接労務費	直接工直接作業賃金
	間接労務費	直接工間接作業賃金
		間接工賃金
		給料
		従業員賞与・手当
		退職給付費用
		法定福利費

■消費賃金の計算

直接工の消費賃金 ＝ 実際賃率 × 作業時間
間接工の消費賃金 ＝ 要支払額

(1)直接工の消費賃金

賃率×作業時間の掛け算で計算します。

(2)間接工の消費賃金

当月の要支払額をもって消費額とします。

<作業時間の分類>

勤務時間（拘束時間）			
就業時間			休憩時間
実働(じつどう)時間		手待(てまち)時間	
直接作業時間	間接作業時間		
加工時間 / 段取(だんどり)時間			
←直接労務費→	←間接労務費→		

経費会計

はじめに

さすがに経費は“払ったものだけが経費だろう”とタカを括っていたのですが、どうやら経費もそれだけではなく、測定して計算するものや月割りにして計算するものなど、いろいろとあるようです。
ここでは経費について見ていきましょう。

1 経費の分類

経　　費	(1)直接経費	①外注加工賃
		②特許権使用料
	(2)間接経費	③減価償却費、④修繕費、⑤賃借料
		⑥ガス代、⑦水道料、⑧電力料
		⑨租税公課、⑩保険料、⑪旅費・交通費
		⑫通信費、⑬福利施設負担額、⑭厚生費
		⑮保管料、⑯棚卸減耗費、⑰雑費

経費には機械や建物に係る原価、他人から提供を受けた有料のサービスの原価などが含まれます。これらは、どの製品のためにかかったかがわかるかどうかによって、**直接経費**と**間接経費**とに分けられます。

(1)直接経費

特定の製品の**製造にのみ**要する経費です。

(2)間接経費

工場で生産する製品全体について**間接的・共通的**に要する経費です。

<直接経費>

①外注加工賃（がいちゅうかこうちん）　●製品生産に関する仕事(材料の加工や製品の組立てなど)の一部を外部の会社に委託したとき、その対価として支払う原価。

②特許権使用料（とっきょけんしようりょう）[01]　●外部の会社が特許をもつ技術を利用して製品を生産するとき、その対価として支払う原価。

01) 精密機器やコンピュータ、医薬品など、技術が勝負となる製品では多数の特許を利用します。

<間接経費>

③減価償却費　●工場の建物や機械などの減価償却費。

④修繕費　●工場の建物や機械などの修繕費。

⑤賃借料（ちんしゃくりょう）　●工場の建物や機械などの賃借料。

⑥ガス代[02]

⑦水道料[02]

⑧電力料[02]

⑨租税公課　●工場の固定資産税など。

02) ガス代、水道料、電力料を総称して水道光熱費とすることもあります。

⑩保　険　料　●工場の建物や機械の損害保険料など。
⑪旅費・交通費　●工員または工場勤務者の出張時の旅費など。
⑫通　信　費　●電話代や郵便代など。
⑬福利施設負担額(ふくりしせつふたんがく)[03)]　●社宅や独身寮、保養所など、従業員の福利厚生のための施設に要する原価。
⑭厚(こう)　生(せい)　費(ひ)[04)]　●社員旅行や健康診断など、従業員の福利厚生のために要する原価。
⑮保　管　料　●材料や製品を保管する倉庫代など。
⑯棚卸減耗費　●減耗した材料や製品の原価。
⑰雑　　費　●上記以外の経費。

03)従業員の働く意欲を重視する日本企業では相当に多額の福利施設負担額を拠出(きょしゅつ)しています。

04)福利厚生費とすることもあります。

2 間接経費の分類

経費は、**当月の実際発生額**が製品原価となります。

直接経費は、相手方からの請求にもとづいて計上します。請求は月ごとに締め切られることが多いので、当月発生額は当月分の請求書を見ればわかります。

これに対して、間接経費は発生額の把握方法がさまざまです。実際発生額の把握方法からみると、間接経費は次の４つに分類できます。

(1)支払経費[05)]

当月の支払額または請求額をもって当月の発生額とします。

(2)月割(つきわり)経費[06)]

月割計算によって当月の発生額を求めます。

(3)測定経費[07)]

メーターで当月の消費量を測定し、料金表と照らし合わせて当月の発生額を計算します。

(4)発生経費[08)]

当月に生じた分の原価を当月の発生額とします。

05)【例】旅費、交通費、通信費、事務用消耗品費､保管料など。
未払いや前払いがある場合には調整して消費額を当期の原価とします。

06)【例】減価償却費(年間の減価償却費を計算し、それを12カ月で割って１カ月分を求める)、賃借料や保険料など。

07)【例】ガス代、水道料、電力料など。

08)【例】棚卸減耗費(月末に材料や製品の実地(じっち)棚卸(たなおろし)をして、棚卸減耗があったら、材料元帳あるいは製品元帳上の単価を用いて減耗分の原価を計算する)など。

3 経費勘定

材料費、労務費以外の製造原価を示す経費にも、(1)経費の支払い、(2)経費の消費の２つの取引があります。

(1)経費の支払い

経費を支払ったときには、**経費勘定(費用の勘定)の借方**に記入します。これは経費という費用が増加するためです。

例3-1

経費1,200円を現金で支払った。

(借) 経　費	1,200	(貸) 現　金	1,200

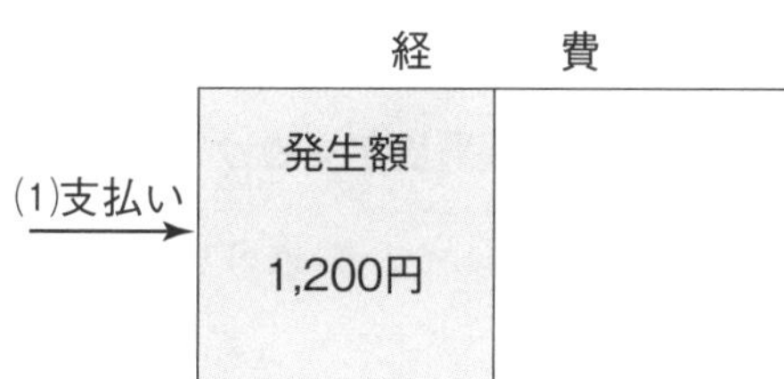

⑵**経費の消費**

経費を消費したときには、**経費勘定の貸方に経費消費額を記入**します。

外注加工賃などの**直接経費は仕掛品勘定の借方**に、他の**間接経費は製造間接費勘定(費用の勘定)の借方**に集計しておきます。

例3-2

前記【例3-1】の経費を製品製造のため消費した。このうち200円が直接経費である。

(借)	仕　掛　品	200	(貸) 経　　費	1,200
	製造間接費	1,000		

この取引を勘定の流れで見ると、次のようになります。

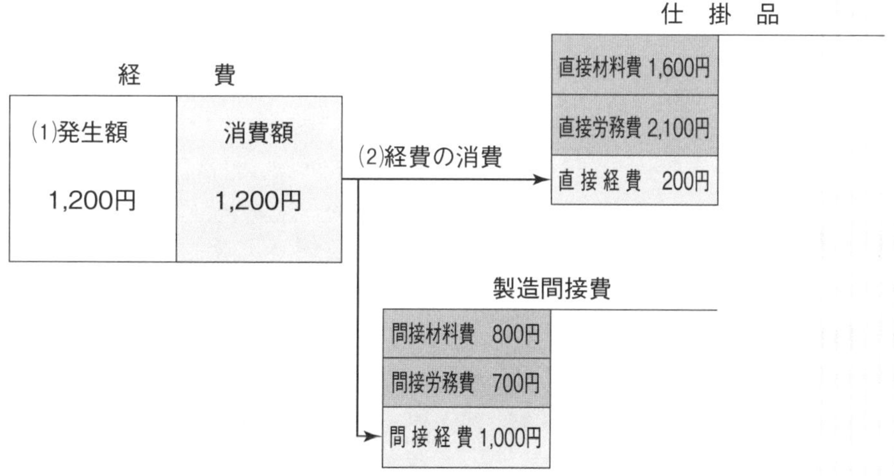

4 経費勘定を用いない場合

多くの企業では、外注加工賃などの**直接経費がなく**、間接経費についても「支払＝消費」として処理しています。

この場合、経費勘定を設定する意味が乏しいことから、**経費を消費したときに、製造間接費勘定の借方に記入します**[09]。

例3-3

水道光熱費1,000円が発生し、現金で支払った。

(借)	製造間接費	1,000	(貸) 現　　金	1,000

09)借方と貸方に同じ金額が記入されて、とおり抜けるだけの勘定を"トンネル勘定"といい、処理上、不効率なので極力避けるようにしています。

~~(経　　費) 1,000~~ (現　　金) 1,000
(製造間接費) 1,000 ~~(経　　費) 1,000~~

経費の発生・消費の処理

経費の発生・消費の仕訳を示しなさい。なお、当工場では経費勘定を設けていない。

(1) 当月のB製品にかかわる特許権使用料は50,000円であった。請求書を受け取り、小切手を振り出して支払った。

(2) 当年度の機械等修繕費は720,000円と予想されるので、この12分の1を当月分経費として修繕引当金に計上する。

(3) 電力料の固定料金は40,000円、従量料金は2円/kWhである。なお、当月の電力消費量は15,000kWhであった。

(1)	(借)	仕掛品	50,000	(貸)	当座預金	50,000
(2)	(借)	製造間接費	60,000[10)]	(貸)	修繕引当金	60,000
(3)	(借)	製造間接費	70,000[11)]	(貸)	未払電力料	70,000

10) $720,000円 \times \frac{1カ月}{12カ月} = 60,000円$

11) 40,000円＋2円/kWh × 15,000kWh
　＝70,000円

Section 3のまとめ

経費会計

■経費の分類　経費は、次のように分類できます。

	製品との関連	主な分類
経費	直接経費	外注加工賃
	間接経費	減価償却費
		保険料
		電力料
		棚卸減耗費
		その他

材料費・労務費以外のもの

■間接経費の分類

支払経費：毎月の支払額をもって、その月の消費額とします。ただし、未払分または前払分があるときは、支払額に加減します。

測定経費：毎月メーターで消費量を測定し、料率を掛けることによって消費額を計算します。

月割経費：1年分または数カ月分として、まとめて計上されるものを月割計算して消費額を求めます。

発生経費：原価計算期間に発生した原価を消費額とします。

製造間接費会計～2種類以上の製品を作っている場合～

はじめに

これまで材料費や労務費、経費を見てきたあなたは、製品に直接要する費用は仕掛品勘定に、製品全体に間接的に要する費用は製造間接費勘定に集計することを知りました。
ところで、仕掛品勘定は製品となる費用ですが、間接的な費用も製品を作るためには必要な費用です。
そこであなたは、この製造間接費についても調べることにしました。
ここでは、製造間接費について見ていきましょう。

1 製造間接費の配賦

これまでの処理により、**直接費は仕掛品勘定**に、**間接費は製造間接費勘定**に集計してきました。

しかし、製品は直接材料などの直接費だけでできるものではなく、水道光熱費などの間接費も、「製品を製造するためにかかった原価」であることに変わりがありません。

そこで**製造間接費勘定の借方に集計された間接費を貸方に記入**し、**仕掛品勘定の借方に振り替える**必要があり、この手続きをとくに製造間接費の配賦といいます。

仕掛品勘定は製品勘定へ振り替える唯一の勘定です。こうしておかないと、間接費が製品原価を構成しなくなってしまいます。

例4-1

製造間接費 2,500 円を仕掛品に配賦した。

（借）仕　掛　品　2,500　（貸）製 造 間 接 費　2,500

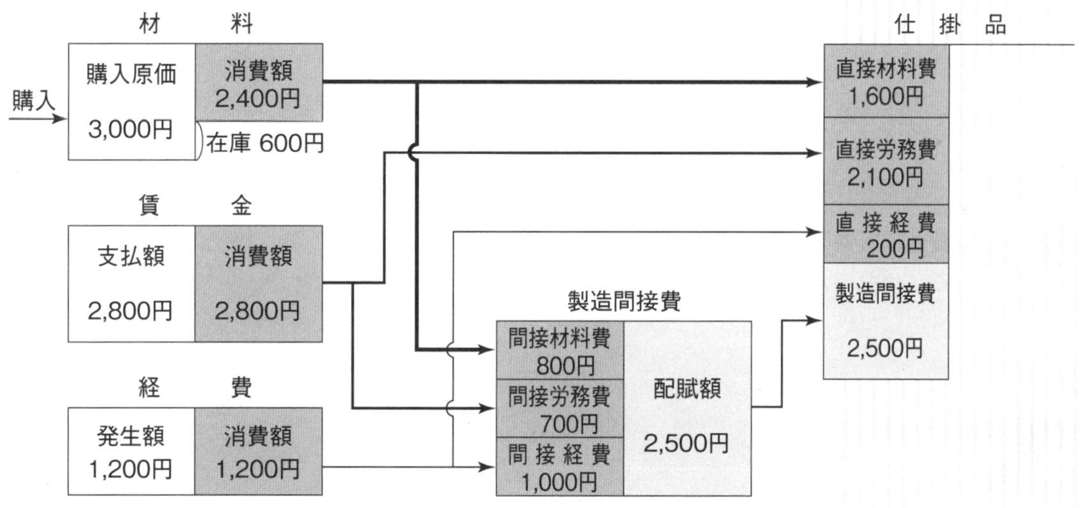

2 製造間接費の配賦の意味

ここまで学習してくると、「**どうしてわざわざ間接費を製造間接費勘定に集めるのだろう？**」「どうせ仕掛品に振り替えるなら最初から仕掛品勘定に集めてしまえばよいのに」という疑問を持たれたのではないでしょうか。

確かに工場の中で一種類の製品しか製造していないのであれば、わざわざ製造間接費勘定を用いる意味は乏しいでしょう。

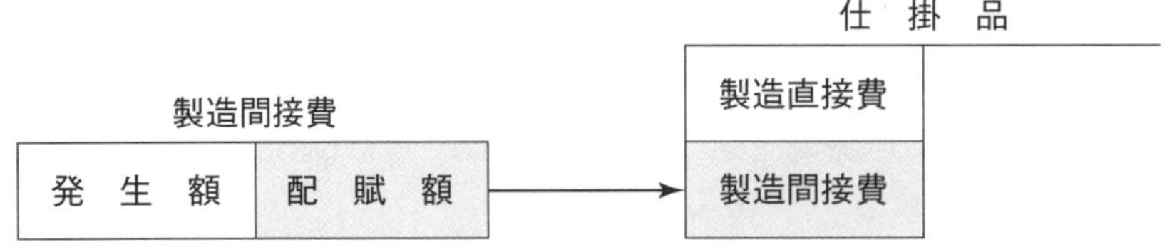

しかし、1つの工場の中で**2つの製品を製造している場合**はどうでしょう。

2つの製品を製造しているのであれば、製造ラインも2つあり、**仕掛品勘定も製品ごとに設けられます**。製造直接費は、各製品の製造原価として各仕掛品勘定に集計されますが、製造間接費は直接には集計できません。そこで、**いったん製造間接費勘定に集めて、その後何らかの基準にもとづいて各仕掛品勘定に割り振る**（配賦（はいふ）する）のです。

この手続きが製造間接費の配賦です。

> 1つのものを2つ以上のところに割り振ることを「配賦」といいます。
> ちなみに、1つのものを1つのところに移すことは「賦課」または「直課」といい、「配賦」と使い分けます。

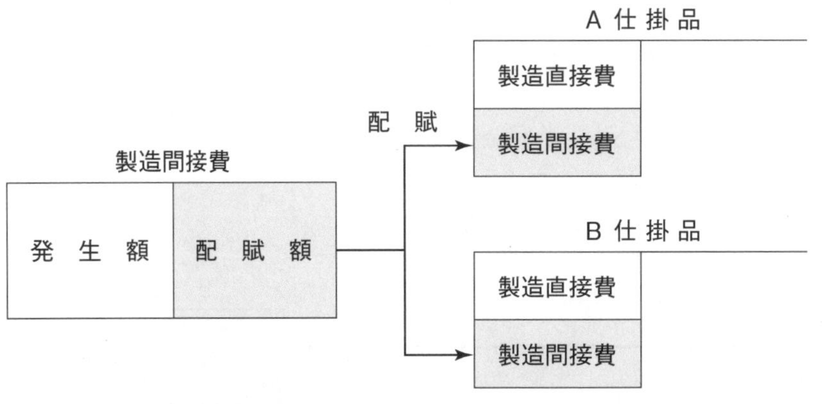

製造間接費の配賦

製造間接費の実際発生額 3,000円を、A仕掛品1に対してB仕掛品2の割合で配賦する。なお、A仕掛品、B仕掛品という勘定科目を用いること。

（借）			（貸）	
	A 仕 掛 品	*1,000*	製 造 間 接 費	*3,000*
	B 仕 掛 品	*2,000*		

Section 4のまとめ

製造間接費は、何らかの基準にもとづいて各製品の原価となるように配賦します。

予定消費額による計算

はじめに

実際に工場で製品を作り始めたあなたは、材料費や労務費、経費をきちんと集計できるようになりました。
しかし、材料の調達には仕入のたびに金額が変わり、賃金も職人が入退社するため毎月一定ではありません。また、電話代など、今月使用した分は、来月にならないとわからないなど、実際に使用した金額で製品の原価を計算するには何かと不便です。
もっと簡単に計算できる方法はないのでしょうか。

1 予定消費額による計算

実際の消費量をもとに消費価格を計算すると、計算までに時間がかかったり、価格が変動することにより、同じ製品を同じように作っても毎月原価が違うということが起こります。

これを避けるために、予定価格を使って消費金額を計算することがあります[01]。

01) それにより原価の計算が簡略かつ迅速にでき、また単価の変動を製品原価の計算から排除できます。

2 予定価格法による材料費の計算

ここでは、予定価格を使って材料消費額を計算する方法を見ていきましょう。

(1)予定消費額の計算

材料消費価格を実際価格ではなく、予定価格[02]によって計算する場合は次のように計算します。

予定消費額 ＝ 予定価格 × 実際消費数量

02) 過去の経験や将来の予測にもとづき、あらかじめ設定しておいた価格です。
予定価格による消費額の計算では、先入先出法、平均法といった問題は起こりません。

例5-1

材料を直接材料として 70kg、間接材料として 30kg 消費した。
なお、当工場では材料消費額の計算において@ 120 円の予定価格で計算している。また、当月は材料 100kg を 13,000 円で掛仕入しており、月初材料はない。

(借)			(貸)	
	仕掛品	8,400	材料	12,000
	製造間接費	3,600		

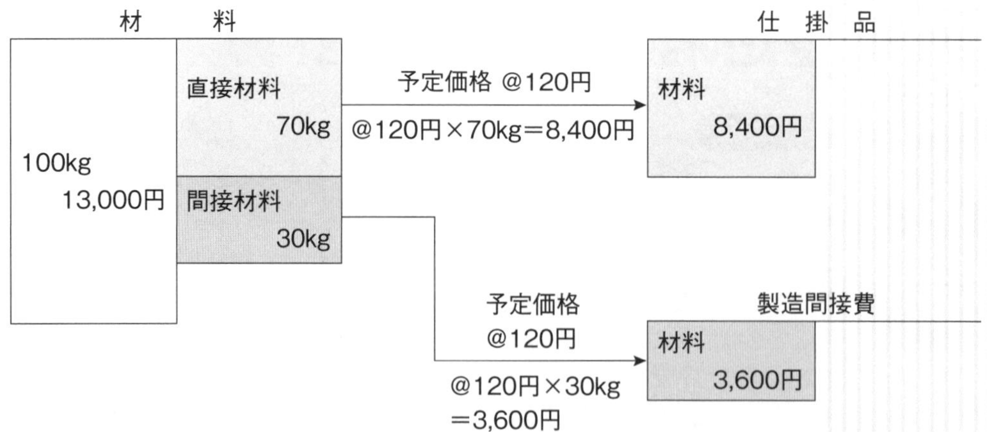

⑵材料消費価格差異

前記⑴の予定消費額はあくまで予定価格を使って求めた消費額なので、あとで実際価格にもとづいて計算した実際消費額を計算することになります[03]。

この予定消費額と実際消費額の差額を**材料消費価格差異**（ざいりょうしょうひかかくさい）といい、予定消費額より実際消費額のほうが多い場合（予定より多くのコストがかかった）は**不利差異**（ふりさい）[04]、逆に予定消費額より実際消費額のほうが少ない場合（予定より少ないコストですんだ）は**有利差異**（ゆうりさい）[05]といいます。

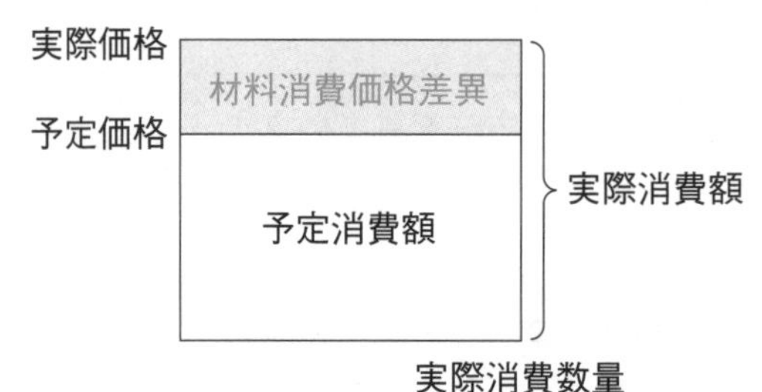

03）このときに、先入先出法、平均法といった計算方法を考慮する必要があります。

04）会社にとって不利な影響を及ぼすので不利差異といいます。また、不利差異は材料消費価格差異勘定の借方（かりかた）に集計されるので借方差異（かりかたさい）ともいいます。

05）会社にとって有利な影響を及ぼすので有利差異といいます。また、有利差異は材料消費価格差異勘定の貸方（かしかた）に集計されるので貸方差異（かしかたさい）ともいいます。

例5-2

前記【例5-1】の材料の予定消費額と実際消費額との差額を、材料消費価格差異勘定に振り替える。なお、当月の実際消費額は13,000円であった。

（借）材料消費価格差異　1,000　（貸）材　　料　1,000

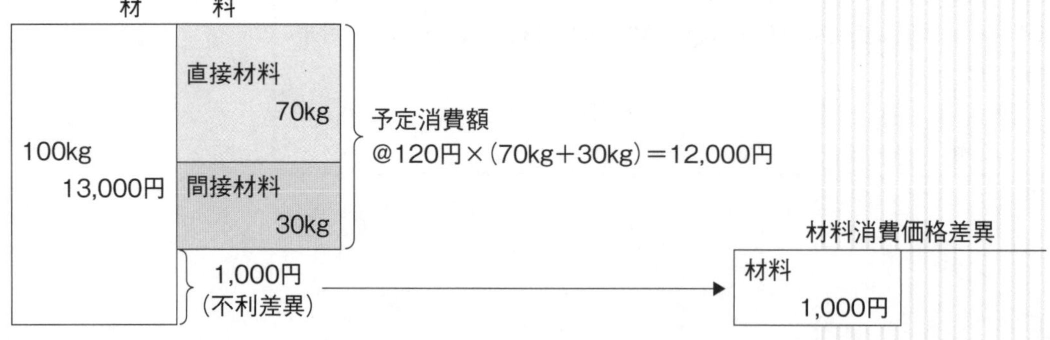

3 予定賃率による賃金の計算

ここでは、予定賃率06)を使って賃金消費額を計算する方法を見ていきましょう。

06) 予定賃率で計算するのは直接工に限られます。

(1)予定消費額の計算

消費賃率を実際賃率ではなく、予定賃率07)によって計算する場合は次のように計算します。

07) あらかじめ設定しておいた賃率です。

予定消費額08) ＝ 予定賃率 × 実際の作業時間

08) 予定消費額で計算するのは、記帳が簡略かつ迅速にでき、また賃率の変動が製品原価計算に反映されないといった利点もあります。

例5-3

当工場の工員はすべて直接工であり、その労務費は予定賃率により計算している。当期の予定総就業時間は 840 時間、予定賃金支払額は 630,000 円と見積もっている。
当月の直接工の作業時間は 70 時間（すべて直接作業時間）であり、消費額を計上する。

（借）仕　掛　品　52,500　（貸）賃　　　金　52,500

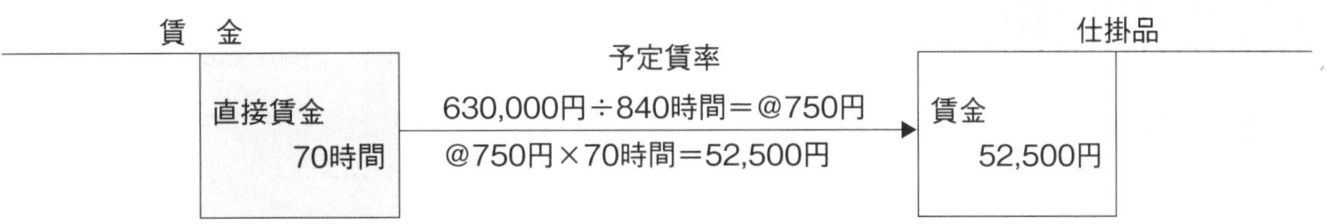

(2)賃率差異

上記(1)の予定消費額はあくまで予定賃率を使って求めた消費額なので、あとで実際賃率にもとづいて計算した実際消費額を計算することになります。

この予定消費額と実際消費額の差額を**賃率差異**（ちんりつさい）といい、予定消費額より実際消費額のほうが多い場合は不利差異(借方差異)、逆に予定消費額より実際消費額のほうが少ない場合は有利差異(貸方差異)といいます。

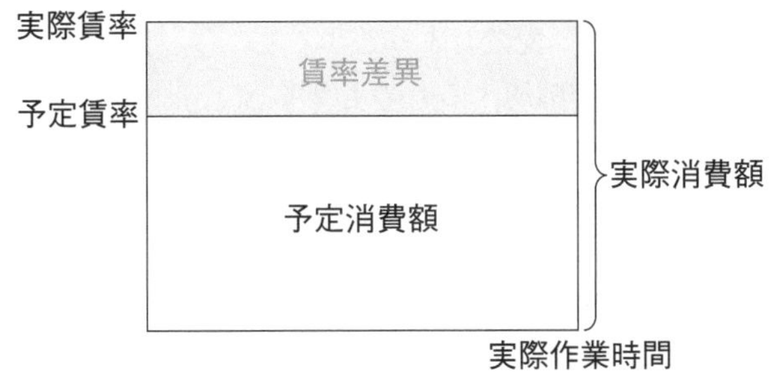

例5-4

当月の実際消費額は53,500円であった。

予定消費額と実際消費額の差額を賃率差異勘定に振り替える。

(借) 賃率差異	1,000	(貸) 賃金	1,000

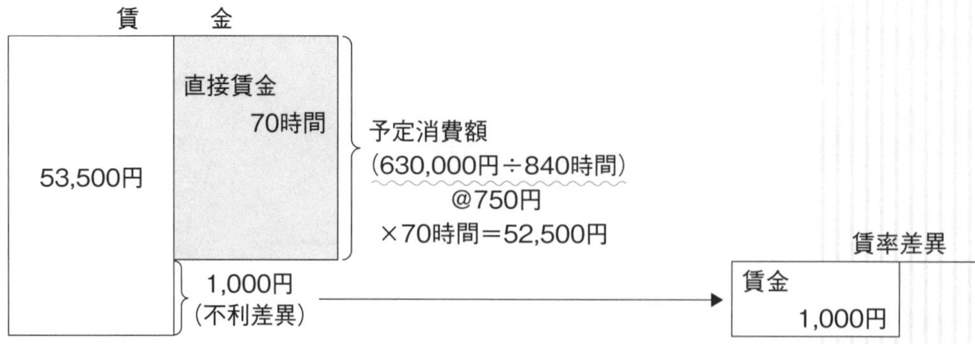

4 製造間接費勘定と予定配賦

製造間接費勘定は、製造原価のうちの間接費[09]**が集められる勘定**です。この勘定から、何らかの基準にもとづいて仕掛品勘定に配賦されるのですが、そのさいに通常、**予定額**[10]**で配賦する**予定配賦という方法が用いられます。

09)具体的には、間接材料費、間接労務費、間接経費です。

10)大体これくらいの金額だろう、という額です。

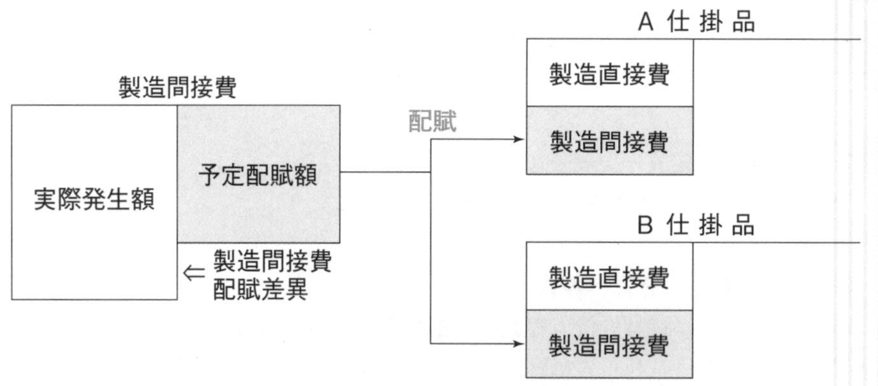

これは、製造間接費を実際発生額で仕掛品勘定へ配賦しようとすると、製造間接費には通信費など、後日の請求で金額が判明するものも多く含まれており、実際発生額の把握には時間がかかり、不便が生じるためです。

製造間接費の配賦が終らないと製品の原価が計算できません。製品の原価がわからないと、値段（売り値）を付けられないこともあるでしょう。このような不便を回避しています。

したがって、後に製造間接費の**実際発生額が判明したさいには、配賦した予定額との間に差額が生じることになります。**

この差額を製造間接費配賦差異といい、**製造間接費配賦差異勘定**で処理します。

(1)予定配賦額の算定

予定配賦額の算定の基礎となる予定配賦率[11)]は、年始に年間の製造間接費の発生予定額を、配賦の基準となる数値で割ることによって算定しておきます。

その後、月々の基準となる数値が判明するたびに**予定配賦率を掛けて仕掛品勘定へ**の配賦額を計算します[12)]。

> 11)基準となるもの(時間など)1単位あたりの製造間接費の配賦額です。

> 12)直接作業時間、機械運転時間などを基準に製造間接費を配賦する「物量基準」の他に、直接材料費、直接労務費などを基準に製造間接費を配賦する「価値的基準」があります。

例5-5

製造間接費は、直接作業時間を基準として予定配賦している。

〔資　料〕

年間予定直接作業時間 30,000 時間、年間製造間接費予算額 180,000 円、当月の直接作業時間は 3,000 時間であった。

(借) 仕　掛　品	18,000	(貸) 製造間接費	18,000

予定配賦率：$\dfrac{\text{年間製造間接費予算額}}{\text{年間予定直接作業時間}}=\dfrac{180{,}000\text{円}}{30{,}000\text{時間}}=@6\text{円}$[13)]

当月の予定配賦額：@６円×3,000時間＝18,000円

> 13)1時間の直接作業に対して6円の製造間接費が発生するものとされています。

(2)製造間接費配賦差異[14)]

製造間接費配賦差異は、実際発生額と予定配賦額との大小関係により、借方に発生することも貸方に発生することもあります。

> 14)「差異」という言葉には「違い」という意味があります。

①実際発生額 ＞ 予定配賦額の場合

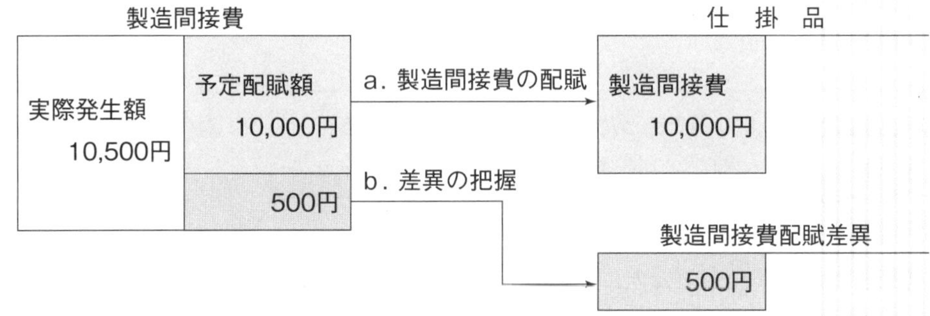

例5-6

製造間接費 10,000 円を予定配賦した。

(借)仕　掛　品	10,000	(貸)製造間接費	10,000

予定した配賦額を超えて実際に発生してしまったということは、“損をした”ということになります。

例5-7

製造間接費の実際発生額は 10,500 円であった。配賦差異を振り替える。

(借)製造間接費配賦差異	500	(貸)製造間接費	500

この場合の差異を、会社にとっては**不利な差異**ということから**不利差異**、または、製造間接費配賦差異勘定の借方に記入されることから、**借方差異**ともいいます[15]。

15)予定配賦額より多く使ったということは“借りている”ということで「借方差異」です。
また、「借り」があるから「不利」と覚えておきましょう。

②実際発生額 ＜ 予定配賦額の場合

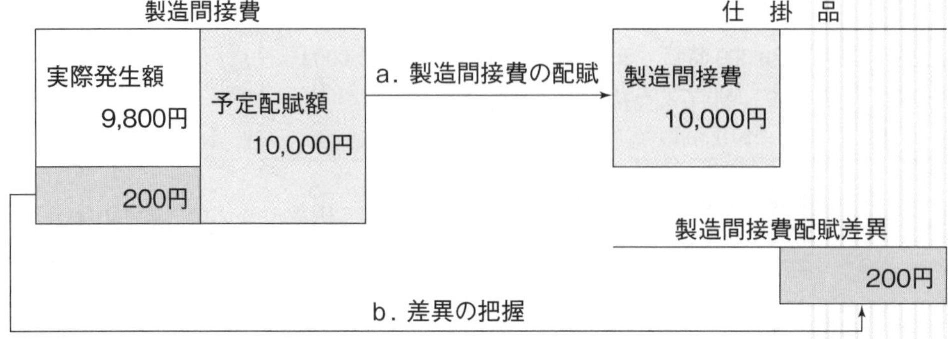

例5-8

製造間接費 10,000 円を予定配賦した。

(借)仕掛品	10,000	(貸)製造間接費	10,000

予定した配賦額より実際に発生した額が少なかったということは、“得をした”ということになります。

例5-9

製造間接費の実際発生額は 9,800 円であった。配賦差異を振り替える。

(借)製造間接費	200	(貸)製造間接費配賦差異	200

この場合の差異を会社にとって**有利な差異**ということから**有利差異**、または、製造間接費配賦差異勘定の貸方に記入されることから**貸方差異**ともいいます[16]。

16)予定配賦額より少なく済んだということは“貸している”ということで「貸方差異」です。
また、「貸し」があるから「有利」と覚えておきましょう。

5 原価差異の会計処理

直接材料費、直接労務費、製造間接費から把握された原価差異は、月末段階では次月へ繰り越しますが、会計年度末には原則として売上原価へ賦課します[17]。

17)財務諸表への表示についてはChapter 6で学習します。

①原価差異が10円の不利差異であった場合

(借)売上原価	10	(貸)原価差異	10

②原価差異が10円の有利差異であった場合

(借)原価差異	10	(貸)売上原価	10

差異の計算

以下の資料により、予定額による消費額、配賦額を仕掛品勘定に振り替える仕訳を示しなさい。なお、実際発生額との差額は、それぞれ差異として処理すること。

	実際発生額	予定額による消費額、配賦額
材　料　費	11,000円	10,000円
労　務　費	9,600円	10,000円
製造間接費	10,300円	10,000円

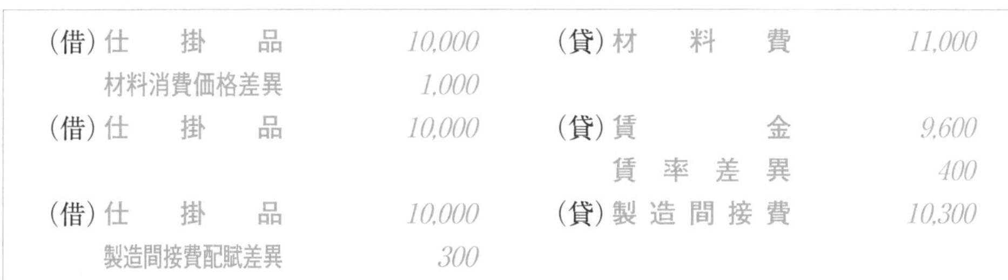

(借) 仕　掛　品	10,000	(貸) 材　料　費	11,000
材料消費価格差異	1,000		
(借) 仕　掛　品	10,000	(貸) 賃　　金	9,600
		賃 率 差 異	400
(借) 仕　掛　品	10,000	(貸) 製 造 間 接 費	10,300
製造間接費配賦差異	300		

Section 5のまとめ

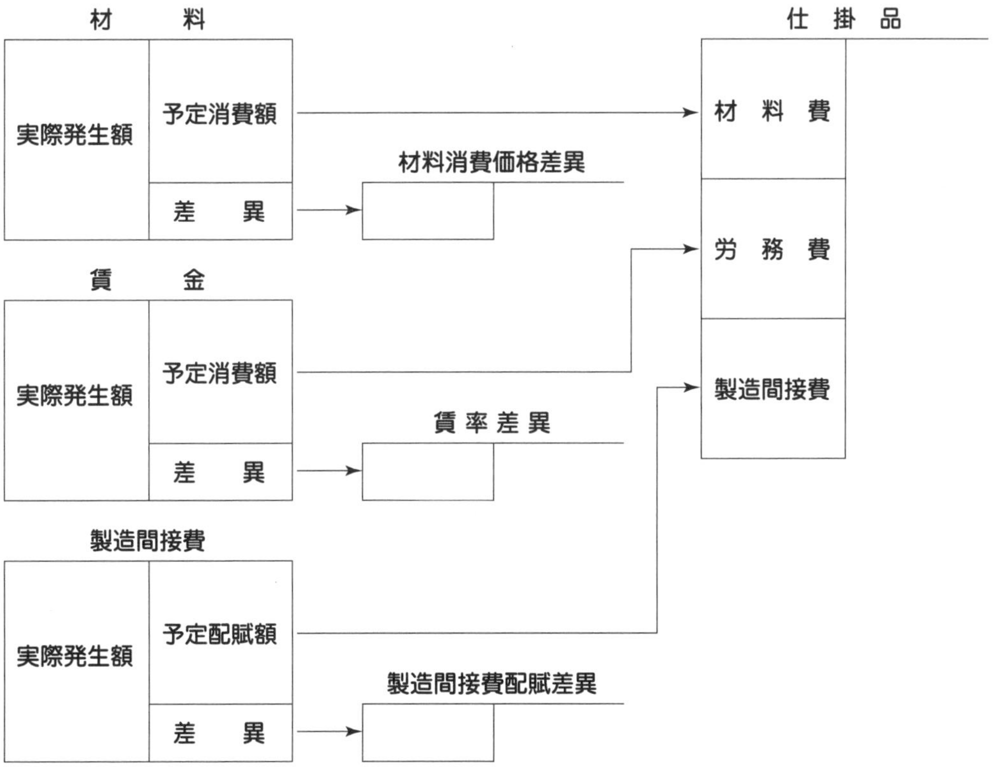

材　料

実際発生額 | 予定消費額 → 仕掛品（材料費）

差　異 → 材料消費価格差異

賃　金

実際発生額 | 予定消費額 → 仕掛品（労務費）

差　異 → 賃率差異

製造間接費

実際発生額 | 予定配賦額 → 仕掛品（製造間接費）

差　異 → 製造間接費配賦差異

仕　掛　品

材　料　費

労　務　費

製造間接費

製造間接費予算

はじめに

Section 5の予定消費額による計算で、製造間接費予算という言葉が出てきました。
製造間接費は様々な費目で構成されていてその中には生産活動量に比例して発生するものもあれば、生産活動量に関わりなく一定額発生するものもあります。
製造間接費の予算を設定するためにはこれらをきちんと考慮する必要があります。
それでは具体的に製造間接費の設定方法について見ていきましょう。

1 製造間接費の構造

製造間接費には**操業度に応じて比例的に発生する**変動費と**操業度にかかわりなく常に一定額発生する**固定費とがありますが、差異の分析の基礎となる予算額の設定にさいし、変動費と固定費の区分が必要になります。これを固変分解といい、**費目別精査法**(ひもくべつせいさほう)[01)]や**高低点法**(こうていてんほう)があります。

操業度は、生産活動量の大きさを指します。工場が忙しく働いてどんどん製品を作っているときは操業度が高い、逆に暇なときは操業度が低いなどといいます。配賦基準と同じく直接作業時間や機械時間を尺度とします。

01) 勘定科目精査法、会計的方法ともいいます。

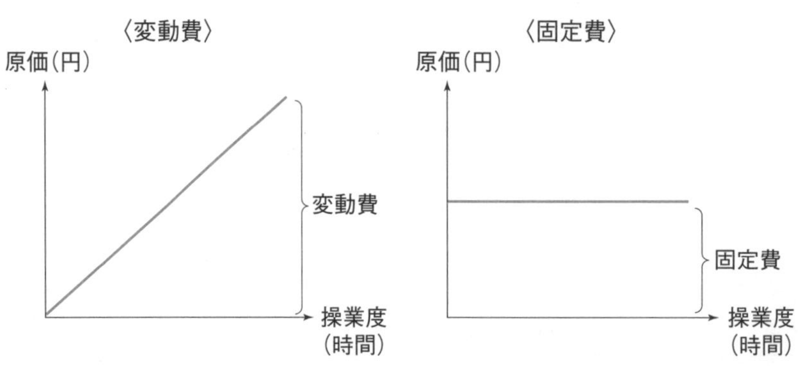

2 製造間接費予算

製造間接費予算は、予定発生額であると同時に目標値でもあります。「××年度の国の予算は○○円」とか「パーティーの予算はひとり△△円です」といった表現を耳にしたことがあるでしょう。予算とは一般に「いくらでおさめるか」という枠を意味します。製造間接費予算も同様で、製造間接費をその金額以内に抑えようという上限目標額を表します。

製造間接費予算には、**公式法変動予算**(こうしきほうへんどう)と**固定予算**(こてい)があります。

3 公式法変動予算

公式法変動予算では、変動製造間接費と固定製造間接費とを区別し、それぞれの予算を設定し、その合計額を予算額とします。

(1)変動製造間接費

操業度（そうぎょうど）[02]に比例して増減する製造間接費です。直接工の間接賃金や補助材料費など、操業度が高いほど多くかかり、操業度が低ければ少なくて済むものをいいます。変動製造間接費は**変動費率**(操業度1単位当たりの変動製造間接費の額)を算定し、それに**基準操業度**（きじゅんそうぎょうど）[03]を掛けて予算額とします。

例えば、変動費率が@300円、基準操業度が8,400時間だったとすると、変動製造間接費の予算額は2,520,000円となります。

02)製造のための機械の稼働や直接工の労働をイメージしましょう。

03)基準操業度とは、ある一定期間の生産活動量を見積ったもので、製造間接費の予算は、この基準操業度にもとづいて算定されます。
通常は1年という期間で見積ります。

(2)固定製造間接費

操業度によらず一定額が発生する製造間接費です。減価償却費や賃借料などは操業度が増減したからといって発生額は変わらないので、固定製造間接費にあたります。固定製造間接費は予算額を算定し、それを基準操業度で割って**固定費率**[04]とします。

例えば、固定製造間接費の予算額が4,200,000円、基準操業度が8,400時間だったとすると、固定費率は@500円となります。

04)操業度1単位当たりの固定製造間接費の額です。

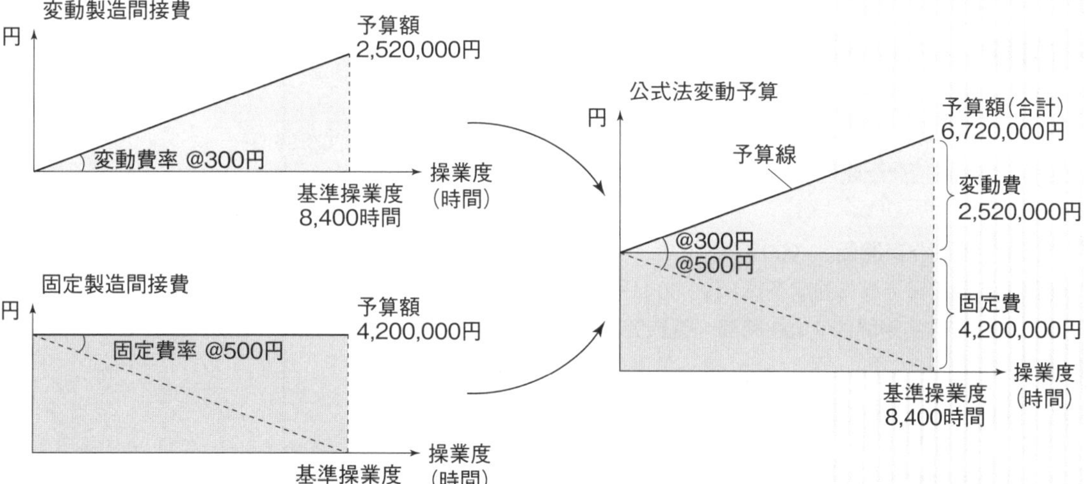

例6-1

製造間接費は、直接作業時間を基準として予定配賦している。
下記の資料にもとづき、(1)予定配賦率、(2)当月の予定配賦額、(3)当月の製造間接費配賦差異を求めなさい。

〔資料〕
年間予定直接作業時間 30,000 時間
年間製造間接費予算（公式法変動予算）
変動費率　@2円　　固定費予算額　120,000 円
当月の直接作業時間は 2,400 時間、製造間接費実際発生額は 15,500 円であった。

(1)予定配賦率：@2円＋120,000円／30,000時間＝@6円
(2)当月の予定配賦額：@6円×2,400時間＝14,400円
(3)当月の製造間接費配賦差異
　14,400円－15,500円＝△1,100円（不利差異）

4 固定予算

操業度に関係なく、一定の額を予算額とする固定予算では、変動費と固定費とを区別せずに総額で予算を設定します。

公式法変動予算では変動費率と固定費率を合計して配賦率とするのに対して、固定予算では製造間接費の総額を基準操業度で割って配賦率とします。この違いは後で学ぶ配賦差異の分析に影響します。

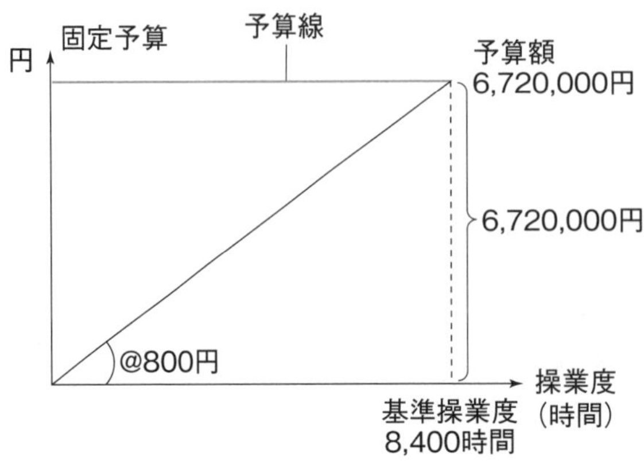

例6-2

製造間接費は、直接作業時間を基準として予定配賦している。

下記の資料にもとづき、（1）予定配賦率、（2）当月の予定配賦額、（3）当月の製造間接費配賦差異を求めなさい。

〔資料〕

年間予定直接作業時間 30,000 時間

年間製造間接費予算（固定予算）180,000 円

当月の直接作業時間は 2,400 時間、製造間接費実際発生額は 15,500 円であった。

(1)予定配賦率：180,000 円／ 30,000 時間＝@ 6 円

(2)当月の予定配賦額：@ 6 円× 2,400 時間＝ 14,400 円

(3)当月の製造間接費配賦差異

14,400 円－ 15,500 円＝△ 1,100 円（不利差異）

5 製造間接費の差異分析

製造間接費については、予算差異、操業度差異の２つが算定されます[05]。

05) 公式法変動予算、固定予算といった予算制度の違いにより、予算差異、操業度差異の金額は異なります。

【公式法変動予算の場合】

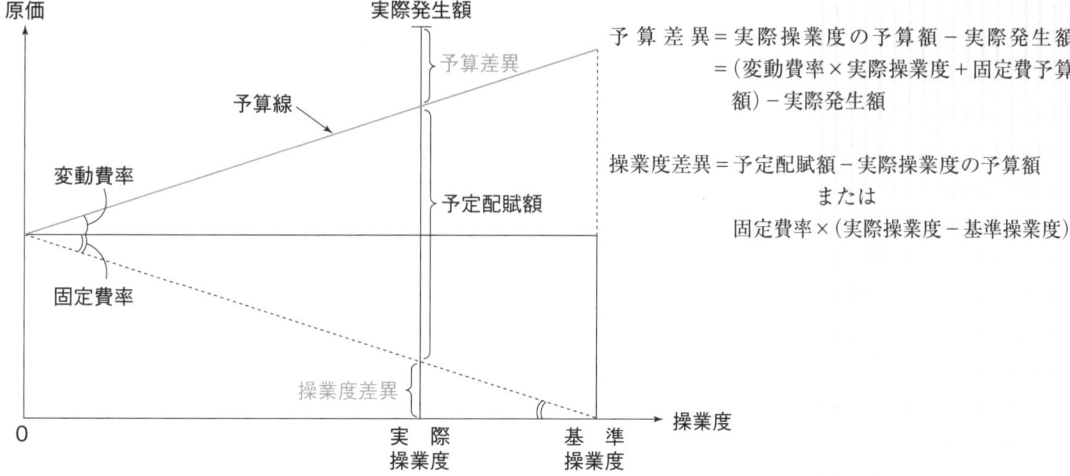

予 算 差 異＝実際操業度の予算額－実際発生額
＝(変動費率×実際操業度＋固定費予算額)－実際発生額

操業度差異＝予定配賦額－実際操業度の予算額
または
固定費率×(実際操業度－基準操業度)

例6-3

【例6－1】の資料にもとづき、当月の製造間接費配賦差異を予算差異と操業度差異に分析しなさい。

(1)予 算 差 異：(@2円×2,400時間＋120,000円／12カ月)－15,500円
＝△700円（不利差異）

(2)操業度差異：@4円×（2,400時間－30,000時間／12カ月）
＝△400円（不利差異）

【固定予算の場合】

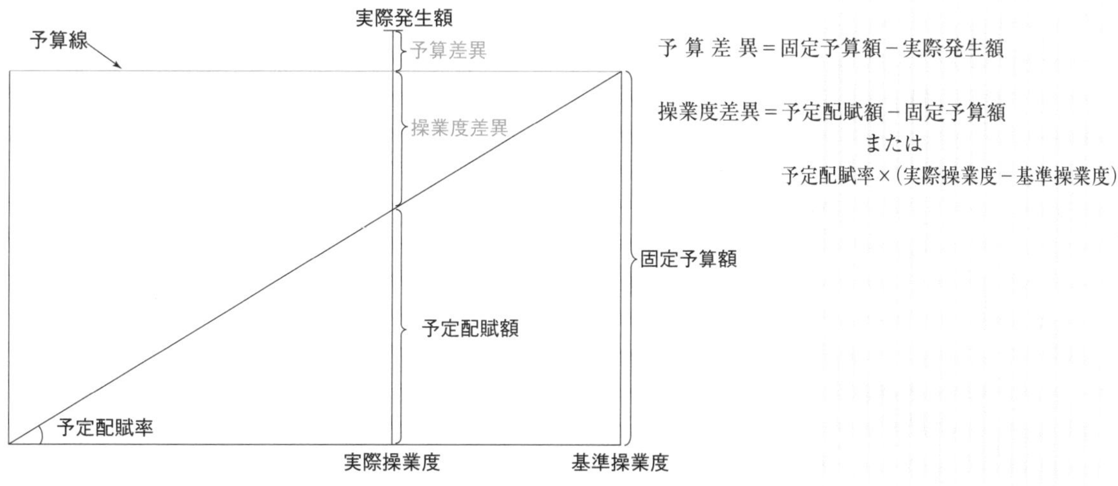

予 算 差 異＝固定予算額－実際発生額

操業度差異＝予定配賦額－固定予算額
または
予定配賦率×(実際操業度－基準操業度)

例6-4

【例6－2】の資料にもとづき、当月の製造間接費配賦差異を予算差異と操業度差異に分析しなさい。

(1)予 算 差 異：180,000円／12カ月－15,500円＝△500円（不利差異）

(2)操業度差異：@6円×（2,400時間－30,000時間／12カ月）
＝△600円（不利差異）

Try it 例題

実際原価計算の差異分析

製品Mを生産している青森製作所では、実際個別原価計算を採用している。資料にもとづいて以下の問に答えなさい。

〔資　料〕

1．年間製造間接費予算：38,400,000円

2．年間正常直接作業時間(基準操業度)：24,000時間

3．月別実際直接作業時間

×4年4月	×4年5月	×4年6月
1,800時間	1,950時間	1,860時間

4．月別製造間接費実際発生額

×4年4月	×4年5月	×4年6月
2,968,000円	3,080,000円	3,033,000円

5．製造間接費は直接作業時間を配賦基準として予定配賦している。

問1　青森製作所の×4年4月、5月、6月におけるそれぞれの製造間接費配賦差異は、借方または貸方のいずれにどれだけ生じるか。

問2　青森製作所が公式法変動予算を設定していたとする。変動費率が1時間当たり600円で、年間固定費予算が 24,000,000円であったとする。青森製作所の×4年6月における製造間接費配賦差異を、公式法変動予算を前提にして予算差異と操業度差異に分解しなさい。また、借方差異か貸方差異かを判断し、解答欄に記入すること。

問3　青森製作所の×4年5月における製造間接費配賦差異を、固定予算を前提として予算差異と操業度差異に分解しなさい。また、借方差異か貸方差異かを判断し、解答欄に記入しなさい。

問1

×4年4月	×4年5月	×4年6月
円（借方・貸方）	円（借方・貸方）	円（借方・貸方）

問2

予 算 差 異	操業度差異
円（借方・貸方）	円（借方・貸方）

問3

予 算 差 異	操業度差異
円（借方・貸方）	円（借方・貸方）

＊(借方・貸方)のいずれかあてはまる方を○で囲むこと

問1

×4年4月	×4年5月	×4年6月
88,000円（**借方**・貸方）	40,000円（借方・**貸方**）	57,000円（**借方**・貸方）

問2

予 算 差 異	操業度差異
83,000円（借方・**貸方**）	140,000円（**借方**・貸方）

問3

予 算 差 異	操業度差異
120,000円（借方・**貸方**）	80,000円（**借方**・貸方）

解説

問1 (1) 予定配賦率：$\dfrac{\text{年間製造間接費予算 38,400,000円}}{\text{年間正常直接作業時間（基準操業度） 24,000時間}}$ ＝@1,600円

(2) 各月の予定配賦額

×4年4月：予定配賦率 @1,600円×実際直接作業時間 1,800時間＝2,880,000円

×4年5月：予定配賦率 @1,600円×実際直接作業時間 1,950時間＝3,120,000円

×4年6月：予定配賦率 @1,600円×実際直接作業時間 1,860時間＝2,976,000円

(3) 各月の製造間接費配賦差異

×4年4月：予定配賦額 2,880,000円－実際発生額 2,968,000円
＝△88,000円（借方差異）

×4年5月：予定配賦額 3,120,000円－実際発生額 3,080,000円
＝ 40,000円（貸方差異）

×4年6月：予定配賦額 2,976,000円－実際発生額 3,033,000円
＝△57,000円（借方差異）

問2

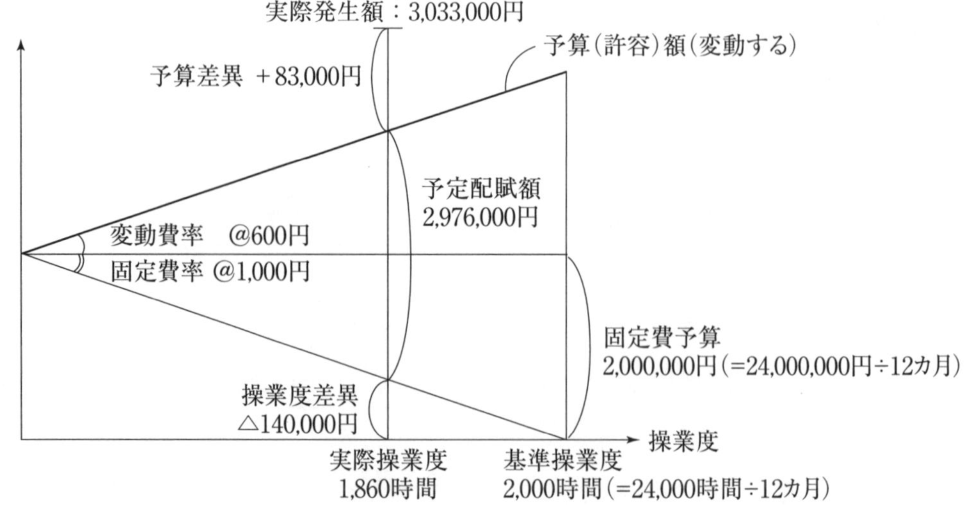

(1) 固定費率

$$\frac{\text{固定費予算(年間) 24,000,000円}}{\text{年間正常直接作業時間 24,000時間}} = @1,000\text{円}$$

(2) 予算差異

@600円×1,860時間＋2,000,000円－3,033,000円＝83,000円(貸方差異)

(3) 操業度差異

@1,000円×(1,860時間－2,000時間)＝△140,000円(借方差異)

問3

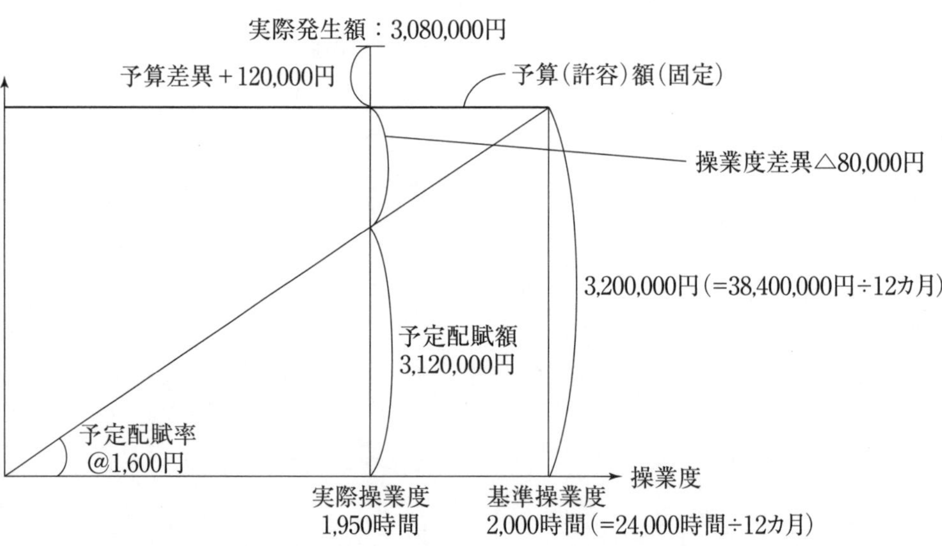

(1) 予算差異

3,200,000円－3,080,000円＝120,000円(貸方差異)

(2) 操業度差異

@1,600円×(1,950時間－2,000時間)＝△80,000円(借方差異)

Section 6のまとめ

■製造間接費予算　**変動予算（公式法変動予算）**

変動製造間接費と固定製造間接費に区別し、それぞれの予算を設定し、その合計額を予算額とする方法

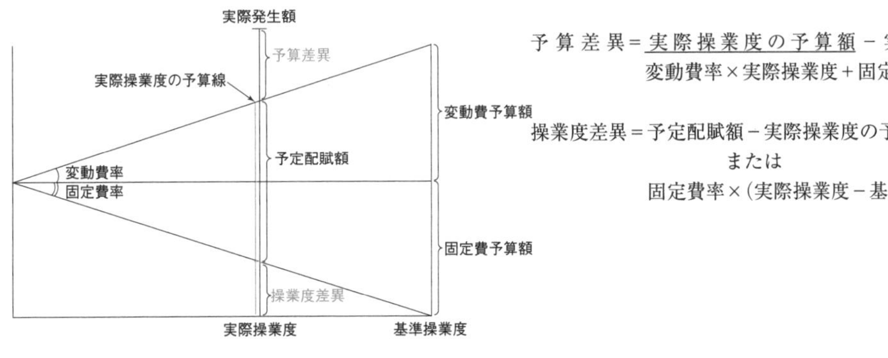

予 算 差 異＝<u>実際操業度の予算額</u>－実際発生額
　　　　　　変動費率×実際操業度＋固定費予算額

操業度差異＝予定配賦額－実際操業度の予算額
　　　　　　または
　　　　　　固定費率×（実際操業度－基準操業度）

固定予算

変動製造間接費と固定製造間接費に区別せず、操業度に関係なく、一定額を予算額とする方法

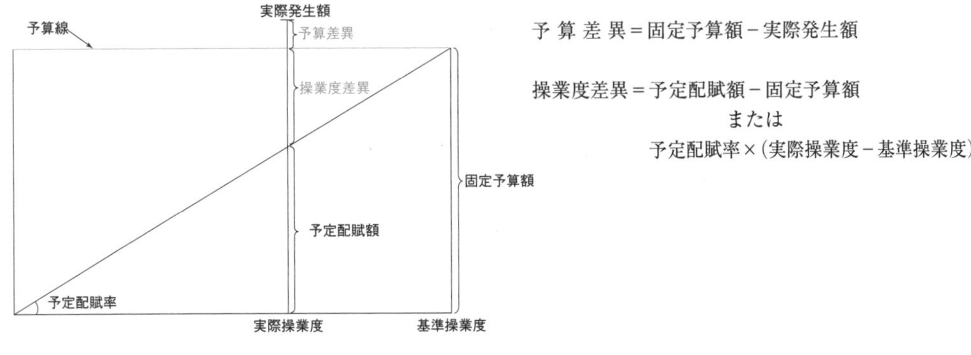

予 算 差 異＝固定予算額－実際発生額

操業度差異＝予定配賦額－固定予算額
　　　　　　または
　　　　　　予定配賦率×（実際操業度－基準操業度）

Section 7 営業費会計

重要度 ★☆☆☆☆

はじめに

最後にもう一度、工業簿記の基本を確認しましょう。メーカーは、商社とは違い、自分の会社で製品を生産し、それを販売します。そのためにかかる原価を製造原価と呼び、これまでその計算方法や記帳方法について学んできました。
ところでメーカーで発生する原価は、製造原価だけなのでしょうか？
生産された製品は、お客様に売れてはじめて利益が出ます。こうしたお客様に売るための販売活動にも原価がかかります。また製品を作ったり販売したりするには、人事・総務・経理といった会社全体を動かしていくための一般管理活動も必要です。これらにも原価がかかります。では、このような製造原価以外の原価には、どのようなものがあって、どのように処理するのでしょうか？

1 営業費の意義

製造原価以外の原価を**営業費**といいます。営業費には**販売費**と**一般管理費**があります。

総原価
- → 製造原価（製造活動にかかる原価）
- → 販売費（販売活動[01]にかかる原価）
- → 一般管理費（一般管理活動[02]にかかる原価）

販売費・一般管理費 ＝ 営業費

01）製品を販売する活動。営業部門、広告宣伝部門などが担当します。

02）生産や販売を管理・援助する活動。経営者、経理部門、人事部門、総務部門などが担当します。

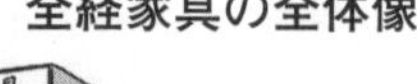

2 営業費の分類

営業費には、次のような費目があります。

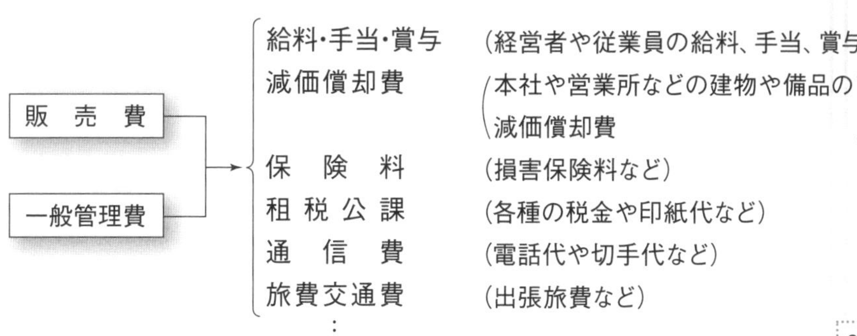

費目としては、製造原価と共通のものがほとんどです。ただし、販売費にはいくつか独特の費目があり、**注文獲得費**（かくとくひ）[03]と**注文履行費**（りこうひ）[04]に大別されます。

03）顧客から注文を得るためにかかった費用です。

04）注文を得たあと、製品を届け代金を回収するまでにかかった費用です。

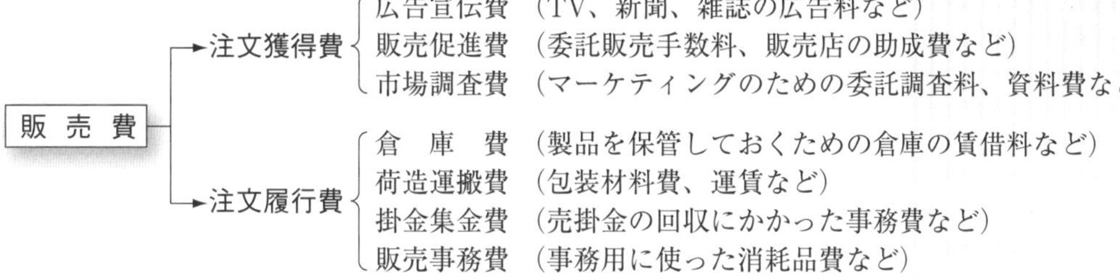

3 営業費の処理

営業費の処理としては、①営業費の計上、②統制勘定[05]への振替え、③月次損益勘定への振替えをマスターしてください。

05）営業費の統制勘定としては販売費及び一般管理費勘定を用います。

例7-1

(1)広告宣伝費100,000円を現金で支払った。

（借）	広告宣伝費	100,000	（貸）	現金	100,000

(2)上記取引を販売費及び一般管理費勘定に振り替えた。

（借）	販売費及び一般管理費	100,000	（貸）	広告宣伝費	100,000

(3)販売費及び一般管理費を月次損益に振り替えた。

（借）	月次損益	100,000	（貸）	販売費及び一般管理費	100,000

営業費計上の処理は商業簿記における費用計上と同じです。見越し・繰延べがあれば、それを処理したうえで統制勘定をとおして月次損益へ振り替えます。

なお、統制勘定（販売費及び一般管理費）への振替えは行わずに、直接に月次損益へ振り替える場合もあります。

営業費会計

次の取引の仕訳を示しなさい。

(1) 本社建物の減価償却費 300,000円を計上した。
(2) 上記減価償却費を販売費及び一般管理費勘定に振り替えた。
(3) 販売費及び一般管理費を月次損益に振り替えた。

(1)	(借) 減価償却費	300,000	(貸) 減価償却累計額	300,000
(2)	(借) 販売費及び一般管理費	300,000	(貸) 減価償却費	300,000
(3)	(借) 月次損益	300,000	(貸) 販売費及び一般管理費	300,000

営業費の計上は商業簿記における仕訳と同じです。見越しや繰延べがなければ、そのまま統制勘定へ振り替えます。最後に、統制勘定に集められた当月の営業費をまとめて月次損益勘定へ振り替えます。

Section 7のまとめ

■営業費の分類　営業費は、次のように分類できます。

営業費
- 販売費
  - 注文獲得費
  - 注文履行費
- 一般管理費

注文獲得費：顧客から注文を得るためにかかった費用です。
　例：広告宣伝費　販売促進費

注文履行費：顧客からの注文を得た後、製品を販売し、その代金を回収するまでにかかった費用です。
　例：倉庫費、運送費

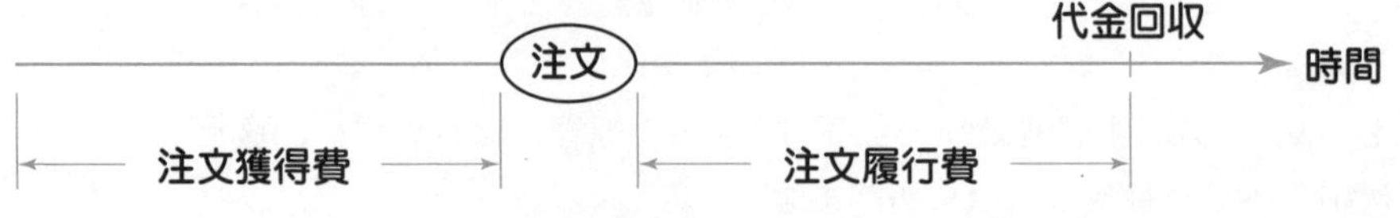

工業簿記の勘定連絡と財務諸表

はじめに

Section 7までで、材料費、労務費、経費、製造間接費など、さまざまなものを見てきました。
最後に、それぞれの勘定の流れをもう一度整理して見ていきましょう。

1 材　料

(1)材料の購入

材料を購入したときは、**材料勘定(資産の勘定)の借方**に記入します。これは材料という資産が増加するためです。

例8-1

材料3,000円を掛けで購入した。

(借)	材　料	3,000	(貸)	買掛金	3,000

(2)材料の消費

例8-2

上記【例8-1】の材料のうち2,400円を製品の製造のために消費した(直接材料費1,600円、間接材料費800円)。

(借)	仕掛品	1,600	(貸)	材　料	2,400
	製造間接費	800			

この取引を勘定の流れで見ると、次のようになります。

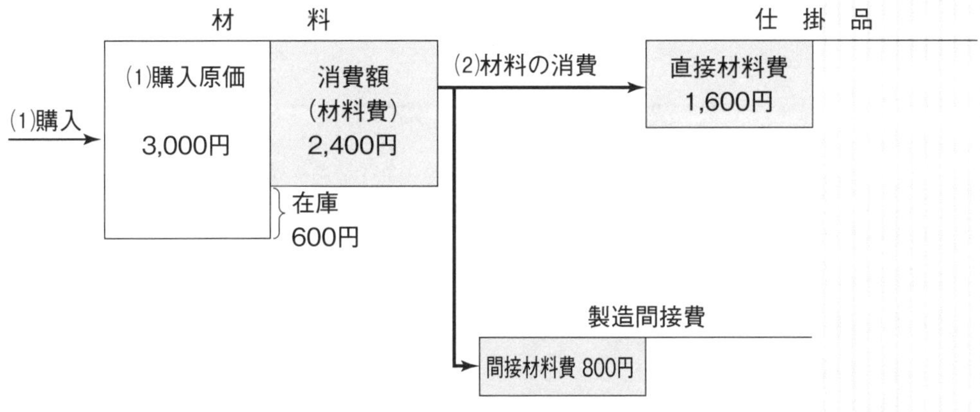

2 労務費

(1)賃金の支払い

例8-3

賃金 2,800 円を現金で支払った。

(借) 賃　金	2,800	(貸) 現　金	2,800

(2)賃金の消費

例8-4

上記【例8-3】の賃金を製品製造のため消費した（直接労務費 2,100 円、間接労務費 700 円）。

(借) 仕　掛　品	2,100	(貸) 賃　金	2,800
製造間接費	700		

この取引を勘定の流れで見ると、次のようになります。

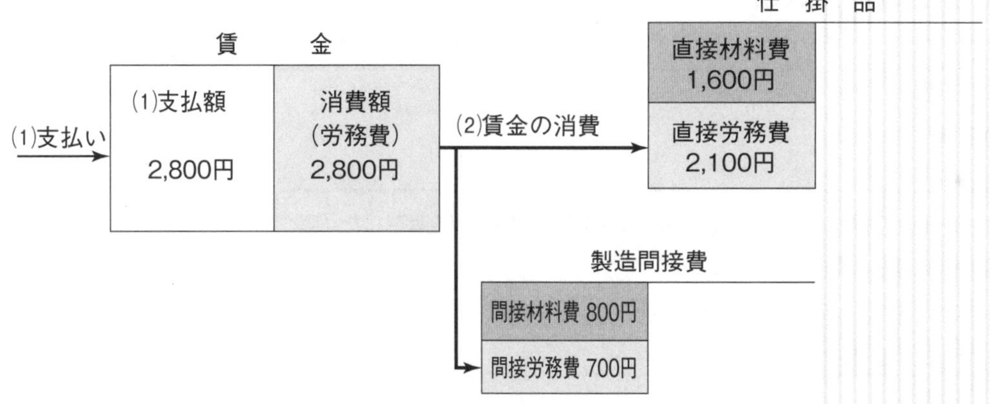

3 経　費

(1)経費の支払い

例8-5

経費 1,200 円を現金で支払った。

(借) 経　費	1,200	(貸) 現　金	1,200

⑵経費の消費

例8-6

前記【例8-5】の経費を製品製造のため消費した。このうち200円が直接経費である。

（借）仕　掛　品	200	（貸）経　　費	1,200
製造間接費	1,000		

この取引を勘定の流れで見ると、次のようになります。

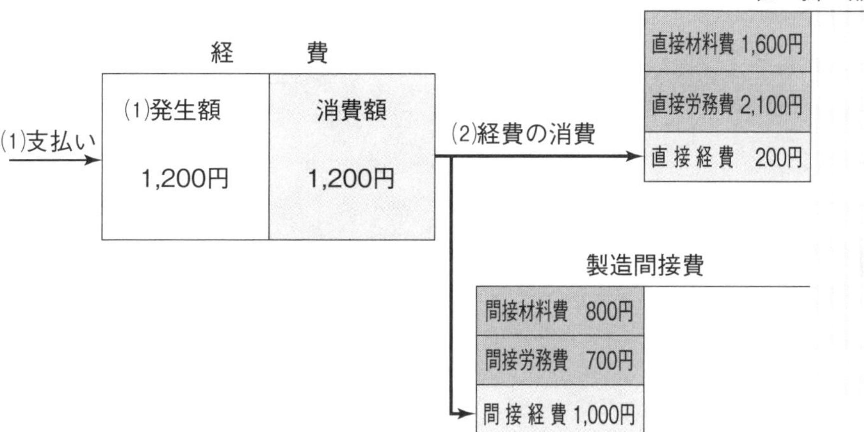

4 経費勘定を用いない場合

例8-7

水道光熱費1,000円が発生し、現金で支払った。

（借）製造間接費	1,000	（貸）現　　金	1,000

5 製造間接費から仕掛品へ

例8-8

製造間接費2,500円を仕掛品に配賦した。

（借）仕　掛　品	2,500	（貸）製造間接費	2,500

この取引を勘定の流れで見ると、次のようになります。

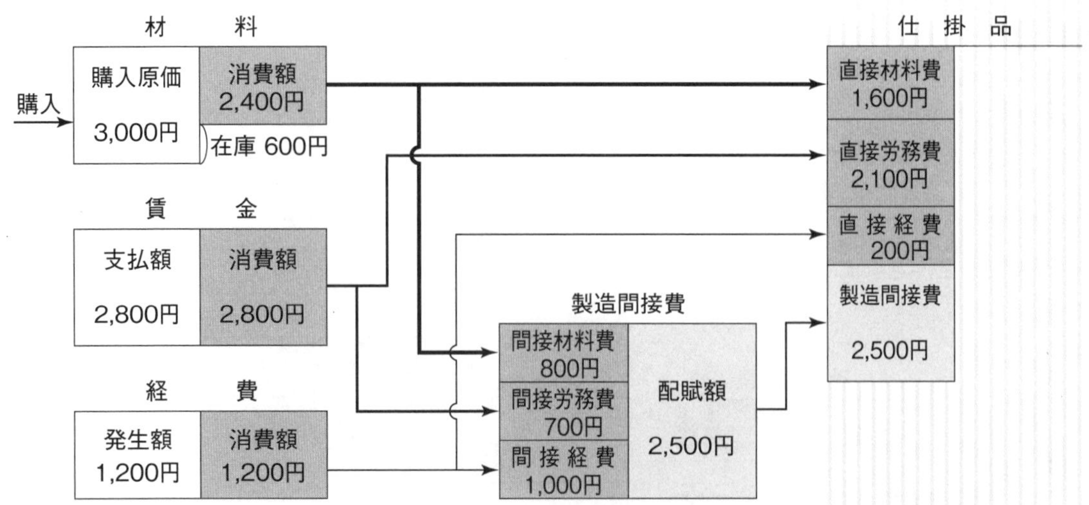

6 製品の完成

例8-9

製品 6,400 円（原価）が完成した。

（借）製　品	6,400	（貸）仕　掛　品	6,400

この取引を勘定の流れで見ると、次のようになります。

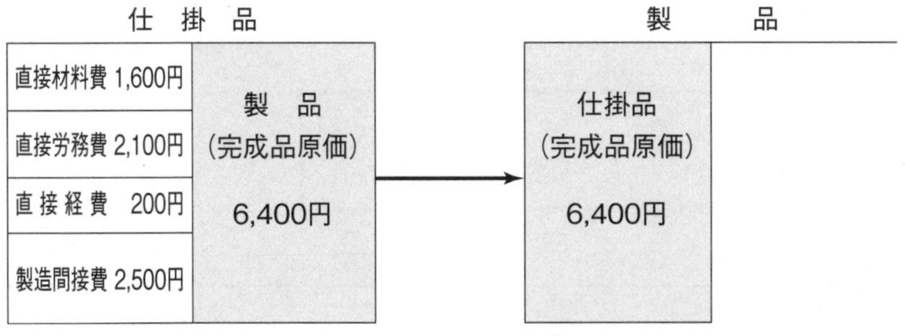

7 製品の販売・返品

例8-10

製品の一部（原価 6,000 円）を 10,000 円で販売し、代金は掛けとした。

（借）売　掛　金	10,000	（貸）売　上	10,000
（借）売上原価	6,000	（貸）製　品	6,000

この取引を勘定の流れで見ると、次のようになります。

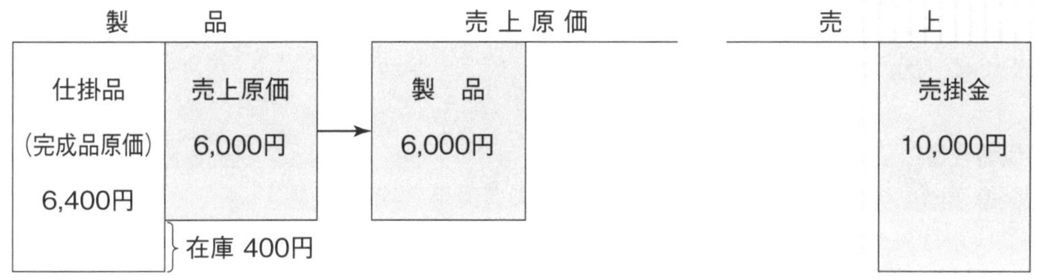

例8-11

【例８-10】で販売した製品のうち販売価格 1,000 円分が返品された。

（借）売	上	1,000	（貸）売　掛　金	1,000
（借）製	品	600	（貸）売 上 原 価	600

8 営業費の支払い

例8-12

販売員の給料および広告宣伝費 800 円を現金で支払った。販売費及び一般管理費勘定を用いること。

（借）販売費及び一般管理費		800	（貸）現　　金	800

9 月次決算

工業簿記では１カ月ごとに決算を行います。原価計算期間が１カ月ですから、このような月単位の決算が可能です。このときには月次損益勘定[01]を設けて、当月の売上高、売上原価、販売費及び一般管理費の金額を振り替えて、当月の営業利益を計算します。

01）この月次損益勘定は、損益勘定と同じものです（工業簿記だからといって特別なものばかりではありません！）。

例8-13

当月の営業利益を計算するため、振替仕訳を行った。

（借）売	上	10,000	（貸）月 次 損 益	10,000
（借）月 次 損 益		6,800	（貸）売 上 原 価	6,000
			販売費及び一般管理費	800

売上高から、売上原価と販売費及び一般管理費の金額を差し引いて計算する利益は「営業利益」と呼んでいましたね。

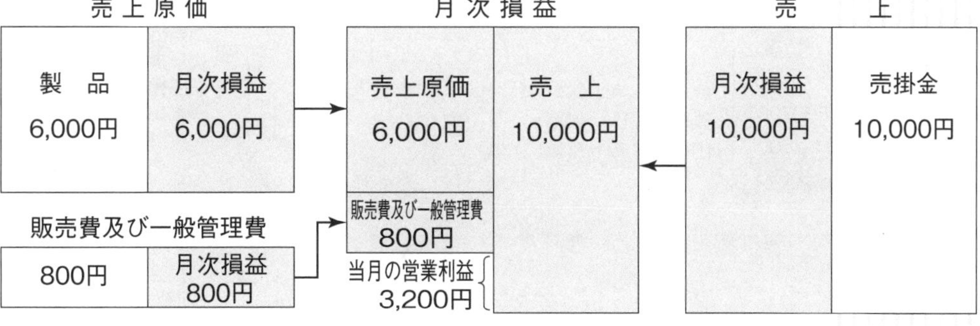

10 財務諸表の作成

工業簿記では、次の３つの財務表を作成します。

(1)製造原価報告書[02]

当期の**製造活動**を明らかにする財務表です。**当期製造費用**(当期の製造原価発生額)の内訳を材料費、労務費、経費の別に示します[03]。仕掛品があるときは末尾で加減して、最後の行では**当期製品製造原価**(当期完成品の原価)を算定します。

02)製造原価明細書ともいいます。C/R (Cost Report) と略記することもあります。

03)直接材料費、直接労務費、製造間接費の別に示すこともあります。

(2)損益計算書

当期の経営成績を明らかにする財務表です。収益・費用の内訳を示して、利益を算定します[04]。

04)製造原価、販売費・一般管理費までが原価とされるので、工業簿記の問題では、損益計算書は営業利益までを示せばよいものが多いです。

(3)貸借対照表

当期末の**財政状態**を明らかにする財務表です。資産・負債・純資産の内訳を示します。

工業簿記では製造活動を明らかにするために製造原価報告書を作成する点が、商業簿記にはない特徴です。

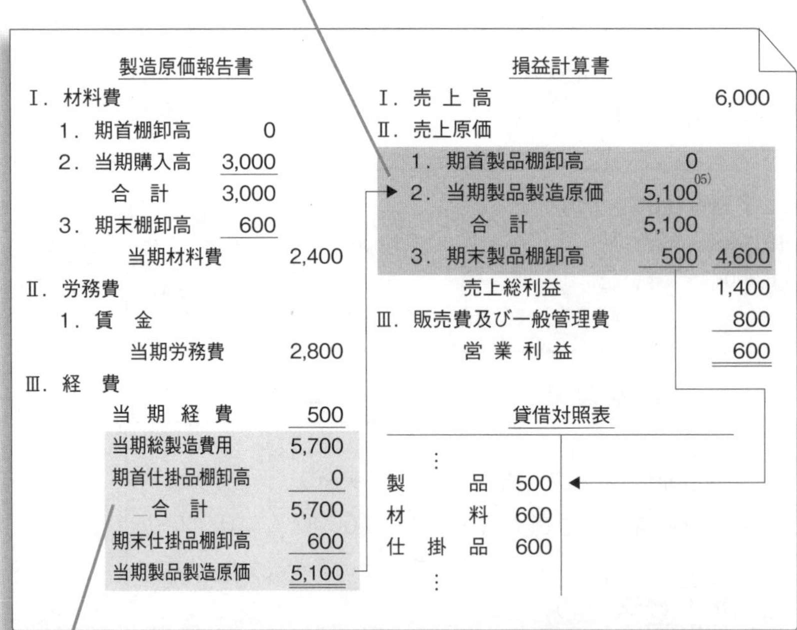

製造原価報告書

Ⅰ．材料費		
1．期首棚卸高	0	
2．当期購入高	3,000	
合　計	3,000	
3．期末棚卸高	600	
当期材料費		2,400
Ⅱ．労務費		
1．賃　金		
当期労務費		2,800
Ⅲ．経　費		
当　期　経　費		500
当期総製造費用		5,700
期首仕掛品棚卸高		0
合　計		5,700
期末仕掛品棚卸高		600
当期製品製造原価		5,100

損益計算書

Ⅰ．売　上　高		6,000
Ⅱ．売上原価		
1．期首製品棚卸高	0	
2．当期製品製造原価	5,100[05]	
合　計	5,100	
3．期末製品棚卸高	500	4,600
売上総利益		1,400
Ⅲ．販売費及び一般管理費		800
営　業　利　益		600

貸借対照表

⋮	
製　　品	500
材　　料	600
仕　掛　品	600
⋮	

05)製造業の「当期製品製造原価」の計算が、商品売買業の「当期商品仕入高」の計算に比べて複雑なため、製造原価報告書を作成してその計算過程を説明します。つまり、製造原価報告書には損益計算書の補足説明書類としての性質があるのですね。

工業簿記の流れ

当社は製品Tを製造している。次の空欄の中に適切な語句または数値を記入しなさい。

(1) 材料 1,200円を掛けで購入した。

(借) 〔　　　　　〕 1,200　(貸) 買　掛　金 1,200

(2) 材料 900 円を消費した（直接費 500 円、間接費 400 円）。

(借) 〔　　　　　〕（　　　）　(貸) 材　　料 900

〔　　　　　〕（　　　）

(3) 賃金 2,500 円を支払った（現金 2,200 円、預り金 300 円）。賃金勘定を用いるものとする。

(借) 〔　　　　　〕 2,500　(貸) 現　　金（　　　）

〔　　　　　〕（　　　）

(4) 賃金の消費額は 2,500円であり、このうち 1,800円が直接労務費である。

(借) 仕　掛　品 1,800　(貸) 賃　　金 2,500

〔　　　　　〕（　　　）

(5) 経費 800円を小切手を振り出して支払った。

(借) 〔　　　　　〕 800　(貸) 〔　　　　　〕 800

(6) 経費の消費額は 800円であり、このうち 500円が直接経費である。

(借) 〔　　　　　〕 500　(貸) 経　　費 800

〔　　　　　〕 300

(7) 製造間接費 1,400円を配賦する。

(借) 〔　　　　　〕 1,400　(貸) 〔　　　　　〕 1,400

(8) 製品T 3,000円が完成した。

(借) 〔　　　　　〕 3,000　(貸) 〔　　　　　〕 3,000

(9) 製品T（原価 3,000円、売価 5,500円）を掛けで販売した。

(借) 売　掛　金（　　　）　(貸) 売　　上（　　　）

(借) 〔　　　　　〕 3,000　(貸) 〔　　　　　〕 3,000

(10) 販売員給料 800円、広告宣伝費 400円、本社事務員給料 900円を小切手を振り出して支払った。販売費及び一般管理費勘定を用いること。

(借) 〔　　　　　〕（　　　）　(貸) 当 座 預 金（　　　）

(11) 当月の営業利益を計算するため、振替仕訳を行った。

(借) 売　　上 5,500　(貸) 〔　　　　　〕 5,500

(借) 〔　　　　　〕 5,100　(貸) 〔　　　　　〕 3,000

販売費及び一般管理費 2,100

		借方科目	金額		貸方科目	金額
(1)	(借)	〔材料〕	1,200	(貸)	買掛金	1,200
(2)	(借)	〔仕掛品〕	(500)	(貸)	材料	900
		〔製造間接費〕	(400)			
(3)	(借)	〔賃金〕	2,500	(貸)	現金	(2,200)
					〔預り金〕	(300)
(4)	(借)	仕掛品	1,800	(貸)	賃金	2,500
		〔製造間接費〕	(700)			
(5)	(借)	〔経費〕	800	(貸)	〔当座預金〕	800
(6)	(借)	〔仕掛品〕	500	(貸)	経費	800
		〔製造間接費〕	300			
(7)	(借)	〔仕掛品〕	1,400	(貸)	〔製造間接費〕	1,400
(8)	(借)	〔製品〕	3,000	(貸)	〔仕掛品〕	3,000
(9)	(借)	売掛金	(5,500)	(貸)	売上	(5,500)
	(借)	〔売上原価〕	3,000	(貸)	〔製品〕	3,000
(10)	(借)	〔販売費及び一般管理費〕	(2,100)	(貸)	当座預金	(2,100)
(11)	(借)	売上	5,500	(貸)	〔月次損益〕	5,500
	(借)	〔月次損益〕	5,100	(貸)	〔売上原価〕	3,000
					販売費及び一般管理費	2,100

材料

(1) 購入額 1,200円	直接費 500円 (2)
	間接費 400円

賃金

(3) 支払額 2,500円	直接費 1,800円 (4)
	間接費 700円

経費

(5) 支払額 800円	直接費 500円 (6)
	間接費 300円

仕掛品

直接材料費 500円	製品（完成品原価） 3,000円 (8)
直接労務費 1,800円	
直接経費 500円	
製造間接費 1,400円	

製造間接費

間接材料費 400円	配賦額 1,400円 (7)
間接労務費 700円	
間接経費 300円	

製品

仕掛品（完成品原価） 3,000円	売上原価 3,000円 (9)

売上原価

製品 3,000円	月次損益 3,000円 (11)

販売費及び一般管理費

(10) 支払額 2,100円	月次損益 2,100円 (11)

月次損益

売上原価 3,000円	売上 5,500円 (11)
販売費及び一般管理費 2,100円	
当月の営業利益 400円	

売上

月次損益 5,500円	売上高 5,500円 (9)

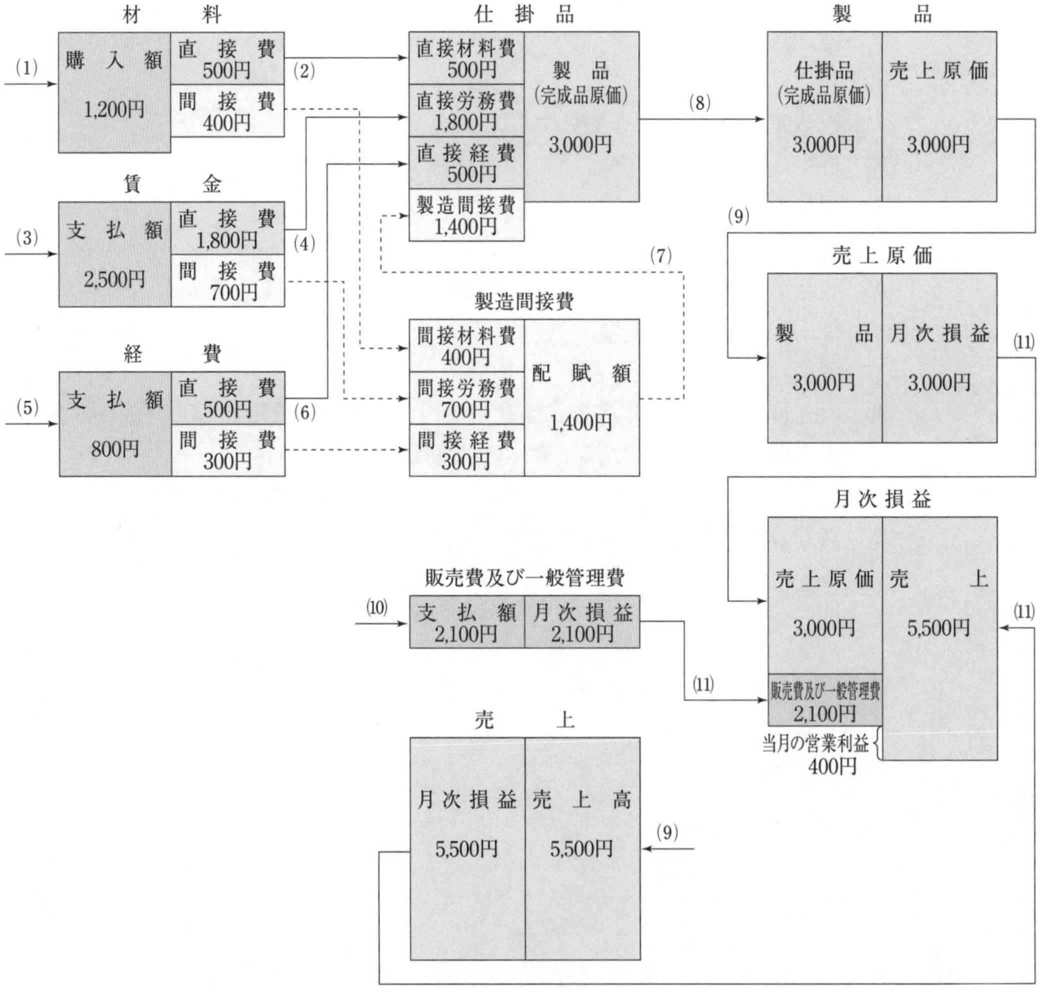

Section 8のまとめ

※以下の勘定連絡を頭に入れておきましょう。

■製造原価の流れ

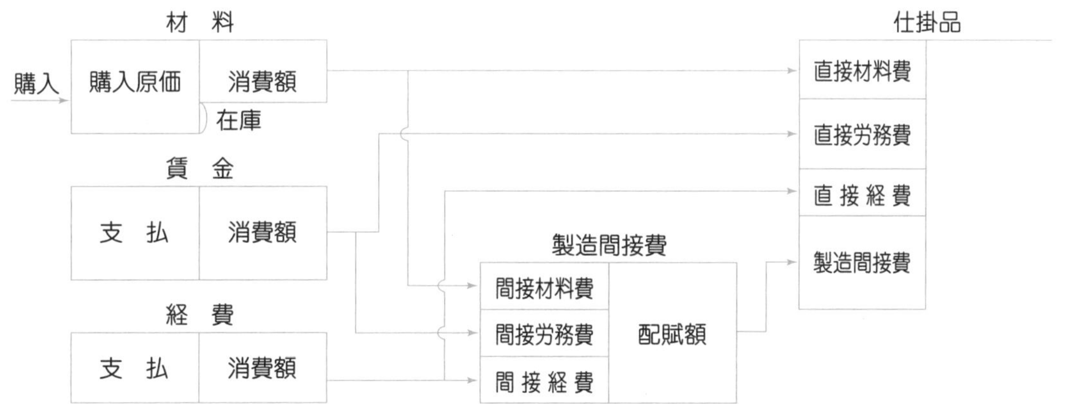

■製品の完成・販売、月次損益への振替え

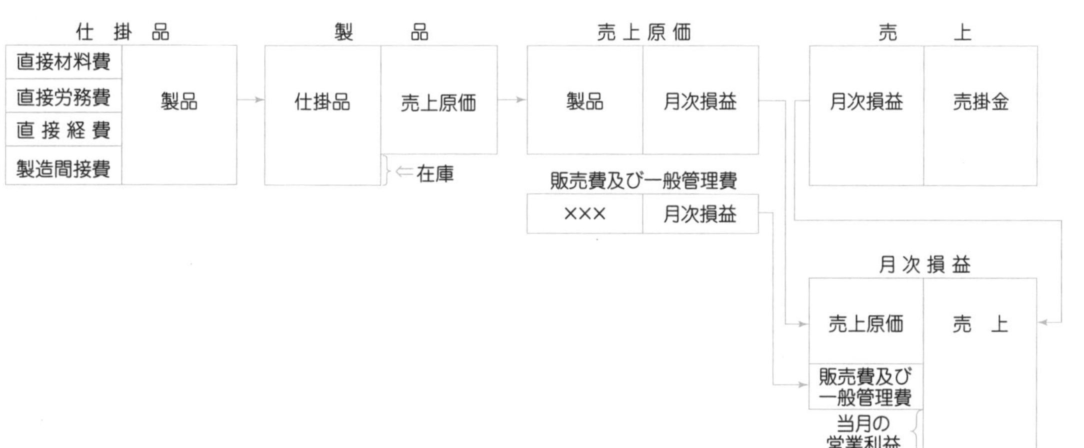

コラム 流星哲学

毎年、夏になると流星群がやってくる。

大阪にいた頃には、流星群がくるたびに三重と奈良の県境に出かけ、望遠鏡で流れ星を追ったものでした。

ところで、みなさんは『流れ星に願いごとをすると、その願いごとが叶う』という話、信じておられますか？

『そんなお伽話、今どき信じている人はいないよ』とお思いでしょう。

でも、私は信じています。

信じているどころか、『流れ星に願いごとをすると、その願いごとが叶う』と保証します。

夜、星空を見上げて、流れ星を探してみてください。

晴れた日ばかりではなく、雨の日も曇りの日もあります。つまり、必ず星空が見えるとは限りません。

また、運よく星空が見え、さらに運よく流れ星が流れたとしましょう。しかし、広い夜空の下、そこを見ていなければ流れ星に気づくことはありません。

さらに、流れ星などほんの一瞬です。

その一瞬の間に自分の願いごとを言う。

それは本当に多くの偶然が重なった、その一瞬に願いごとを言うということになります。

つまり、一日24 時間四六時中、自分が本当に願っていることでないと、とてもとてもその瞬間に言葉になるものではないのです。

もう、おわかりでしょう。

私が『流れ星に願いごとをすると、その願いごとが叶う』ことを保証するわけが。そうです。

一人の人間が24 時間四六時中、寝ても醒めても本当に願っていることならば、当然にそのための努力を厭うこともなく、それは必然的に実現するのです。

あっ、流れ星だ！

間に合いましたか？　そして、あなたは何を願いましたか？

Chapter 4

総合原価計算の基礎

総合原価計算の基礎の全体像

		重要度
Section 1	総合原価計算の計算方法	★★★★★
Section 2	単純総合原価計算～１種類の製品の生産～	★★★★★
Section 3	仕損・減損の処理	★★★★☆
Section 4	作業くず・副産物の処理	★★★☆☆

ココがPOINT!!

総合原価計算のイメージ

総合原価計算は缶ジュースの生産のように、お客様から注文を受ける前に標準規格製品を大量に作って販売する(つまり、ひとつひとつの製品にはまったく差がない)大量生産経営で用いられる原価計算の方法です。

例えばみなさんが、缶ジュースを作っている工場を経営しているとしましょう。

今月、缶ジュースを1,000本生産し、このとき、原料代10,000円、缶代20,000円、加工費30,000円かかったとしましょう。

そうしたら、当然に１本あたりの原価は、次のように計算しますね。

(10,000円＋20,000円＋30,000円)÷1,000本＝60円／本

つまり１カ月間にかかった原価を集計し、同じ１カ月間でできた製品の個数で割って、完成品の単価(１個あたりの原価)を計算します。

これが、大量生産のときに用いる総合原価計算です。

「総合原価計算は、かかった原価を作った個数で配分する」、こんなイメージをしておきましょう。

では、はじめていきましょう。

Section 1 重要度 ★★★★★

総合原価計算の計算方法

はじめに

全経家具のボックス家具は、日々大量に生産されています。
このとき原価計算の方法としては総合原価計算が行われます。まず、材料である木材を投入して加工を施し完成する、この製造工程をどのようにして原価計算に反映させればよいのでしょうか？

1 大量生産形態

大量生産という生産形態は、20世紀はじめにアメリカで本格的に始まりました[01]。

まったく同一の製品を大量に作ることにより、材料をまとめて安く仕入れることができ、同じ作業を繰り返すだけでよいので習熟しやすく、作業の効率化も図られるようになりました。その結果、原価を大きく引き下げることに成功したのです。それまで高嶺の花と呼ばれた自動車の価格も低く設定でき、大衆に受け入れられやすい製品が作られるようになりました。

大量生産では、同じ製品を生産するので、その中の製品ひとつひとつに対して個別に原価を計算するのは、手間がかかり非効率的です[02]。そこで、**一定期間(月ごと)の原価を集計し、その期間中に生産した製品の数で割って1個あたりの製造原価を計算します。これを総合原価計算といいます。**

01)米国の自動車メーカー、フォード社がはじめたといわれています。作られるのは1車種のみで、色も黒だけだったそうです。

02)例えば、市販のポテトチップスの1袋ごとに原価を計算していたのでは非効率です。

標準規格の完成品５個

1カ月の製造原価の合計 5,000円

1個あたりの製造原価 1,000円

5,000円÷５個

2 始点・終点・仕上り程度

製品の製造ライン(製造工程)において、最初に材料を投入して**加工を始める点**を、その工程の始点といい、最終的に**加工が終わって完成品となる点**を終点といいます。

なお、工程上における**加工の進み具合(加工進捗度)**を仕上り程度といいます。

完成品を100%としたときに、加工が30%完了している状態を「仕上り程度30%」、60%完了している状態を「仕上り程度60%」と表現します。
あなたの学習仕上り程度は、今何%くらいですか？

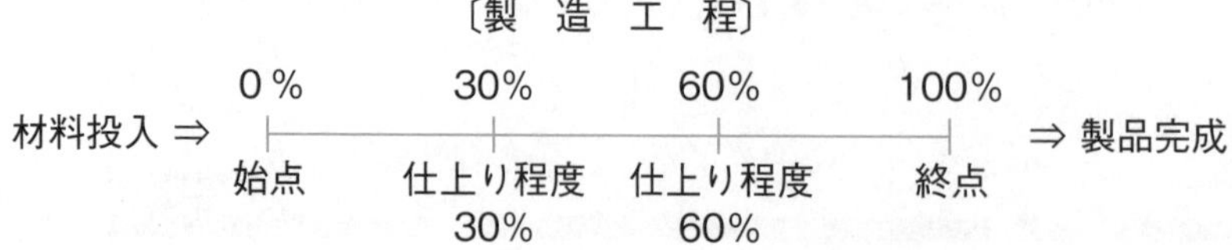

3 計算方法

総合原価計算では、製造原価を次のように(1)材料費[03]と(2)加工費[04]とに分類して計算します。

〔製造原価〕

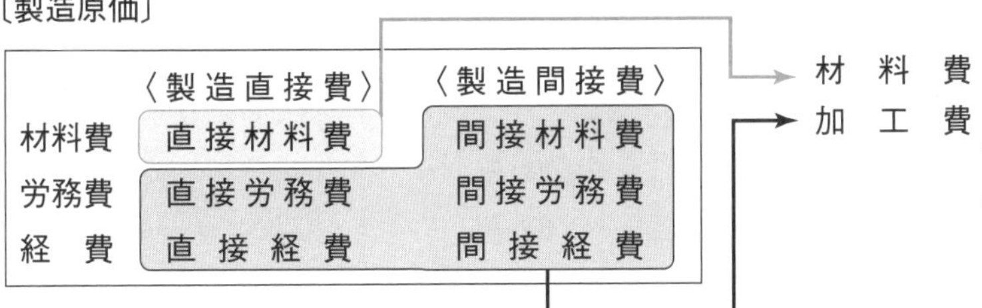

03)製品の材料にかかった原価です。

04)製品の加工にかかった原価です。

加工費は「始点で投入」などということはできません。“1秒で1時間分働け”といわれても不可能ですから。

(1)**材料費**：直接材料費を指します。通常、**製造工程の始点で投入**されます。

(2)**加工費**：直接材料費以外の製造原価を指します。直接労務費などの加工費は、**仕上り程度に応じて順次投入**されます[05]。

05)加工費の投入によって仕上り程度が増すと考えられます。

4 投入量がそのまま完成した場合の計算方法

当月に投入した原価(材料費・加工費)が、そのまま完成した場合の完成品単位原価[06]を次の設例を使って計算してみましょう。

06)完成品1個あたりの製造原価のことです。

例1-1

次の資料から、A製品の当月完成品単位あたり製造原価を計算しなさい。

1．A製品の今月の生産データ

当月投入[07] 2,400個 うち完成品 2,400個(投入分すべて完成)

2．A製品の今月の製造原価データ

材　料　費	816,000円
加　工　費	417,600円
計	1,233,600円

完成品単位製造原価 @*514* 円

07)当月着手ともいいます。

この例では、当月に作りはじめた製品のすべてが、当月中に完成してしまいました。

加工費

材料費

仕上り程度　0%　100%

当月投入 2,400個　完成品 2,400個

したがって、当月発生した製造原価を完成品の数量で割ることによって完成品単位原価が計算できます。

$$\text{完成品単位原価} = \frac{\text{製造原価}}{\text{完成品量}} = \frac{1{,}233{,}600\text{円}}{2{,}400\text{個}} = @514\text{円}$$

これを仕掛品勘定の動きで見ると、次のようになります。

投入(インプット)	仕掛品(投入)	仕掛品(完成)	産出(アウトプット)
材料費 816,000円[08]	2,400個	2,400個	材料費 816,000円 @340円[10]
加工費 417,600円[09]			加工費 417,600円 @174円[11]

08)材料費は始点で投入されたものの金額を示しています。

09)加工費は加工を通じて徐々に投入され、その結果、当月に投入された金額を示しています。

10)816,000円÷2,400個＝@340円

11)417,600円÷2,400個＝@174円

5 月末仕掛品（未完成品）がある場合の計算方法

作りはじめた製品がすべて当月中に完成するとは限りません。月末に**仕掛品**（しかかりひん）[12]が残ったときは、どのように計算したらよいでしょうか。

12)製造途中の製品のことです。簡単にいうと、月末の「作りかけ」です。

例1-2

次の資料から、A製品の当月完成品製造単価を計算しなさい。

1．A製品の今月の生産データ

A製品　当月投入　2,400個 ｛完成品 2,000個／月末仕掛品 400個｝

(注) A製品の生産に必要な材料は工程の始点ですべて投入している。また、月末仕掛品の加工は80%まで終わっている[13]。

2．A製品の今月の製造原価データ

材料費	816,000円
加工費	417,600円
計	1,233,600円

当月完成品製造単価 @ *520* 円

13)仕上り程度80%を意味しています。

このときは、当月製造原価を**完成品分**と**月末仕掛品分**とに分ける必要があります。この配分計算[14]は生産量を基準としますが、次のように計算してはいけません。

14)振り分ける計算のことをいいます。

〈誤った考え方〉

投入（インプット）

当月投入		2,400個
材料費	816,000円	@340円
加工費	417,600円	@174円

→ 2,000個 → 産出（アウトプット）

完成品		2,000個
材料費	680,000円	@340円
加工費	348,000円	@174円
完成品1個の原価		@514円

→ 400個 →

月末仕掛品		400個
材料費	136,000円	@340円
加工費	69,600円	@174円
月末仕掛品1個の原価		@514円

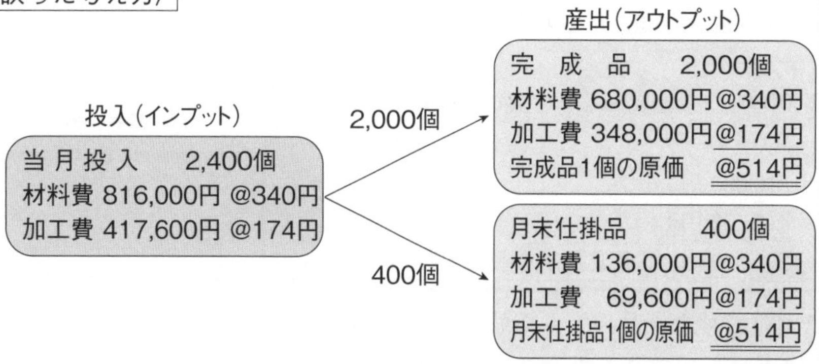

この計算では、完成品1個の原価と月末仕掛品1個の原価が同じになってしまっています。完成品と作りかけの月末仕掛品とでかかった原価が同じというのはおかしいですね。仕掛品は途中までしか加工していないのですから、完成品よりも原価が小さいはずです。

上記の計算は、加工費について完成品の量(2,000個)と月末仕掛品の量(400個)とを同じに扱った点に誤りがあります。そこで、加工費の仕掛品量については**「完成品量でいうと何個分に相当するか」**(完成品換算量)**に直して、配分計算を行います。**

月末仕掛品の完成品換算量 ＝ 仕掛品量 × 仕上り程度

(1)材料費の仕上り程度

材料費の仕上り程度は、材料投入作業の進み具合で決まります。

一般的に材料は、工程の始点ですべて投入されるので、始点の段階で仕掛品の材料費の仕上り程度は100%となり、それ以降も常に100%となります。

したがって、月末仕掛品の400個にも400個分の材料費が投入されています。

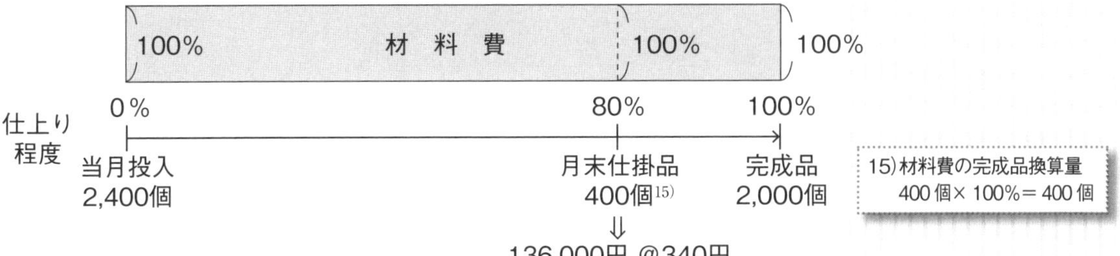

15) 材料費の完成品換算量
400個×100%＝400個

これを仕掛品勘定の動きでみると、次のようになります。

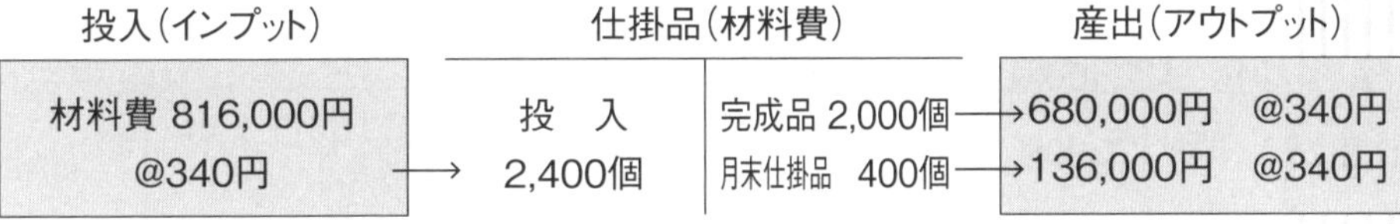

コラム 合格に必須の電卓の使い方

ここでは「定数計算」という電卓の機能を紹介しておきましょう。

まず、電卓に〔１０〕と入れてください。

次に、×(掛ける)を２回押してみてください。

２回目で液晶面に「K」マークが表示される電卓(主にカシオ製)の場合は、２回押してKマークを付けてください。そうでない方(主にシャープ製やキヤノン製)は×(掛ける)は１回で大丈夫です。

そして、〔3〕と入れて＝を押してください。当然に〔３０〕となりますよね。

〔１０〕×〔3〕＝と計算したのですから、当たり前ですね。

では次に、そのまま何もせずに、〔5〕と入れて＝を押してみてください。〔５０〕となるでしょ。

また、次に〔9〕と入れて、＝を押しましょう。やっぱり〔９０〕と表示されますね。

つまり、電卓が「１０掛ける」を覚えているのです。

その上に「3＝」としたので〔３０〕、「5＝」としたので〔５０〕と答えていたのです。

この機能は絶対に使いこなせるようにしておきましょう。解くスピードが格段に早くなります。

(2)加工費の仕上り程度

加工費の仕上り程度は、加工作業の進み具合で決まります。

完成品を作るのにかかる時間に対して、仕掛品は**何時間まで作業が進んだのか**を調べ、その完成品に対する割合を仕上り程度とします。加工費は「**数量×仕上り程度**」の割合(**加工費の完成品換算量**)で配分計算します。

例えばA製品1個を完成させるのに10時間かかるところ、月末仕掛品は8時間まで加工したのであれば加工費の仕上り程度は80%となります。

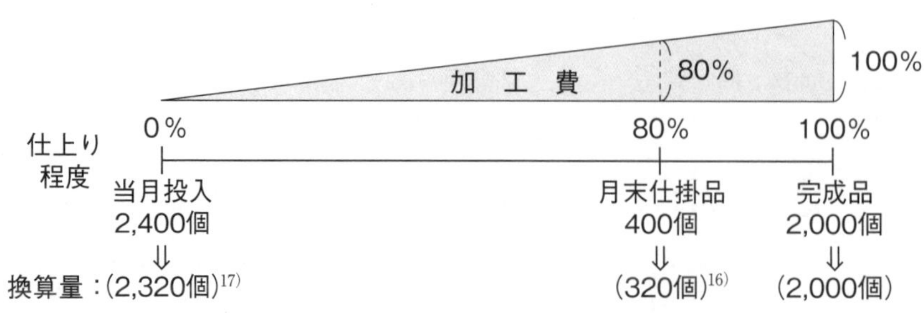

16)加工費の完成品換算量
400個×80%＝(320個)
なお( )内は仕上り程度を加味した換算量を意味しています。

17)加工費の当月投入の完成品換算量は完成品量と月末仕掛品の完成品換算量の合計で計算されます。
(2,000個)＋(320個)
＝(2,320個)

これを仕掛品勘定の動きでみると、次のようになります。

投入(インプット)

加工費 417,600円
④(@180円)

仕掛品(加工費)

投 入 2,400個 ⇓ ③ (2,320個)	完成品 2,000個 ⇓ ① (2,000個)
	月末仕掛品 400個 ⇓ ② (320個)

産出(アウトプット)

⑤ 360,000円(@180円)

⑥ 57,600円(@144円)⑦

① 完成品は1個あたり100%、つまり1個分の加工費が投入されて完成しています。
　したがって、完成品換算量もそのままの(2,000個)になります。

② 月末仕掛品は1個あたり80%、つまり0.8個分の加工費が投入されています。
　したがって、月末仕掛品400個で(320個)分の加工がなされていることを示しています。

③ 当月投入は、材料費は2,400個分投入しているものの、それに対する**加工費は(2,320個)分**[18]**しか投入していません。**

④ 当月発生した加工費は417,600円であったため、**当月投入の完成品換算量**(2,320個)**で割る**ことにより、当月の1個あたりの加工費(180円)[19]が求まります。

⑤ 完成品は1個あたり(180円)の加工費が投入されています。したがって、(2,000個)で360,000円となります。

⑥ 月末仕掛品は、合計で(320個)分の加工費が投入されています。したがって、57,600円[20]となります。

⑦ 月末仕掛品に投入された加工費は(320個)分で57,600円ですが、**実際の個数は400個**あるので、加工費の単価は(144円)[21]となります。

18)(2,000個)＋(320個)
＝(2,320個)

19)417,600円÷(2,320個)
＝(@180円)

20)(@180円)×(320個)
＝57,600円

21)57,600円÷400個
＝@144円

(3)材料費と加工費をまとめた計算

次のように仕掛品勘定をつくることにより、一挙に完成品や月末仕掛品の原価を計算することができます。(　　)内は加工費を示しています。

仕　掛　品

816,000円 ÷ 2,400個 @340円 (417,600円)÷(2,320個) (@180円)	完成	2,000個 × @340円 = 680,000円 (2,000個)×(@180円)=(360,000円) } 1,040,000円 ÷2,000個=@520円
	月末	400個 × @340円 = 136,000円 (　320個)×(@180円)=(　57,600円) } 193,600円 ÷400個=@484円

この計算は、次のような表を用いて行うこともできます[22]。

22) これを**総合原価計算表**といいます。

摘　要	材料費		加工費		合　計	
	数　量	金　額	換算量	金　額	金　額	
当月投入	2,400	816,000	③ 2,320	417,600	1,233,600	→ 仕掛品勘定借方
月末仕掛品	400	136,000	② 320	⑥ 57,600	193,600	→ 仕掛品勘定残高
完　成　品	2,000	680,000	① 2,000	⑤ 360,000	1,040,000	→ 製品勘定へ
単　価	—	@ 340	—	@ 180	@ 520	

以上の計算結果より、それぞれの単価を求めると次のようになります。

	材料費	加工費	合　計
完　成　品	@340 円（100%）	@180 円（100%）	@520 円
月末仕掛品	@340 円（100%）	@144 円（ 80%）	@484 円

完成品に対する仕掛品単価の比率が、材料費は100%、加工費は80%となりました。すなわち、仕上り程度と単価の比率が一致しているので、計算が正しいことを確かめることができます。

@180円×80%=@144円と検算することができます。ただし、時間に余裕があればの話ですが…。

6 帳簿への記入

ここまでの計算結果を勘定に記入すると、次のようになります[23]。

23) 仕掛品勘定の借方は「投入」の面を表し、貸方は「産出」の面を表しています。

例1-3

例1-2の資料にもとづき、仕掛品勘定と製品勘定に記入しなさい。

仕　掛　品

材料（材料費）	816,000	製　　品	1,040,000
諸口（加工費）	417,600	次月繰越	193,600
	1,233,600		1,233,600

製　　品

仕 掛 品	1,040,000		

完成品原価は製品勘定へ振り替え、月末仕掛品原価は仕掛品勘定で次月に繰り越します。

総合原価計算の方法

下記の資料にもとづいて総合原価計算表を完成させなさい。なお、材料はすべて始点で投入している。

〔資　料〕

1．当月の生産データ　(　)内は仕上り程度を示す[24]。

X製品　当月投入 1,200 個　　完　成　品 1,000 個
　　　　　　　　　　　　　　月末仕掛品　200 個(60%)

2．当月の製造原価データ

材　料　費	204,000円
加　工　費	201,600円
計	405,600円

24) 仕上り程度は、パーセント(50%)、小数(0.5)、分数(1/2)などで表します。

総合原価計算表　(単位：個、円)

摘　要	材料費		加工費		合　計
	数　量	金　額	換算量	金　額	金　額
当月投入					
月末仕掛品					
完成品					
単　価	—	@	—	@	@

総合原価計算表　(単位：個、円)

摘　要	材料費		加工費		合　計
	数　量	金　額	換算量	金　額	金　額
当月投入	1,200	204,000	1,120	201,600	405,600
月末仕掛品	200	34,000	120[25]	21,600	55,600
完成品	1,000	170,000	1,000	180,000	350,000
単　価	—	@ 170	—	@ 180	@ 350

25) 200 個× 60%＝ 120 個

▶ 総合原価計算の問題の解き方 ◀

上記〔Try it 例題〕の総合原価計算の問題の解き方をライブ講義でお届けしましょう。

ポイントは生産データ(数量に関するデータ)と原価データ(金額に関するデータ)をうまく対応させる図を作ることにあります。

まず、資料1の生産データを、仕掛品勘定(製造ライン)の動きを示すTフォームにまとめます。このとき完成品換算量を同時に計算し、必ず(　　)に書いておきます。この(　　)書きは加工費を計算するさいに用いる数字たちです。(　　)が付いているものがカッコー(加工)費と覚えておきましょう(発案：もりりん)。

仕 掛 品

	完成品　1,000個 (1,000個)
当　月　1,200個 (1,120個)	月　末　200個 (120個)

完成品がなぜ完成したのかというと、完成品は1個について1個分の加工費が投入されたから完成したのです。だから完成品1,000個の下には完成品換算量(1,000個)と書いておきます。これに対して月末仕掛品は、仕上り程度が60%となっていますので、200個に対して60%分の120個分の加工費しか投入されていません。だから月末200個の下には(120個)と書いておきます。

ということは、当月投入した加工費は1,120個分ということになります。材料は1,200個分投入したのですが、加工費は1,120個分しか投入しなかった。だから200個が仕上り程度60%のところに留まったという状況なのです。借方側の当月の下に(1,120個)と書いておきます。

これで生産データの処理はおしまいです。

次に、これにあわせて資料2の原価データを書き込みます。

さあ、いよいよここからが電卓の出番です。

材料費の計算からいきましょう。いっしょに電卓を叩いていきましょう。

材料費の当月投入の単価から求めていきます。

※〔　　〕は電卓の表示画面を表します。

〔204,000〕÷〔1,200〕=①〔170〕

材料の当月投入の単価が170／個だったことがわかりました。これを金額と数量の間に書き込んでおきましょう。金額と個数の関係を表すものです。

そして、この電卓に170が残っている間に、電卓上で次の計算をして完成品と月末に含まれる材料費の額を計算してしまいます。

×〔1,000〕=②〔170,000〕　〔200〕=③〔34,000〕

※ここで、電卓の定数計算の機能を使っています。詳しくは4-5ページをご覧ください。

仕 掛 品

	完成品　1,000個　②170,000 (1,000個)　⑤180,000／350,000
204,000　① 170　当　月　1,200個 (201,600)　④(180)　(1,120個)	月　末　200個　③34,000 (120個)　⑥21,600　／　55,600

次に電卓のクリアボタンを押して、加工費の計算に移ります。でもやることは同じです。

加工費の当月投入の単価を求めます。

〔201,600〕÷〔1,120〕=④〔180〕

加工費の当月投入の単価、つまり当月に1個の製品を完成させるために必要だった原価が180／個だったことがわかりました。

また、この電卓に180が残っている間に、電卓上で次の計算をして完成品と月末に含まれる加工費の額を計算してしまいます。

×〔1,000〕=⑤〔180,000〕　〔120〕=⑥〔21,600〕

これで、あとはそれぞれ合計してしまえばおしまいです。

完成品〔170,000〕+〔180,000〕=〔350,000〕

月　末〔34,000〕+〔21,600〕=〔55,600〕

Section 1のまとめ

大量生産形態	同一の製品を大量に作る生産形態です。
始点	最初に材料を投入して加工を始める点です。
終点	加工が終わって完成品となる点です。
仕上り程度	製造工程上における加工の進み具合です。
材料費	直接材料費を指します。
加工費	直接材料費以外の製造原価を指します。
完成品単位原価	完成品１個あたりの製造原価のことです。
仕掛品	製造途中の製品のことです。
完成品換算量	完成品量でいうと何個分に相当するかということです。

月末仕掛品の完成品換算量 ＝ 仕掛品量 × 仕上り程度

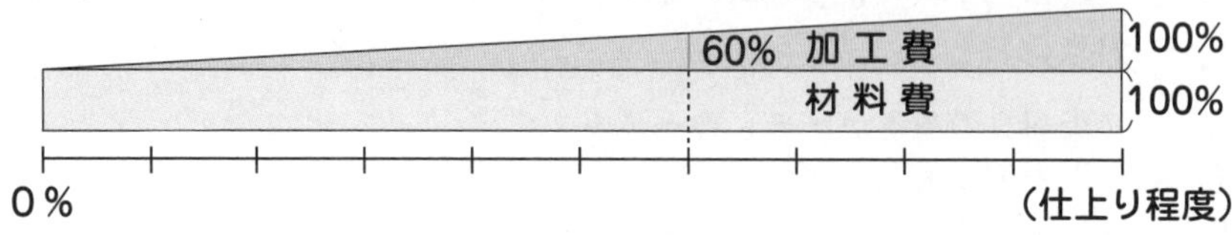

単純総合原価計算～1種類の製品の生産～

はじめに

全経家具では工場を開設して1カ月が経ちました。
最初の1カ月は、当月の製造費用を完成品と月末仕掛品に分けるだけでよかったのですが、2カ月目には、月初仕掛品(1カ月目の月末仕掛品)が残っています。
このような場合に、どのようにして原価計算を行えばよいのでしょうか。

1 原価配分の意義

前月末に仕掛品が残っていた場合、つまり当月に月初仕掛品があるときは、**月初仕掛品原価と当月投入原価**[01]**の合計を、完成品と月末仕掛品とに配分する**ことになります。

01)当月製造原価のことで、当月製造費用ともいいます。

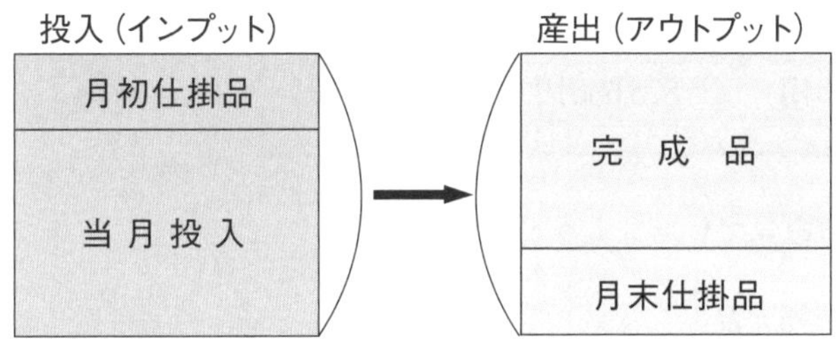

2 原価配分の方法

月初仕掛品があるときの**完成品と月末仕掛品に原価を配分する方法**には、平均法(総平均法)、先入先出法の2つがあります[02]。

平均法と先入先出法の違いについて、それぞれ計算し、結果を比べてみることにしましょう。

02)材料費の計算と同じです。実際のモノの流れというよりは、計算方法として捉えてください。

3 平均法（総平均法）

(1) **平均法**(AM；Average Method)は、**月初仕掛品と当月投入分の合計から平均的に製品が完成する**という仮定にもとづいて、月末仕掛品と完成品の原価を計算する方法です。

古いもの（月初仕掛品）と新しいもの（当月投入）が混ざりあって完成していくイメージです。

仕　掛　品

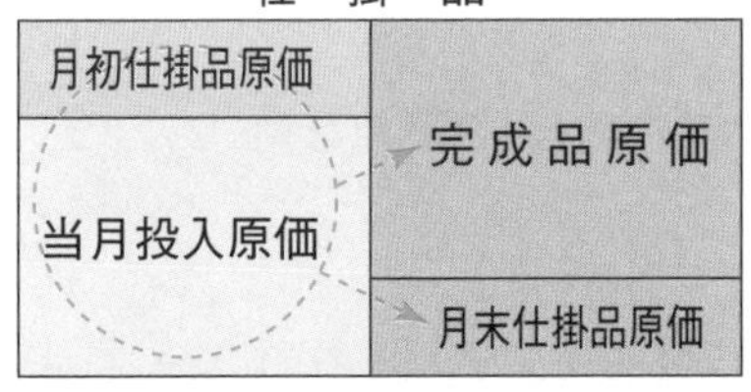

$$\frac{\text{月初仕掛品原価} + \text{当月投入原価}}{\text{月初仕掛品(換算)数量} + \text{当月投入(換算)数量}} = \text{平均単価}^{03)}$$

$$\text{平均単価} \times \text{完成品数量} = \text{完成品原価}^{04)}$$

$$\text{平均単価} \times \text{月末仕掛品数量} = \text{月末仕掛品原価}^{04)}$$

03)月初仕掛品原価と当月投入原価の合計を完成品数量と月末仕掛品数量の合計で割り、平均単価を算定することもできます。

04)平均単価にもとづいて完成品原価、月末仕掛品原価を算定します。

例2-1

次の資料から、平均法によって原価配分を行い、完成品総合原価と月末仕掛品原価、および完成品単位原価を求めなさい。

1．生産データ[05)]

A製品	月初仕掛品	400個(80%)
	当月投入	2,200個
	計	2,600個
	月末仕掛品	600個(40%)
	完成品	2,000個

(注)材料はすべて始点で投入している。また(　)内の数値は仕上り程度を示す。

2．製造原価データ[06)]

	材料費	加工費	計
月初仕掛品原価	163,200円	115,200円	278,400円
当月製造費用[07)]	954,800円	758,400円	1,713,200円
計	1,118,000円	873,600円	1,991,600円

05)個数に関するデータをいいます。

06)金額に関するデータをいいます。

07)当月の製品の製造のために発生した費用です。材料費と加工費があります。

(2)　**【例2-1】**にもとづいて計算手順を見ていきましょう。

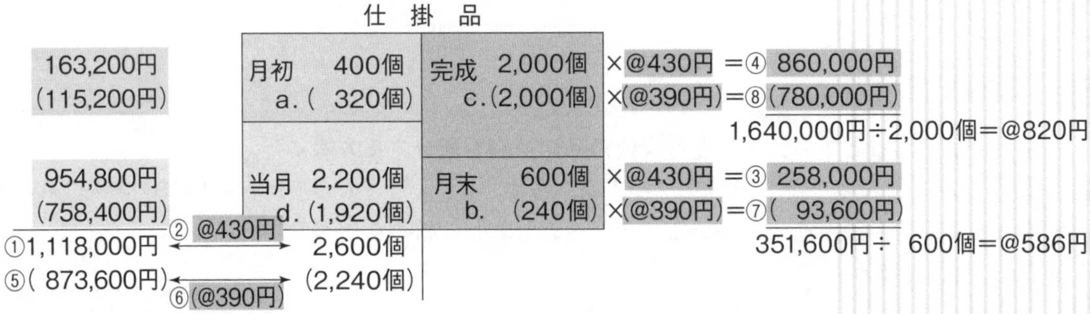

仕　掛　品

	借方	貸方	
163,200円 (115,200円)	月初 400個 a.(320個)	完成 2,000個 c.(2,000個)	×@430円 ＝④ 860,000円 ×(@390円)＝⑧(780,000円) 1,640,000円÷2,000個＝@820円
954,800円 (758,400円)	当月 2,200個 d.(1,920個)	月末 600個 b. (240個)	×@430円 ＝③ 258,000円 ×(@390円)＝⑦(93,600円) 351,600円÷ 600個＝@586円
①1,118,000円 ←② @430円→	2,600個		
⑤(873,600円) ←⑥(@390円)→	(2,240個)		

a.月初仕掛品の完成品換算量を求めます。
400個× 80%＝(320個)

b.月末仕掛品の完成品換算量を求めます。
600個× 40%＝(240個)

c.完成品の換算量は完成数量と同じです。

d.差引により、当月投入の完成品換算量を求めます。
(2,000個)＋(240個)－(320個)＝(1,920個)

〈材料費の算定〉

①　材料費の月初仕掛品と当月投入の合計額を求めます。

163,200円＋954,800円＝1,118,000円

②　月初仕掛品と当月投入の合計数量(2,600個)で材料費の合計額を割り、平均単価を求めます。

1,118,000円÷2,600個＝@430円

③　平均単価に月末仕掛品の数量を掛け、月末仕掛品に含まれる材料費の額を求めます。

@430円×600個＝258,000円

④　平均単価に完成品の数量を掛け、完成品に含まれる材料費の額を求めます。

@430円×2,000個＝860,000円

〈加工費の算定〉

⑤ 加工費の月初仕掛品と当月投入の合計額を求めます。

(115,200円) + (758,400円) = (873,600円)

⑥ 月初仕掛品と当月投入の完成品換算量の合計(2,240個)を求め、加工費の合計額を割り、平均単価を求めます。

(873,600円) ÷ (2,240個) = (@390円)

⑦ 平均単価に月末仕掛品の完成品換算量を掛け、月末仕掛品に含まれる加工費の額を求めます。

(@390円) × (240個) = (93,600円)

⑧ 平均単価に完成品の数量を掛け、完成品に含まれる加工費の額を求めます。

(@390円) × (2,000個) = (780,000円)

(3) 総合原価計算表を作成すると、次のようになります。

総合原価計算表　(単位:個、円)

摘要	材料費		加工費		合計
	数量	金額	換算量	金額	金額
月初仕掛品	400	163,200	320	115,200	278,400
+)当月投入	2,200	954,800	1,920	758,400	1,713,200
計	2,600	1,118,000	2,240	873,600	1,991,600
−)月末仕掛品	600	258,000	240	93,600	351,600
完成品	2,000	860,000	2,000	780,000	1,640,000
単価	—	@430	—	@390	@820

原価配分の方法〜平均法〜

下記の資料にもとづいて、平均法によって(1)完成品総合原価、(2)月末仕掛品原価、(3)完成品単位原価を求めなさい。

〔資　料〕

1．当月の生産データ

X製品	月初仕掛品	200個	(80%)
	当月投入	1,100個	
	合計	1,300個	
	月末仕掛品	300個	(40%)
	完成品	1,000個	

※材料はすべて始点で投入している。(　)内の数値は仕上り程度を示す。

2．当月の製造原価データ

	材料費	加工費	計
月初仕掛品原価	48,200円	29,440円	77,640円
当月製造費用	250,800円	183,360円	434,160円
計	299,000円	212,800円	511,800円

⑴完成品総合原価	⑵月末仕掛品原価	⑶完成品単位原価
円	円	@ 円

⑴完成品総合原価	⑵月末仕掛品原価	⑶完成品単位原価
420,000 円	91,800 円	@ 420 円

1．生産データの整理

問題文より仕掛品の各数量を整理し、完成品換算量を求めます。

仕　掛　品

月初仕掛品 200個 a．(160個)	完　成　品 1,000個 c．(1,000個)
当 月 投 入 1,100個 d．(960個)	月末仕掛品 300個 b．(120個)

a．月初仕掛品の完成品換算量 200個×80％＝160個

b．月末仕掛品の完成品換算量 300個×40％＝120個

c．完成品の換算量は完成数量と同じです。

d．貸借差引より求めます。

(1,000個)＋(120個)－(160個)＝(960個)

2．製品原価の計算

仕　掛　品

48,200円 (29,440円)	月初仕掛品 200個 (160個)	完　成　品 1,000個 (1,000個)	④ 1,000個 × @230円 ＝ 230,000円 ⑧ (1,000個)×(@190円)＝(190,000円) 420,000円(@420円)
250,800円 (183,360円)	当 月 投 入 1,100個 (960個)	月末仕掛品 300個 (120個)	③ 300個 × @230円 ＝ 69,000円 ⑦ (120個)×(@190円)＝(22,800円) 91,800円

① 299,000円 ←② @230円→ 1,300個

⑤ (212,800円) ←⑥ (@190円)→ (1,120個)

〈材料費の算定〉

① 材料費の月初仕掛品と当月投入の合計額を求めます。

48,200円＋250,800円＝299,000円

② 月初仕掛品と当月投入の合計数量で①を割って材料費平均単価を算定します。

299,000円÷1,300個＝@230円

③ 月末仕掛品に含まれる材料費の金額を算定します。

@230円×300個＝69,000円

④ 完成品に含まれる材料費の金額を算定します。

@230円×1,000個＝230,000円

〈加工費の算定〉

⑤　加工費の月初仕掛品と当月投入の合計額を求めます。
　(29,440円)＋(183,360円)＝(212,800円)

⑥　月初仕掛品と当月投入の合計数量で⑤を割って加工費平均単価を算定します。
　(212,800円)÷(1,120個)＝(@190円)

⑦　月末仕掛品に含まれる加工費の金額を算定します。
　(@190円)×(120個)＝(22,800円)

⑧　完成品に含まれる加工費の金額を算定します。
　(@190円)×(1,000個)＝(190,000円)

以上より、完成品総合原価(④＋⑧)＝420,000円
　　　　　完成品単位原価(④＋⑧)÷1,000個＝@420円
　　　　　月末仕掛品原価(③＋⑦)＝91,800円

4 先入先出法

(1) **先入先出法**(FIFO：First-In First-Out method)は、**先に投入したもの**(月初仕掛品)**から先に完成する**、という仮定にもとづいて月末仕掛品と完成品の原価を計算する方法です。

「**先に入ったものが先に出る**」ということは、「後に入ったもの(当月投入分)が残る」ということを意味していますので、当月投入分から月末仕掛品を計算することになります。

食品などの賞味期限のあるものは古いものから先に使います。そんなイメージです。

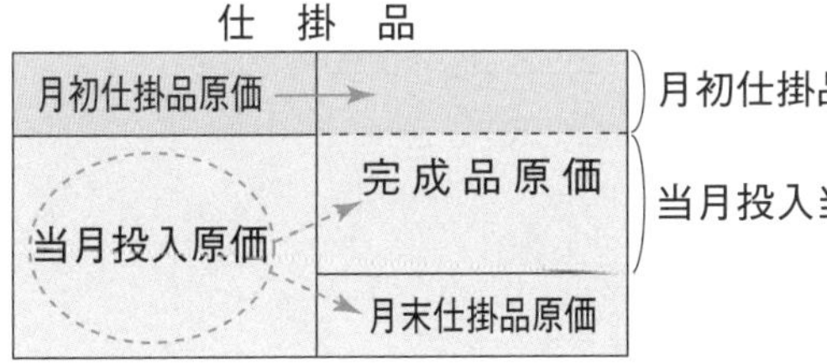

なお、先入先出法による完成品は、月初仕掛品が当月に完成した分と、当月に作業開始し、完成した分とに分かれます。

$$\frac{\text{当月投入原価}}{\text{当月投入量}} = \text{当月投入単価}$$ [08]

当月投入単価 × 月末仕掛品数量 ＝ 月末仕掛品原価 [09]

月初仕掛品原価 ＋ 当月投入原価 － 月末仕掛品原価 ＝ 完成品原価 [10]

08) 当月投入原価を当月投入量で割り、当月投入分の単価を算定します。

09) 当月投入単価に月末仕掛品数量を掛けて月末仕掛品原価を算定します。

10) 完成品原価は貸借差引で算定します。

例2-2

次の資料から、先入先出法によって原価配分を行い、完成品総合原価と月末仕掛品原価、および完成品単位原価を求めなさい。

1．生産データ

A製品	月初仕掛品	400 個	(80%)
	当月投入	2,200 個	
	計	2,600 個	
	月末仕掛品	600 個	(40%)
	完成品	2,000 個	

(注)材料はすべて始点で投入している。また(　)内の数値は仕上り程度を示す。

2．製造原価データ

	材料費	加工費	計
月初仕掛品原価	163,200円	115,200円	278,400円
当月製造費用	954,800円	758,400円	1,713,200円
計	1,118,000円	873,600円	1,991,600円

(2) 【例2-2】にもとづいて計算手順を見ていきましょう。

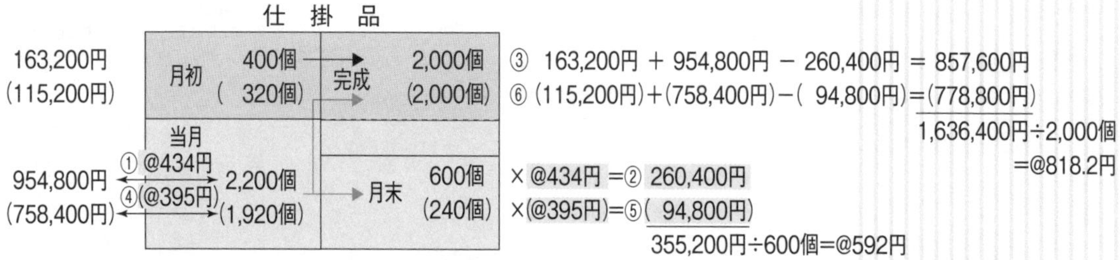

〈**材料費の算定**〉

① 当月投入分材料費の単価を算定します。

954,800円÷2,200個=@434円

② 月末仕掛品に含まれる材料費の金額を①から算定します。

@434円×600個=260,400円

③ 完成品に含まれる材料費の金額を算定します。これは貸借差引で求めます。

163,200円+954,800円−260,400円=857,600円

〈**加工費の算定**〉

④ 当月投入分加工費の単価を算定します。

(758,400円)÷(1,920個)=(@395円)

⑤ 月末仕掛品に含まれる加工費の金額を④から算定します。

(@395円)×(240個)=(94,800円)

⑥ 完成品に含まれる加工費の金額を算定します。これも完成品材料費の計算と同様、貸借差額で計算します。

(115,200円)+(758,400円)−(94,800円)=(778,800円)

(3) 総合原価計算表を作成すると、次のようになります。

総合原価計算表 (単位:個、円)

摘要	材料費		加工費		合計
	数量	金額	換算量	金額	金額
月初仕掛品	400	163,200	320	115,200	278,400
+)当月投入	2,200	954,800	1,920	758,400	1,713,200
計	2,600	1,118,000	2,240	873,600	1,991,600
−)月末仕掛品	600	260,400	240	94,800	355,200
完成品	2,000	857,600	2,000	778,800	1,636,400
単価	—	@ 428.8	—	@ 389.4	@ 818.2

原価配分の方法～先入先出法～

下記の資料にもとづいて、先入先出法によって(1)完成品総合原価、(2)月末仕掛品原価、(3)完成品単位原価を求めなさい。

〔資　料〕

1．当月の生産データ

X製品			
	月初仕掛品	200 個	(80%)
	当月投入	1,100 個	
	合計	1,300 個	
	月末仕掛品	300 個	(40%)
	完成品	1,000 個	

※材料はすべて始点で投入している。(　)内の数値は仕上り程度を示す。

2．当月の製造原価データ

	材料費	加工費	計
月初仕掛品原価	48,200円	29,440円	77,640円
当月製造費用	250,800円	183,360円	434,160円
計	299,000円	212,800円	511,800円

(1)完成品総合原価	(2)月末仕掛品原価	(3)完成品単位原価
円	円	@　　円

(1)完成品総合原価	(2)月末仕掛品原価	(3)完成品単位原価
420,480 円	*91,320* 円	@ *420.48* 円

1．生産データの整理

問題文より仕掛品の各数量を整理し、完成品換算量を求めます。

2．製品原価の計算

仕　掛　品

月初仕掛品 200個 (160個)	完　成　品 1,000個 (1,000個)
当 月 投 入 1,100個 (960個)	月末仕掛品 300個 (120個)

48,200円
(29,440円)

① @228円
250,800円
(183,360円)
④(@191円)

③ 48,200円 + 250,800円 − 68,400円 = 230,600円
⑥(29,440円) + (183,360円) − (22,920円) = 189,880円
420,480円(@420.48円)

② 300個 × @228円 = 68,400円
⑤(120個) × (@191円) = (22,920円)
91,320円

〈材料費の算定〉

① 当月投入の材料費の単価を算定します。
250,800円 ÷ 1,100個 = @228円

② 月末仕掛品に含まれる材料費の金額を算定します。
@228円 × 300個 = 68,400円

③ 貸借の差額で完成品に含まれる材料費の金額を算定します。
48,200円 + 250,800円 − 68,400円 = 230,600円

〈加工費の算定〉

④ 当月投入の加工費の単価を算定します。
(183,360円) ÷ (960個) = (@191円)

⑤ 月末仕掛品に含まれる加工費の金額を算定します。
(@191円) × (120個) = (22,920円)

⑥ 貸借の差額で完成品に含まれる加工費の金額を算定します。
(29,440円) + (183,360円) − (22,920円) = (189,880円)

以上より、完成品総合原価(③+⑥) = 420,480円
完成品単位原価(③+⑥) ÷ 1,000個 = @420.48円
月末仕掛品原価(②+⑤) = 91,320円

Section 2のまとめ

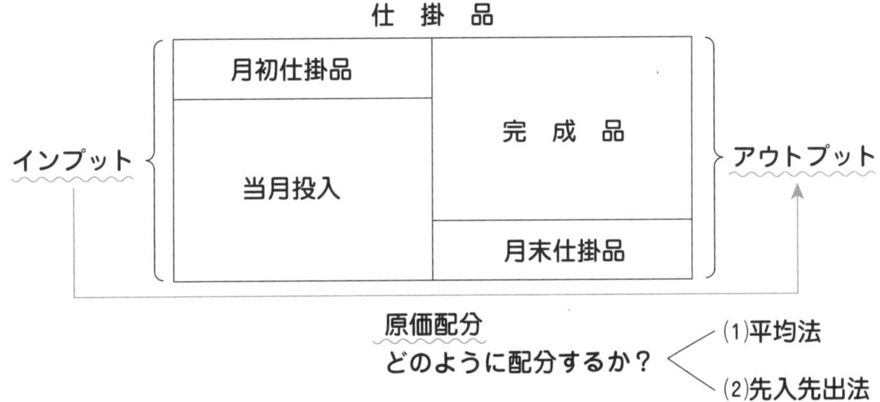

(1)平均法（AM：Average Method）

→月初仕掛品と当月投入分の合計から平均的に製品が完成するという仮定

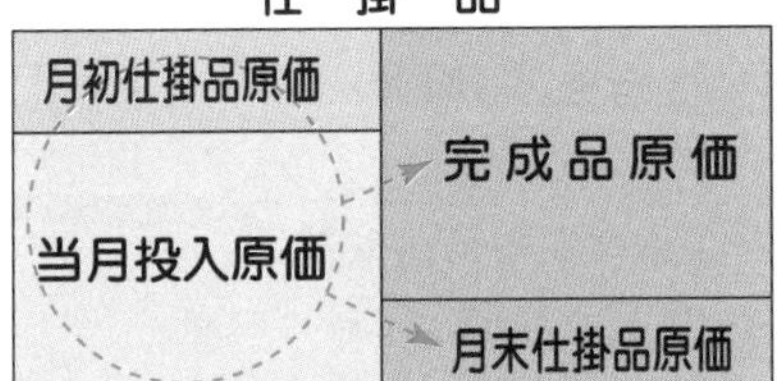

(2)先入先出法（FIFO：First-In First-Out method）

→先に投入したもの（月初仕掛品）から先に完成するという仮定

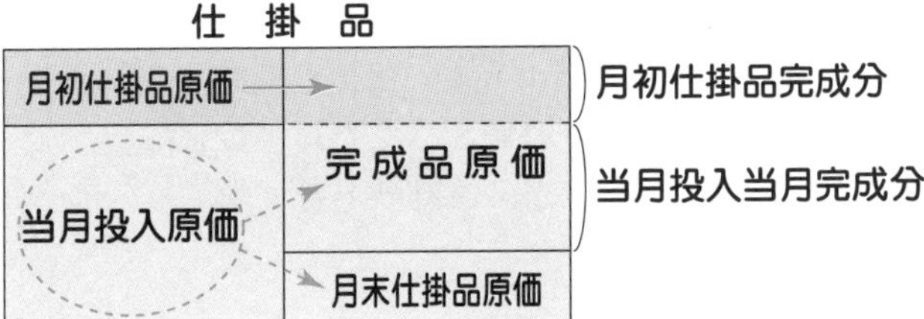

仕損・減損の処理

はじめに

全経家具のボックス家具の製造工程では、通常100個の完成品を作るさいに2個の不良品(仕損品)を生んでしまいます。つまり102個分投入しないと100個の完成品が得られません。不良品の2個をなくそうと思うと、新たに工員を雇うなど、より大きな原価の発生を伴います。
では、この2個の不良品にかかった原価はどのように扱えばよいのでしょうか。

1 仕損・減損とは

加工作業に失敗して、検査の結果、**生産物が不合格となること**を「仕損」といいます。

また、原材料が液状あるいは粉状のものであれば、加工中に蒸発したり飛び散ったりして消失してしまうことがあります。このように**原材料が加工中に消失すること**を「減損」といいます。仕損・減損によって生じるコストを、仕損費あるいは減損費といいます。これは、仕損や減損の加工にかかった材料費・加工費等のコストのことですが、ここでは仕損費・減損費の処理を考えます。

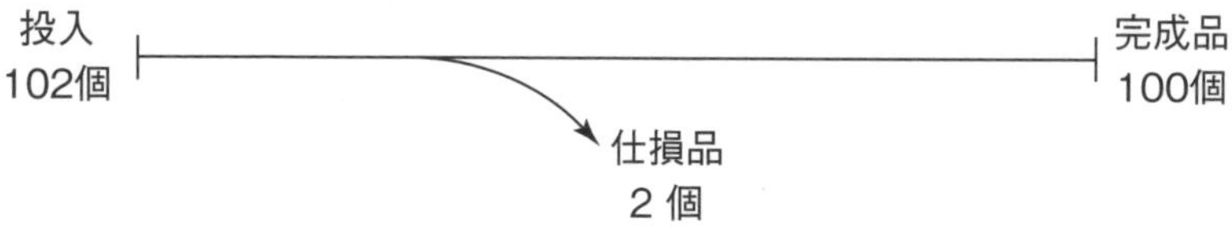

2 処理の考え方

1級では、生産を行ううえで経常的に発生する仕損・減損の処理を考えます。経常的に発生する仕損・減損を「正常な仕損」あるいは「正常な減損」といいます。正常仕損・減損の発生によるコストを**正常仕損費・正常減損費**といい、これらは**良品**[01]の生産に必要なコストと考え、良品の原価に含めていきます。

01)完成品や月末仕掛品を指します。

日本企業には「ゼロ・ディフェクト(仕損の発生ゼロをめざそう!!)」を合言葉にする企業が多いですが、これをめざそうとすると、より良い材料、より良い機械を求めることになり、かえってコスト高になってしまいます。そのため「ある程度はしかたがない」という考え方にもとづき仕損・減損をあるところまで(=正常な範囲まで)は許容するという処理を見ていきます。

なお、仕損費と減損費との間に大きな違いはありませんが、仕損の場合、発生後に**仕損品**が生じることがあります。仕損品を屑物として売却することが可能な場合、**仕損品評価額**の問題が生じますが、これは上級で学習します。

3 度外視法とは

正常仕損費や減損費を良品に負担させるための計算方法として、ここでは「度外視法(どがいしほう)」[02)]を学びます。

「度外視」とは「見て見ぬふりをする」ということです。

つまり度外視法とは**仕損や減損が発生しても、その費用(仕損費・減損費)は特に計算せずに、あえて無視して良品の原価を計算する方法**です[03)]。

ただし、良品には完成品と月末仕掛品があるので、度外視法は、仕損または減損の発生点と月末仕掛品の仕上り程度との関係から、**完成品のみが負担する場合、完成品と月末仕掛品の両者が負担する場合**とに分かれます[04)]。

02) 非度外視法もありますが上級の試験範囲になります。

03) 度外視法、非度外視法は、いずれも正常な範囲で発生した仕損、減損の場合に用いられます。

04) 完成品が負担しない、ということはありません。

「うちは儲けを度外視しています！」などと言いますが、現実には、そういう人が一番儲けていたりします。

4 月末仕掛品の仕上り程度 ＜ 仕損・減損の発生点

(1)状況と処理

月末仕掛品の仕上り程度が仕損や減損の発生点に達していない場合[05)]には、月末仕掛品からは仕損・減損が発生したとは考えられないので、**完成品のみが**仕損や減損によって発生した**原価を負担**します。

05) 仕損や減損の発生点が終点、の場合がよく出題されています。

単位原価がアップすることになります。

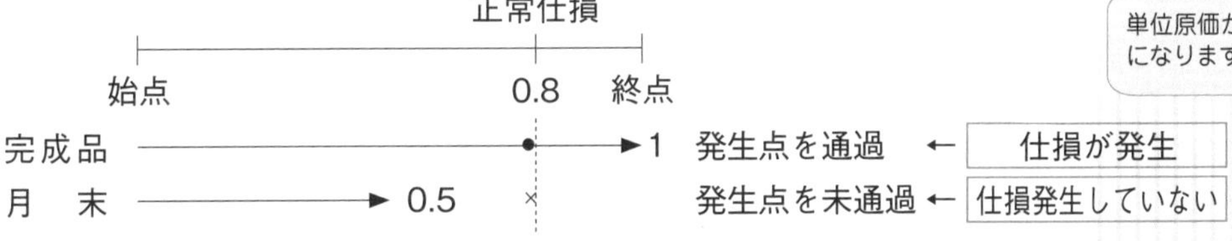

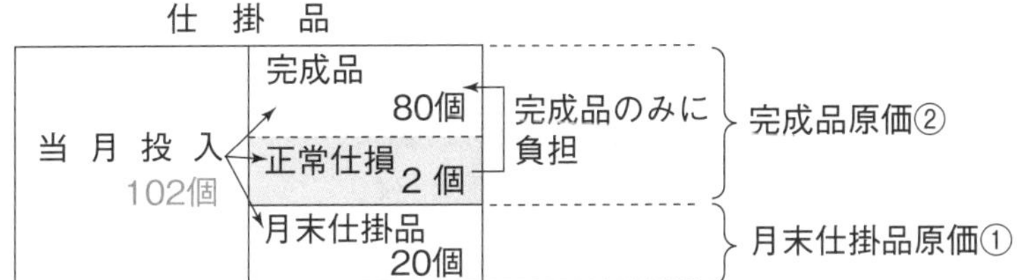

当月投入分から、完成品・正常仕損・月末仕掛品が生じます。度外視法では正常仕損費を求めず、正常仕損費(図の　　の部分)を完成品や月末仕掛品に負担させます。

具体的には、①当月投入から(正常仕損費を含まない)月末仕掛品の原価を算定し[06)]、②残額のすべてを完成品の原価とします。

06) 仕損等を考慮しないで算定するため、月末仕掛品の原価はアップしません。

⑵計算方法

例3-1

完成品および月末仕掛品の原価を算定しなさい。

1．当月の生産データ

月初仕掛品	—	
当月投入	102個	（材料は工程始点で投入）
合計	102個	
正常仕損	2個	（終点で発生）
月末仕掛品	20個	（仕上り程度は50％）
完成品	80個	

2．当月の原価データ

材料費　102,000円　　加工費　82,800円

月初仕掛品がないので平均法、先入先出法といった原価配分の方法は問題になりません。

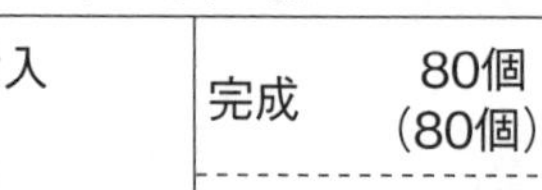

完成品のみ負担の場合のポイントは、正常仕損費は全額完成品に負担させるため、最終的な完成品の原価が82個分（＝80個＋2個）となるように計算する点です。

〈材料費の計算〉

① 正常仕損費を**負担しない材料費の単価**を計算します。具体的には、材料費102,000円を、完成品80個と正常仕損2個と月末仕掛品20個に対して配分するように、その合計102個で割って材料費の単価@1,000円を求めます。

② 正常仕損費を負担しない単価@1,000円を、月末仕掛品数量20個に掛けることによって、正常仕損を負担しない月末仕掛品原価20,000円を算定します。

③ 原価の総額102,000円から正常仕損費を負担していない月末仕掛品20,000円を差し引き、完成品原価82,000円を算定します。その結果、完成品が82個分の原価を負担することになり、**正常仕損分はすべて完成品が負担する**こととなります。

〈加工費の計算〉

加工費の計算も、材料費の計算と同様に行います。

④ 正常仕損費を負担しない加工費の単価を計算します。具体的には、加工費82,800円を、完成品80個と、正常仕損(完成品換算量)2個と、月末仕掛品(完成品換算量)10個に対して配分するように、その合計92個で割って加工費の単価@900円を求めます。

⑤ 正常仕損費を負担しない単価@900円を、月末仕掛品の完成品換算量10個に掛けることによって、正常仕損費を負担しない月末仕掛品原価9,000円を算定します。

⑥ 原価の総額82,800円から正常仕損費を負担していない月末仕掛品9,000円を差し引き、完成品原価73,800円を算定します。

5 仕損・減損の発生点 ≦ 月末仕掛品の仕上り程度

(1)状況と処理

月末仕掛品の仕上り程度が、仕損・減損の発生点を超えている場合[07]は、仕損・減損の発生点を月末仕掛品が通過し、月末仕掛品からも仕損・減損が発生したと考えられるので、月末仕掛品も完成品と同様に仕損・減損の原価を負担します。

07)仕損・減損の発生点が、月末仕掛品の仕上り程度と同じ場合も、月末仕掛品は仕損費・減損費を負担します。

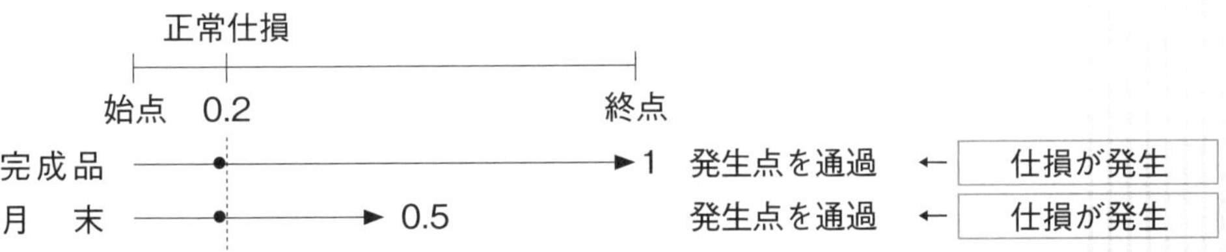

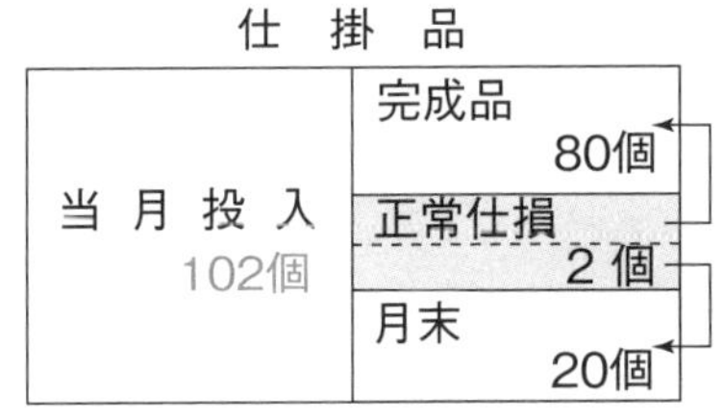

具体的には、当月製造費用は102個に対してかかった原価ですが、正常仕損2個を無視して、完成品80個と月末仕掛品20個に対して配分することになります。当月製造費用は、完成品と月末仕掛品および正常仕損に対してかかったコストの合計です。これを完成品量と月末仕掛品(換算)量に対して配分し、正常仕損費が自動的に完成品と月末仕掛品とに含まれるようにします。

102個を投入しても100個しかできなかったということは、102個の原価を産出された100個分が負担すると考えることができ、単位原価がアップします。

(2)計算方法

例3-2

完成品および月末仕掛品の原価を算定しなさい。

1．当月の生産データ

月初仕掛品	—	
当月投入	102個	(材料は工程始点で投入)
合　計	102個	
正常仕損	2個	(工程の 20%で発生)
月末仕掛品	20個	(仕上り程度は 50%)
完　成　品	80個	

2．当月の原価データ

材　料　費　102,000円　　加　工　費　82,800円

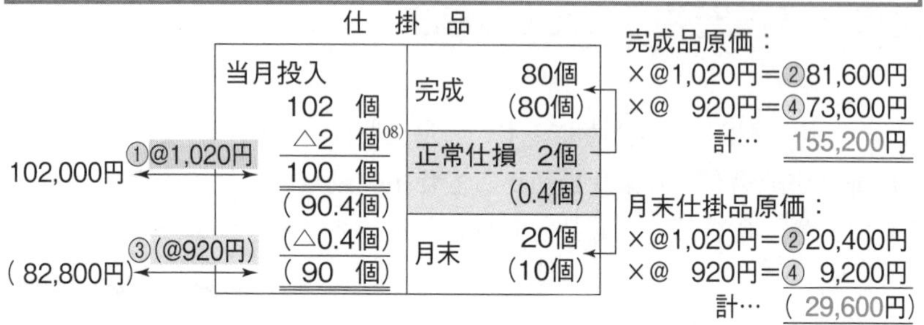

08)正常仕損分を当月投入から差し引きます。

両者負担の場合のポイントは、(正常仕損費を含む)当月製造費用を、材料費の計算では完成品80個：月末仕掛品20個の割合で、加工費の計算では完成品80個：月末仕掛品10個の割合で、それぞれ配分する点にあります。

このプロセスの中で、正常仕損費(上図の　　の部分)も80個：20個または80個：10個の割合で、完成品と月末仕掛品に配分されます。

〈材料費の計算〉

① 102,000円÷(102個－2個)＝@1,020円

正常仕損費を負担した材料費の単価を算定します。

ちなみに、次のように計算すると、材料費の単価は@1,020円より低い、@1,000円となり、正常仕損費を負担しない単価となります。

102,000円÷102個(＝80個＋2個＋20個)＝@1,000円

② 正常仕損費を負担した単価を完成品数量や月末仕掛品数量に掛けることによって、完成品、月末仕掛品ともに仕損費を負担した原価となります。このことは81,600円と20,400円の合計が102,000円となることによって確認できます。

〈加工費の計算〉

材料費の計算と同じように計算します。

③ (82,800円)÷(90個)＝@920円

正常仕損費を負担した加工費の単価を算定します。

④ 材料費と同様に正常仕損費を負担した単価で、完成品や月末仕掛品の原価を計算します。

6 仕損・減損の発生点が不明の場合

仕損は、工程途中に設けられた検査点を通過するときに不合格品かどうかが判明することになりますが、減損の場合、工程の途中で発生しているが、発生点そのものを把握しづらいことがあります。このような場合を「発生点不明」の場合といい、発生点不明の場合では、度外視法と両者負担のかたちで処理します。

発生点が不明：度外視法と両者負担で処理

例3-3

完成品および月末仕掛品の原価を算定しなさい。

1．当月の生産データ

月初仕掛品	—	
当 月 投 入	102 kg	(材料は工程始点で投入)
合　計	102 kg	
正 常 減 損	2 kg	(発生点は不明)
月末仕掛品	20 kg	(仕上り程度は 50%)
完 成 品	80 kg	

2．当月の原価データ

材　料　費　102,000円　　加　工　費　82,800円

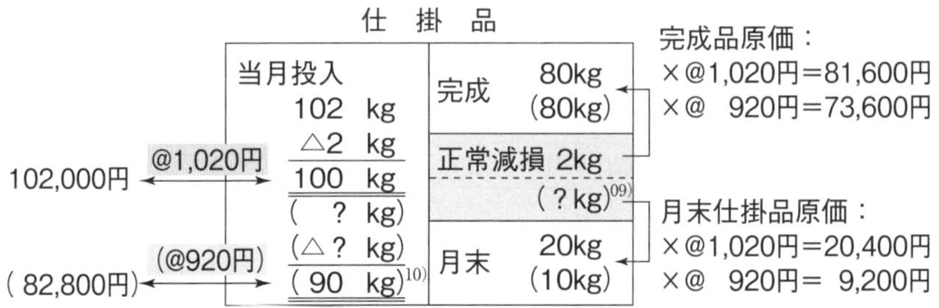

09) 発生点が不明のため、完成品換算量は計算不可能です。

10) 80kg＋10kg＝90kg

発生点が不明のため、正常減損の完成品換算量を求めることはできませんが、当月製造費用を80kg：20kgの割合、または80kg：10kgの割合で配分することになります。つまり、発生点が明示されており、完成品と月末仕掛品の両方に正常減損費を負担させる計算と実質的には変わらないことになります。

仕損・減損の処理

下記の資料にもとづいて、正常減損費を⑴完成品と月末仕掛品の両者が負担する場合、⑵完成品のみが負担する場合のそれぞれについて、完成品原価、完成品単位原価および月末仕掛品原価を求めなさい。なお、減損の発生点は⑴については工程の30%、⑵については工程の終点とする。

〔資　料〕

1．当月の生産データ

月初仕掛品	—	
当 月 投 入	1,100 kg	(材料は工程の始点で投入)
減　　損	100 kg	
差　引	1,000 kg	
月末仕掛品	200 kg	(仕上り程度は 1/2)
完　成　品	800 kg	

2．当月の原価データ

材　料　費	440,000円
加　工　費	432,000円

	⑴両　者　負　担	⑵完成品のみ負担
完 成 品 原 価	円	円
完成品単位原価	@　円	@　円
月末仕掛品原価	円	円

	⑴両　者　負　担	⑵完成品のみ負担
完 成 品 原 価	*736,000* 円	*748,800* 円
完成品単位原価	@ *920* 円	@ *936* 円
月末仕掛品原価	*136,000* 円	*123,200* 円

解説

(1) 両者負担の場合

減損量を当月投入量より差し引いて単価を計算し、完成品や月末仕掛品に掛けることによって原価を負担させます。

仕　掛　品

借方	貸方
月初　0 kg	完成　800kg (800kg)
当月投入 1,100kg △100kg 1,000kg	減損　100kg (30kg)
(930kg) △(30kg) (900kg)	月末　200kg (100kg)

440,000円 ← ①@440円 → 1,000kg

(432,000円) ← ②@480円 → (900kg)

完成：×@440円＝352,000円　×@480円＝(384,000円)　736,000円÷800kg＝@920円

月末：×@440円＝88,000円　×@480円＝(48,000円)　136,000円

① 減損費を負担した材料費の単価を算定します。

440,000円÷(1,100kg－100kg)＝@440円

② 減損費を負担した加工費の単価を算定します。

432,000円÷(930kg－30kg)＝@480円

(2) 完成品のみ負担の場合

減損量を差し引くことなく単価を計算し、月末仕掛品に掛けて月末仕掛品原価とします。

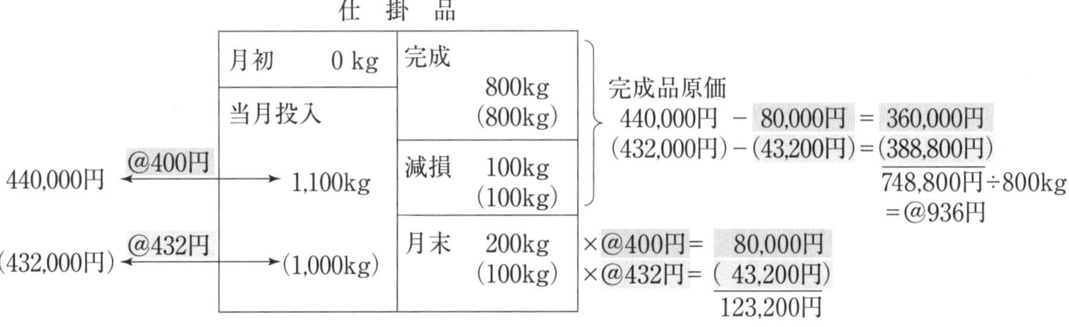

月末仕掛品原価以外のすべてが完成品原価となり、自動的に完成品が減損費を負担します。

減損の処理－度外視の方法

製品Hを量産するNS工場では、実際単純総合原価計算を採用している。次の資料にもとづいて、⑴解答用紙の総合原価計算表の(　　)内に適切な金額を記入し、⑵売上原価を計算しなさい。

ただし、原価投入額を完成品総合原価と月末仕掛品原価に配分するためには先入先出法を用いており、製品の庫出単価(したがって売上原価)を計算するためには平均法を用いている。

⑶仮に、原価投入額を完成品総合原価と月末仕掛品原価に配分するための方法として先入先出法ではなく、平均法が用いられていたとする。この場合の完成品総合原価はいくらとなるかを計算しなさい。

〔資　料〕

1．当月の生産・販売実績データ

月初仕掛品量	100 個	(1/2)	月初製品在庫量	100 個
当月仕込量	890		当月完成量	800
投入量合計	990 個		合　計	900 個
正常減損量	40	(1/4)	当月販売量	750 個
月末仕掛品量	150	(1/3)	月末製品在庫量	150
当月完成量	800 個		合　計	900 個

(　　) 内の数値は仕上り程度を示している。

2．原価データ

月初製品原価：773,900 円

3．製品Hを製造するのに必要なA材料は工程の始点で投入する。

4．正常減損は工程の1/4の地点で発生しているので、正常減損費は完成品と月末仕掛品に負担させる。このさい、正常減損は最初から投入されなかったように考える、いわゆる度外視法による計算方法を用いる。なお、月初仕掛品から減損は発生しない。

⑴

総合原価計算表

(単位：円)

	数　量	A材料費	加工費	合　計
月初仕掛品	100個 (1/2)	323,000	217,600	540,600
当月仕込	890	2,874,700	3,525,120	6,399,820
合　計	990個	3,197,700	3,742,720	6,940,420
正常減損	40 (1/4)	——	——	——
差　引	950個	3,197,700	3,742,720	6,940,420
月末仕掛品	150 (1/3)	(　　)	(　　)	(　　)
完成品	800個	(　　)	(　　)	(　　)
完成品単位原価		@(　　)	@(　　)	@(　　)

⑵　売上原価＝[　　　　]円

⑶　平均法による完成品総合原価＝[　　　　]円

(1)

総合原価計算表

(単位：円)

	数量	A材料費	加工費	合計
月初仕掛品	100個 (1/2)	323,000	217,600	540,600
当月仕込	890	2,874,700	3,525,120	6,399,820
合計	990個	3,197,700	3,742,720	6,940,420
正常減損	40 (1/4)	——	——	——
差引	950個	3,197,700	3,742,720	6,940,420
月末仕掛品	150 (1/3)	(507,300)	(220,320)	(727,620)
完成品	800個	(2,690,400)	(3,522,400)	(6,212,800)
完成品単位原価		@(3,363)	@(4,403)	@(7,766)

(2) 売上原価＝ 5,822,250 円

(3) 平均法による完成品総合原価＝ 6,215,360 円

解説

1．完成品総合原価の計算と総合原価計算表の完成(先入先出法)

「先入先出法による」との指示がありますが、この方法では、月初仕掛品は優先的に加工され完成品となったと考えます。したがって月初仕掛品分を除いて考えてみると、**【例3-2】**によって紹介した計算とほぼ同じであることがわかります。

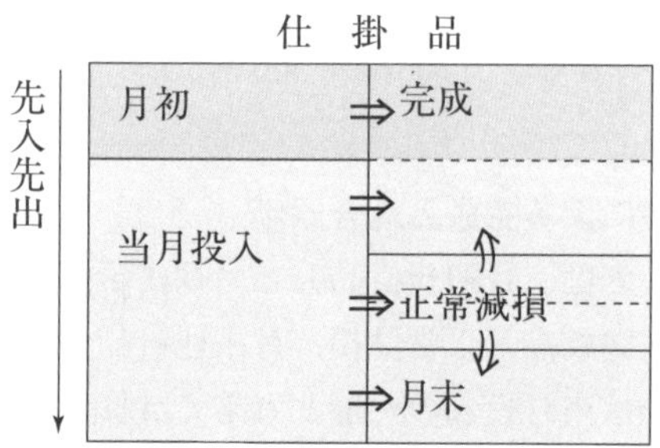

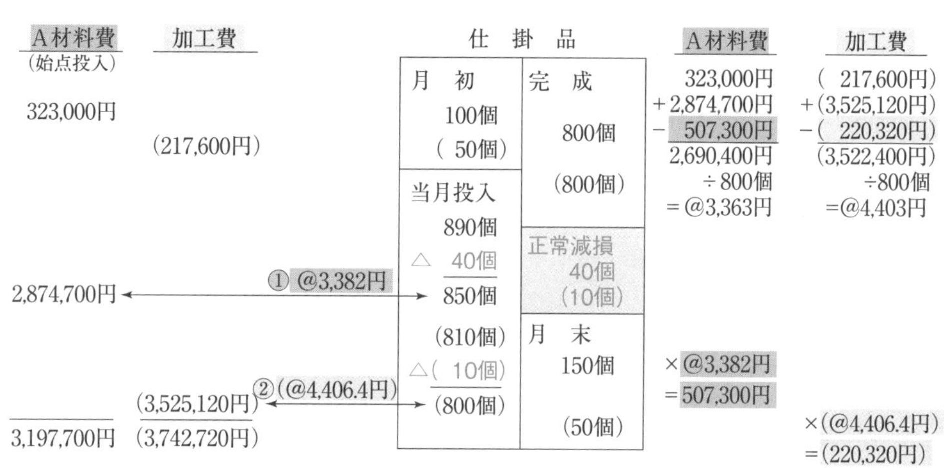

問題の指示にあるように、本問では正常減損費を完成品と月末仕掛品の両者に負担させます(つまり、減損分は投入しなかったものとして計算します)。

① 正常減損費を負担したA材料費の単価を算定します。

2,874,700円÷(890個－40個)＝@3,382円

② 正常減損費を負担した加工費の単価を算定します。

3,525,120円÷(810個－10個)＝@4,406.4円

以上より先入先出法により計算した完成品のA材料費と加工費を合計して当月完成品の単価を算定します。

@3,363円＋@4,403円＝@7,766円

2．売上原価の計算

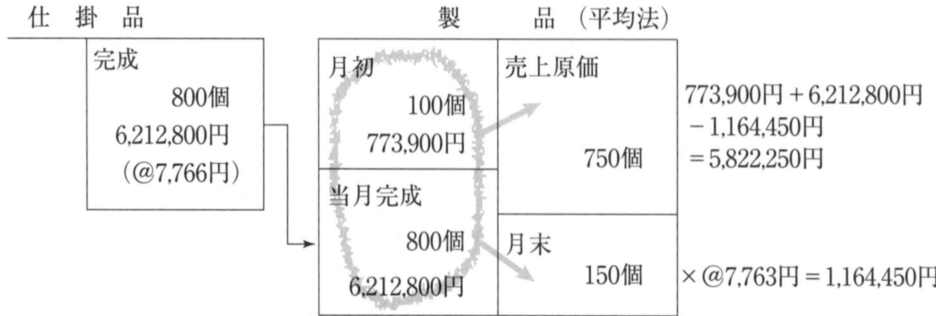

売上原価を算定するにあたり、平均法が用いられているので、月初製品棚卸高と当月完成品総合原価を数量で割って平均単価を求めます(以下の算式)。

平均単価：$\dfrac{773{,}900\text{円}+6{,}212{,}800\text{円}}{100\text{個}+800\text{個}}$＝@7,763円

3．平均法による完成品総合原価

平均法では、月初仕掛品分と当月に新規に投入した分とが平均的に混じり合った中から完成品、正常減損、月末仕掛品が生まれると考えます。そのため、月初仕掛品分は当月投入の一部と考えて計算すればよいわけです。

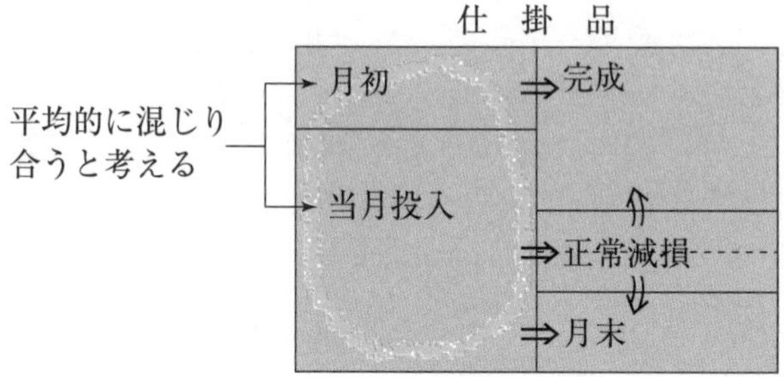

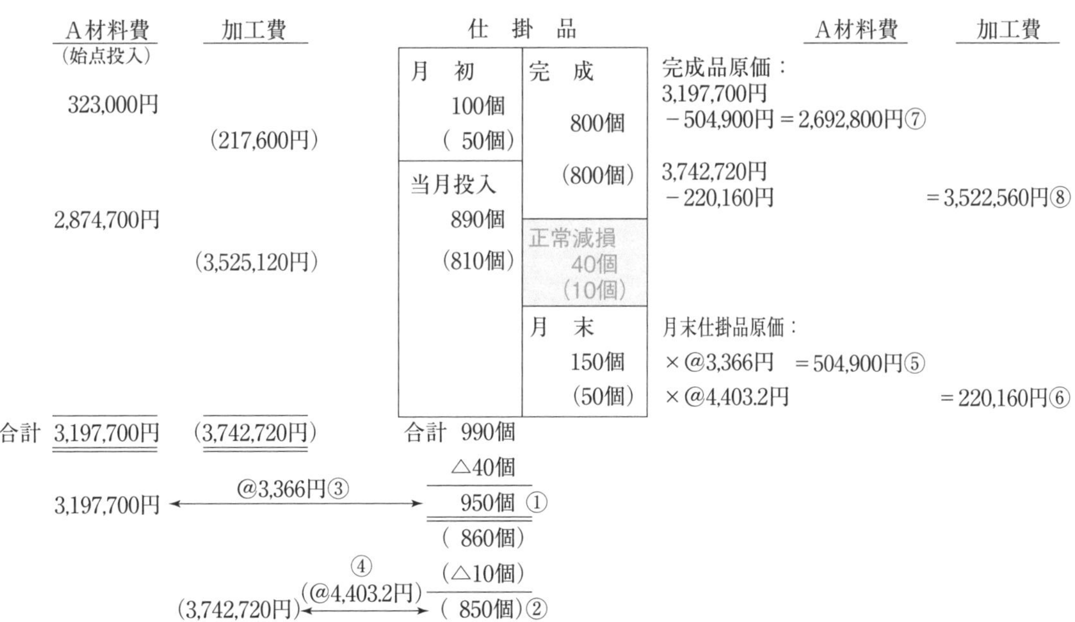

① 100個＋890個－40個＝950個
　または800個＋150個＝950個

② (50個)＋(810個)－(10個)＝(850個)
　または(800個)＋(50個)＝(850個)

③ 3,197,700円÷950個＝@3,366円

④ 3,742,720円÷850個＝@4,403.2円

⑤ @3,366円×150個＝504,900円

⑥ @4,403.2円×50個＝220,160円

⑦ 3,197,700円－504,900円＝2,692,800円

⑧ 3,742,720円－220,160円＝3,522,560円

∴平均法による完成品総合原価
　2,692,800円＋3,522,560円＝**6,215,360円**

Section 3のまとめ

■仕損・減損

仕損：加工作業に失敗して、検査の結果、生産物が不合格になること
減損：原材料が加工中に消失すること

⇩

経常的に発生する仕損・減損のコスト（正常仕損費・減損費）は良品（完成品や仕掛品）の生産に必要なコストと考える

⇩

正常仕損費・減損費は良品（完成品や月末仕掛品）の原価として処理する
・・・・度外視法

⇩

完成品、月末仕掛品どちらの原価とするか？

⇩

月末仕掛品の仕上り程度＜仕損・減損の発生点
・・・・・完成品だけの原価とする
月末仕掛品の仕上り程度≧仕損・減損の発生点
・・・・・完成品と月末仕掛品両方の原価とする
仕損・減損の発生点が不明の場合
・・・・・・・・・・完成品と月末仕掛品両方の原価とする

平均法を前提に計算のイメージを図で示すと下記のとおりです。

完成品だけの原価とする場合

月初仕掛品	完成品
当月投入	減損
	月末仕掛品

完成品と月末仕掛品両方の原価とする場合

月初仕掛品	完成品
当月投入	減損
	月末仕掛品

⇨ 計算のイメージ

月初仕掛品	完成品
当月投入	月末仕掛品

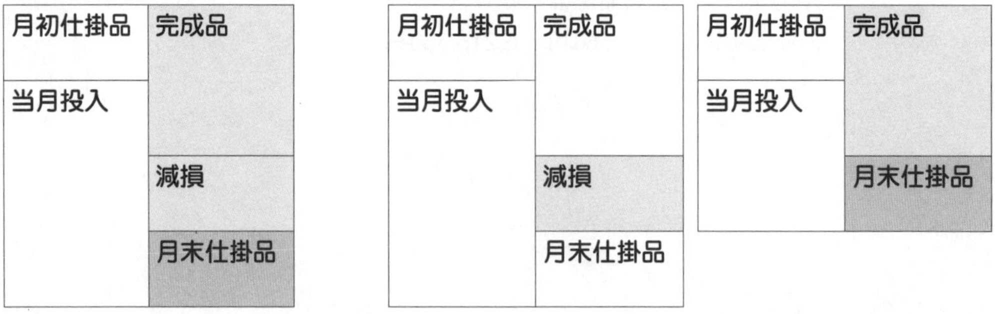

減損を完成品の一部とみなして、
□と□で配分する

⇨ 減損は発生しているが、計算上なかったものとして、□と□で配分する

作業くず・副産物の処理

はじめに

全経家具では毎月たくさんの木っ端やおがくずが発生します。それらは、これまで捨てていましたが、最近木っ端やおがくずを集めて圧縮し合板を作る技術が進歩し、１kgあたり10円で売れるようになりました。
しかし、木っ端やおがくずを製品として原価計算をするのはムダなことですし、かといって放っておくわけにもいきません。では、どのように処理すればいいのでしょうか。

1 作業くずとは

作業くずとは、鉄くずやおがくずなど、製品の製造過程で発生する有価値のくずです[01]。

01)有価値とは、売却や再利用が可能であることを意味します。

2 副産物とは

副産物とは、酒造業における酒かすなどのように主製品(酒)の製造過程から必然的に生産される物品(酒かす)で、主製品と比較して経済的価値が低いものをいいます[02]。

02)「必然的に生産される」とは、他の物品の生産過程で必ず発生し、意図的に生産しないということができないことです。

3 作業くずおよび副産物の処理

製造工程から**作業くず・副産物**が生じる場合には、次のようにあらかじめ作業くずや副産物の評価額を見積もります。

●外部に売却するとき…………見積もった売却価額

●材料として再利用するとき…同種の材料の見積購入価額

そして、**主産物**の総合原価からその評価額を控除し、**作業くず勘定または副産物勘定(資産の勘定)**の借方に計上します。

以下では、副産物の場合で解説していますが、作業くずの場合も同じです。

(借) 副産物	10	(貸) 仕掛品	10

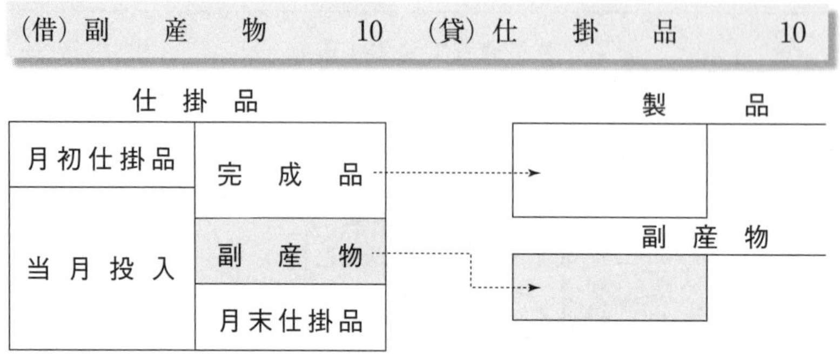

副産物は売却したときに、次の仕訳を行います[03]。

(借) 現金	10	(貸) 副産物	10

このように、副産物の評価額は、原価のマイナスとして処理します[04]。

企業にとっても、重要なのは主製品のほうですから、副産物のおかげで原価が安くすんだとみて、**主産物の製造原価から控除**するのです。

03) 見積もった価額よりも高く売れると雑益、安くしか売れないと雑損が計上されますが、とくに気にしなくても大丈夫です。

04) 副産物を生産したときはなんら処理せず、売却した時点で雑益として計上する方法もあります。また、副産物の売却に販売費がかかる場合には「見積売却価額－見積販売費」を主産物の総合原価から控除します。

4 計算方法

例4-1

次の資料により、完成品の単価を算定しなさい。

1. 当月の生産データ

月初仕掛品	—	
当月投入	2,400kg	(材料は工程の始点で投入)
月末仕掛品	300kg	(仕上り程度は50%)
差引	2,100kg	
副産物	100kg	(工程の終点で発生)
完成品	2,000kg	

2. 当月の原価データ

材料費　1,056,000円　　加工費　1,170,000円

3. 副産物は1kgあたり160円で外部に売却できる見込みである。

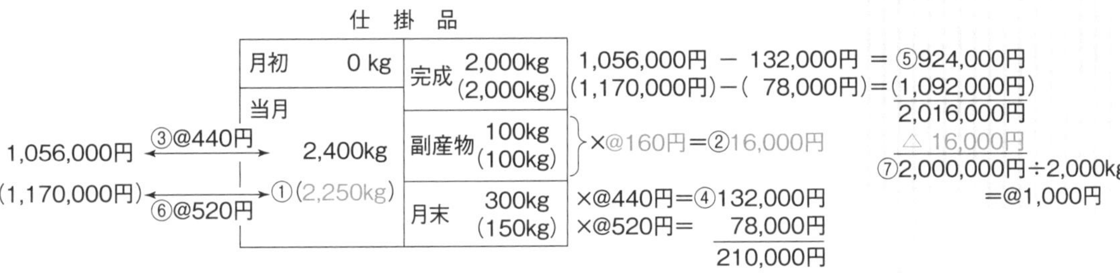

① 工程の終点で発生している(副産物も終点までの加工を受けている)ので、完成品換算量は副産物も考慮して計算します。

(2,000kg) + (100kg) + (150kg) = (2,250kg)

② 副産物の評価額を算定しておきます。

③ 1,056,000円 ÷ 2,400kg = @ 440円

④ 月末仕掛品原価を算定します。

⑤ 差引で完成品原価を算定します。

⑥ (1,170,000円) ÷ (2,250kg) = @ 520円

⑦ 完成品の原価を合計し、そこから副産物の評価額を差し引き、完成品原価とします。これを完成品の数量で割って、完成品の単価となります。

原価計算表を作成すると、次のようになります。

総合原価計算表

(単位：kg、円)

摘 要	材料費		加工費		合 計
	数 量	金 額	換算量	金 額	金 額
当 月 投 入	2,400	1,056,000	2,250	1,170,000	2,226,000
−) 月末仕掛品	300	132,000	150	78,000	210,000
差 引	2,100	924,000	2,100	1,092,000	2,016,000
−) 副 産 物	100		100		16,000
完 成 品	2,000		2,000		2,000,000
単 価					@ 1,000

Try it 例題

副産物の処理

下記の資料にもとづいて、総合原価計算表を完成させなさい。

〔資　料〕

1．当月の生産データ

月初仕掛品	—	
当 月 投 入	1,500kg	(材料は工程の始点で投入)
月末仕掛品	200kg	(仕上り程度 50%)
差　引	1,300kg	
副　産　物	100kg	(工程の終点で発生)
完　成　品	1,200kg	

2．当月の原価データ

材　料　費	300,000円
加　工　費	252,000円

3．副産物は1kgあたり140円の材料として再利用できる見込みである。

総合原価計算表　(単位：kg、円)

摘　要	材料費		加工費		合　計
	数　量	金　額	換算量	金　額	金　額
当月投入					
−)月末仕掛品					
差　引					
−)副 産 物					
完 成 品					
単　価					

総合原価計算表　(単位：kg、円)

摘　要	材料費		加工費		合　計
	数　量	金　額	換算量	金　額	金　額
当 月 投 入	1,500	300,000	1,400	252,000	552,000
−)月末仕掛品	200	40,000	100	18,000	58,000
差　引	1,300	260,000	1,300	234,000	494,000
−)副　産　物	100		100		14,000 05)
完　成　品	1,200		1,200		480,000
単　価					@ 400

05)@140円×100kg
　＝14,000円

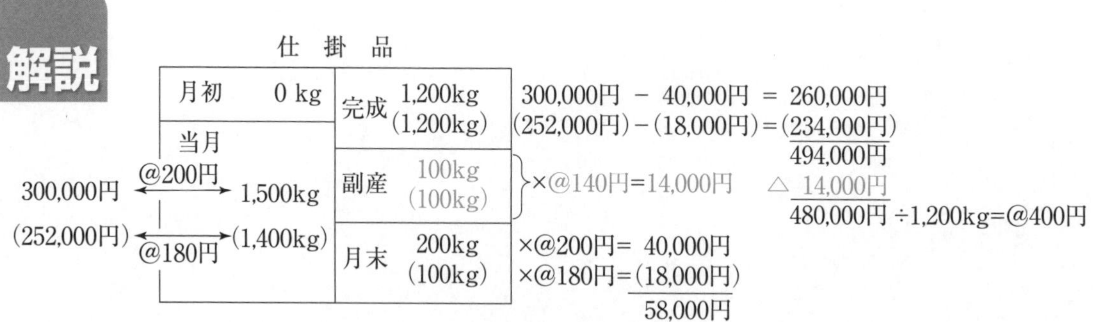

Section 4のまとめ

■作業くず　鉄くずやおがくずなど、製品の製造過程で発生する有価値のくずです。

■副産物　酒造業における酒かすなどのように、主産物(酒)の製造過程から必然的に生産される物品(酒かす)で、主産物と比較して経済的価値が低いものです。

※副産物や作業くずは価値が低いため、完成品や月末仕掛品の原価を計算するように原価計算は行わず、評価額(売却処分価値および材料として再利用したときの材料費節約額)を副産物原価、作業くず原価とみなします。

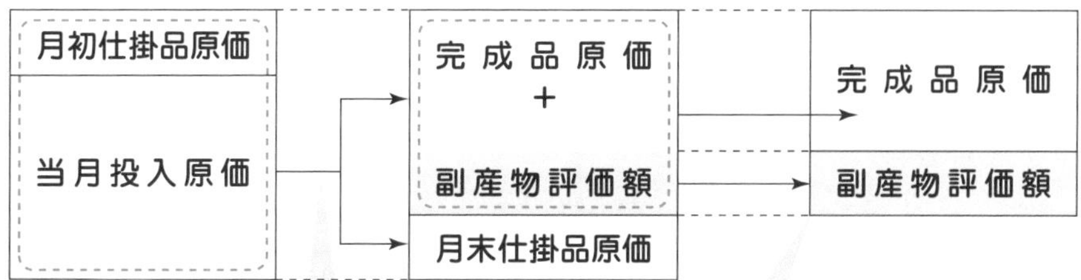

Step1
副産物も生産データに含めて、原価を（完成品＋副産物）と月末仕掛品に配分

Step2
（完成品＋副産物）への配分額から評価額を差し引く。残りが完成品原価

コラム 心のふるさと

昔の人達はみんな『ふるさと』をもっていた。しかし、最近はこんなに素敵なものをもっている人は決して多くない。

私自身「ふるさとはどこですか」と聞かれると、確かに生まれ落ちたのは大阪の西成ではあるが、とてもそこをふるさととは呼べない。したがって、ふるさとのない人の一人になってしまう。

しかし、それは肉体の話である。そして、誰しも、心にもふるさとがある。

それは、その人の心の中に目盛がつき、自分なりの物差し(価値観)が出来た時代であり、またそのときを過ごした場所であり、一つ一つの風景や人や、言葉が心に焼きつけられている。

そしてその頃の自分は、何ものかに没頭して、夢中になって、必死になっていたはずである。そうでないと、自分なりの物差しなどできるはずはないのだから。

良いことがあったり、悪いことがあったり、人生の節目を迎えたりしたときに、ふと、心のふるさとに立ちかえり、そこに今でも住んでいる心の中の自分自身に話しかけたりする。

私の場合は、明らかに大学時代を過ごした京都の伏見・深草界隈である。吉野家でバイトをし、学費を作り、未来は見えず、それでも必死になって資格をとり、彼女と一緒に暮らし始めた、あの頃である。

この季節、京都の山々が紅く燃え立ち、人々の声がこだまする。

そして、やがて、やわらかな風花が舞い降りる。

私の心のふるさとにも…。

Chapter 5

総合原価計算の応用

総合原価計算の応用の全体像

		重要度
Section 1	工程別総合原価計算	★★★★★
Section 2	組別総合原価計算	★★★★★
Section 3	等級別総合原価計算	★★★★★
Section 4	連産品原価計算	★★★☆☆

ココがPOINT!!

工程別総合原価計算のコツ

ちょっと「カップ麺を食べる」ときをイメージしてください。

工場という場所で、麺やスープ、かやくまでを作って、乾燥、加工し、カップ麺となり、手もとに届きます。ここまでを１つ目の工程としましょう。

そして私たちが担当するのは、お湯を沸かして注ぐという、２つ目の工程です。

そして、２つ目の工程を担当する私たちにしてみれば、１つ目の工程で行われた材料の投入や加工のすべては、カップ麺という材料と同じです。つまり“前の工程で発生した原価は材料と同じ”ということになります。

この感覚がポイントです。

工程別総合原価計算

はじめに

全経家具がこれまで製造してきたイスは、木目を活かした白木のものでした。しかし、ライフスタイルが多様化した昨今、いろいろな塗装をして販売したほうがお客様に喜ばれることがわかってきました。
そこであなたは、完成した白木のイスに塗装加工を施すことにしましたが、白木のイスの製造途中にも、塗装作業の途中にも仕掛品が発生してしまいます。このようなとき、どのように原価の計算をすればいいのでしょうか。

1 工程別総合原価計算とは

これまでは、1つの工程で1つの製品が完成するという前提での原価計算を見てきました。

しかし、現実には1つの工程で製品ができることはむしろまれで、1つの工程で完成したものを次の工程に投入するという形でいくつかの工程を経て製品が完成します。

「工程」という言葉では「場所」をイメージするといいでしょう。全経家具にはイスの形成を行う場所（工程）と塗装を施す場所（工程）があるはずです。
そうすると「工程別計算」は「場所別計算」ということになります。

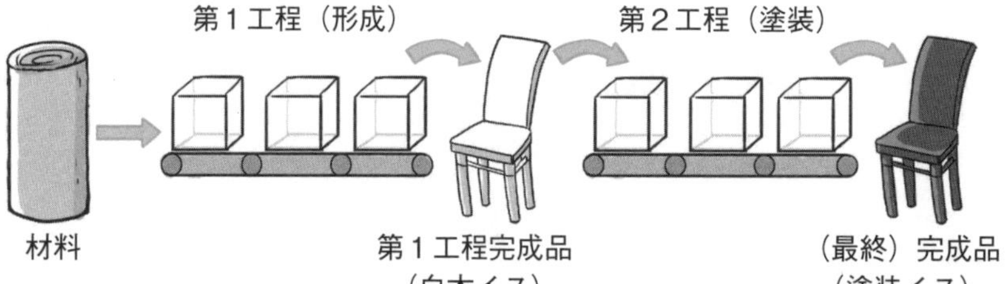

第１工程で材料が投入され加工し、製造された白木のイスを**工程完成品**[01]といい、第２工程で塗装されて、塗装されたイスができあがります。つまり**第１工程の完成品は、第２工程の材料**となり、さらに加工が加えられ、第２工程の完成品が最終的な完成品となります。

このとき、製造原価はそれぞれの工程ごとに発生するので、製品原価も工程ごとに計算し、それをもとに最終的な製品原価を算定します。

ここでは１級の出題範囲である**累加法**（るいかほう）[02]について学びます。

01) 工程の作業を終えた製品を工程完成品といいます。工程の途中にある仕掛品とは区別してください。

02) この他に「非累加法」がありますが、上級での出題範囲となっています。

2 累加法とは

累加法の「累加」とは「累積して加算する」という意味です。

ですから、材料費と加工費が投入された**第１工程では、通常の単純総合原価計算**を行い、工程完成品に含まれる材料費と加工費を合計（累加）して第２工程に振り替えます。第２工程ではそれを「前工程費」（ぜんこうていひ）[03]として受け入れ、**始点投入の材料費の計算と同様に**、月末仕掛品と完成品とに配分して原価を計算します。

03) 第１工程の完成品原価のことです。工程完成品が次工程に投入されると、前工程費と呼ばれます。

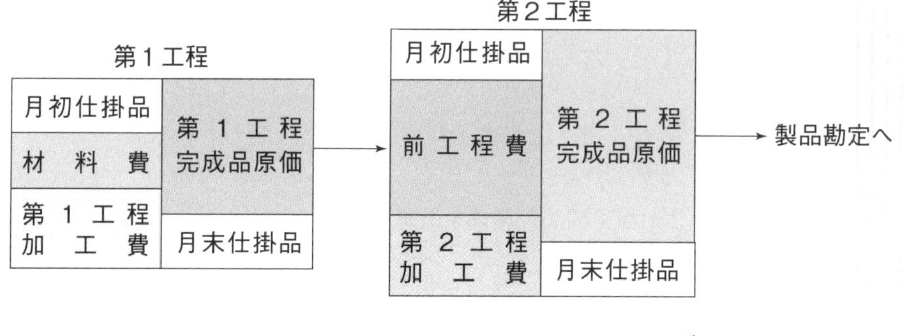

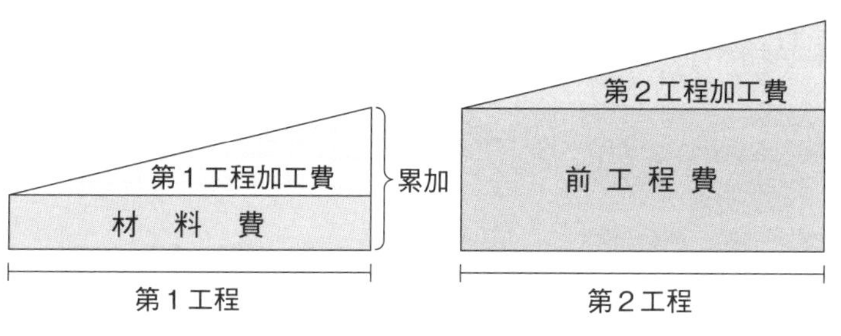

前工程費は材料と同じく第２工程の始点で投入されますので、材料費の計算と同様に配分します。

なお、第２工程で発生する加工費は、第２工程の完成品換算量で配分計算します。

3 計算方法

例1-1

下記の資料にもとづいて、累加法により完成品１個あたりの製造原価を計算しなさい。また、第１工程の製造が完了したさいの仕訳を示しなさい。

〔資　料〕

1．当月の生産・原価データ　（　）内の数値は仕上り程度を示す。

第１工程

	生産量		材料費	加工費
月初仕掛品	500 個	(60%)	70,000円	59,000円
当月投入	1,300 個		196,400円	265,000円
計	1,800 個		266,400円	324,000円
月末仕掛品	300 個	(40%)		
完成品	1,500 個			

第２工程

	生産量		前工程費	加工費
月初仕掛品	400 個	(70%)	143,000円	40,000円
前工程より	1,500 個		?　円	191,000円
計	1,900 個		?　円	231,000円
月末仕掛品	600 個	(40%)		
完成品	1,300 個			

2．完成品と月末仕掛品への原価配分は第１工程、第２工程とも平均法による。なお、材料はすべて第１工程の始点で投入している。

3．第１工程で1,500個の製造が完了し、すべてを第２工程に引き渡している。

〔解答の作成手順〕

1. 生産データを工程別に、仕掛品のTフォームにまとめ、当月投入の完成品換算量を求めます。
2. 第1工程完成品の原価を計算し、それを第2工程前工程費の当月投入とします。
3. 前工程費を材料費として捉え、第2工程完成品の原価を計算します。

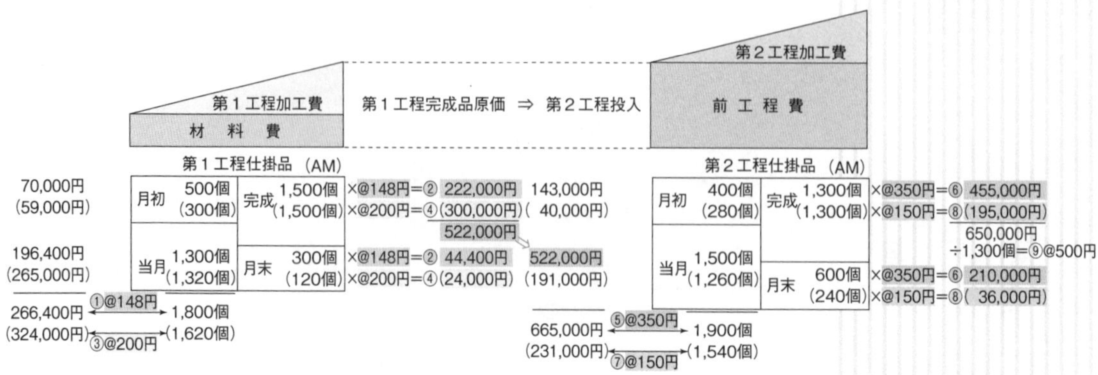

〈第1工程〉

① $\dfrac{70{,}000\text{円}+196{,}400\text{円}}{500\text{個}+1{,}300\text{個}}=@148\text{円}$

② 完成：1,500個×@148円＝222,000円
　 月末：　300個×@148円＝ 44,400円

③ $\dfrac{(59{,}000\text{円})+(265{,}000\text{円})}{(300\text{個})+(1{,}320\text{個})}=@200\text{円}$

④ 完成：(1,500個)×@200円＝(300,000円)
　 月末：(　120個)×@200円＝(24,000円)

〈第2工程〉

⑤ $\dfrac{143{,}000\text{円}+522{,}000\text{円}}{400\text{個}+1{,}500\text{個}}=@350\text{円}$

⑥ 完成：1,300個×@350円＝455,000円
　 月末：　600個×@350円＝210,000円

⑦ $\dfrac{(40{,}000\text{円})+(191{,}000\text{円})}{(280\text{個})+(1{,}260\text{個})}=@150\text{円}$

⑧ 完成：(1,300個)×@150円＝(195,000円)
　 月末：(　240個)×@150円＝(36,000円)

⑨ 完成品1個あたりの製造原価
　 455,000円＋(195,000円)＝650,000円
　 650,000円÷1,300個＝@500円

〈第1工程の製造が完了したさいの仕訳〉

（借）第2工程仕掛品	522,000	（貸）第1工程仕掛品	522,000

原価計算表を作成すると、次のようになります。

（単位：個、円）

摘　要	第１工程				第２工程				
	材料費		加工費		前工程費		加工費		合　計
	数　量	金　額	換算量	金　額	数　量	金　額	換算量	金　額	金　額
月初仕掛品	500	70,000	300	59,000	400	143,000	280	40,000	183,000
＋）当月投入	1,300	196,400	1,320	265,000	1,500	522,000	1,260	191,000	713,000
合　計	1,800	266,400	1,620	324,000	1,900	665,000	1,540	231,000	896,000
－）月末仕掛品	300	44,400	120	24,000	600	210,000	240	36,000	246,000
完　成　品	1,500	222,000	1,500	300,000	1,300	455,000	1,300	195,000	650,000
単　価	—	@148	—	@200	—	@350	—	@150	@ 500

4 半製品の振替え

【例１-１】では、第１工程完成品の全量を第２工程に振り替えていますが、第１工程完成品の一部を第２工程に振り替えない場合もあります。

第２工程に振り替えず倉庫に保管した第１工程完成品を「第１工程半製品」といいます。

半製品は仕掛品の一種ですが、そのままで販売可能という特徴があります。

例1-2

下記の資料にもとづいて、累加法により完成品１個あたりの製造原価を計算しなさい。また、第１工程の製造が完了したさいの仕訳を示しなさい。

〔資　料〕

１．当月の生産・原価データ　（　）内の数値は仕上り程度を示す。

第１工程

	生産量	材料費	加工費
月初仕掛品	500 個（60％）	70,000円	59,000円
当月投入	1,300 個	196,400円	265,000円
計	1,800 個	266,400円	324,000円
月末仕掛品	300 個（40％）		
完　成　品	1,500 個		

第２工程

	生産量	前工程費	加工費
月初仕掛品	400 個（70％）	142,000円	40,000円
前工程より	1,000 個	？　円	110,800円
計	1,400 個	？　円	150,800円
月末仕掛品	600 個（40％）		
完　成　品	800 個		

２．完成品と月末仕掛品への原価配分は第１工程、第２工程とも平均法による。なお、材料はすべて第１工程の始点で投入している。

３．第１工程で1,500個の製造が完了し、そのうち1,000個を第２工程に引き渡している。

〈第１工程〉

① $\frac{70,000円 + 196,400円}{500個 + 1,300個} = @148円$

② 完成：1,500個×@148円＝222,000円

月末：　300個×@148円＝　44,400円

③ $\frac{(59,000円) + (265,000円)}{(300個) + (1,320個)} = @200円$

④ 完成：(1,500個)×@200円＝(300,000円)

月末：(　120個)×@200円＝(　24,000円)

⑤ 第１工程半製品：(222,000円＋300,000円)× $\frac{500個}{1,500個}$ ＝　174,000円

〈第２工程〉

⑥ 当月投入前工程費：(222,000円＋300,000円)× $\frac{1,000個}{1,500個}$ ＝348,000円

$\frac{142,000円 + 348,000円}{400個 + 1,000個} = @350円$

⑦ 完成：800個×@350円＝280,000円

月末：600個×@350円＝210,000円

⑧ $\frac{(40,000円) + (110,800円)}{(280個) + (760個)} = @145円$

⑨ 完成：(800個)×@145円＝(116,000円)

月末：(240個)×@145円＝(　34,800円)

⑩ 完成品１個あたりの製造原価

280,000円＋(116,000円)＝396,000円

396,000円÷800個＝@495円

〈第１工程の製造が完了したさいの仕訳〉

（借）	第１工程半製品	174,000	（貸）第１工程仕掛品	522,000
	第２工程仕掛品	348,000		

原価計算表を作成すると、次のようになります。

（単位：個、円）

摘　要	第１工程				第２工程				
	材料費		加工費		前工程費		加工費		合　計
	数　量	金　額	換算量	金　額	数　量	金　額	換算量	金　額	金　額
月初仕掛品	500	70,000	300	59,000	400	142,000	280	40,000	182,000
＋)当月投入	1,300	196,400	1,320	265,000	1,000	348,000	760	110,800	458,800
合　計	1,800	266,400	1,620	324,000	1,400	490,000	1,040	150,800	640,800
－)月末仕掛品	300	44,400	120	24,000	600	210,000	240	34,800	244,800
完　成　品	1,500	222,000	1,500	300,000	800	280,000	800	116,000	396,000
単　価	―	@148	―	@200	―	@350	―	@145	@ 495

工程別総合原価計算

下記の資料にもとづいて、累加法により工程別総合原価計算表を完成させなさい。

〔資　料〕

1．当月の生産・原価データ　(　)内の数値は仕上り程度を示す。

第1工程	生産量	材料費	加工費
月初仕掛品	1,000 個(80%)	287,000円	314,400円
当月投入	3,200 個	976,000円	1,246,200円
合　計	4,200 個	1,263,000円	1,560,600円
月末仕掛品	600 個(50%)		
完成品	3,600 個		

第2工程	生産量	前工程費	加工費
月初仕掛品	1,200 個(70%)	840,000円	267,800円
前工程より	3,600 個	?　円	1,026,600円
合　計	4,800 個	?　円	1,294,400円
月末仕掛品	800 個(40%)		
完成品	4,000 個		

2．完成品と月末仕掛品への原価配分は第1工程、第2工程とも先入先出法による。なお、材料はすべて第1工程の始点で投入している。

(単位：個、円)

摘　要	第1工程 材料費 数量	第1工程 材料費 金額	第1工程 加工費 換算量	第1工程 加工費 金額	第2工程 前工程費 数量	第2工程 前工程費 金額	第2工程 加工費 換算量	第2工程 加工費 金額	合計 金額
月初仕掛品									
+) 当月投入									
合　計									
−) 月末仕掛品									
完成品									
単　価	—		—		—		—		

(単位：個、円)

摘　要	第1工程 材料費 数量	第1工程 材料費 金額	第1工程 加工費 換算量	第1工程 加工費 金額	第2工程 前工程費 数量	第2工程 前工程費 金額	第2工程 加工費 換算量	第2工程 加工費 金額	合計 金額
月初仕掛品	1,000	287,000	800	314,400	1,200	840,000	840	267,800	1,107,800
+) 当月投入	3,200	976,000	3,100	1,246,200	3,600	2,520,000	3,480	1,026,600	3,546,600
合　計	4,200	1,263,000	3,900	1,560,600	4,800	3,360,000	4,320	1,294,400	4,654,400
−) 月末仕掛品	600	183,000	300	120,600	800	560,000	320	94,400	654,400
完成品	3,600	1,080,000	3,600	1,440,000	4,000	2,800,000	4,000	1,200,000	4,000,000
単　価	—	@ 300	—	@ 400	—	@ 700	—	@ 300	@ 1,000

解説

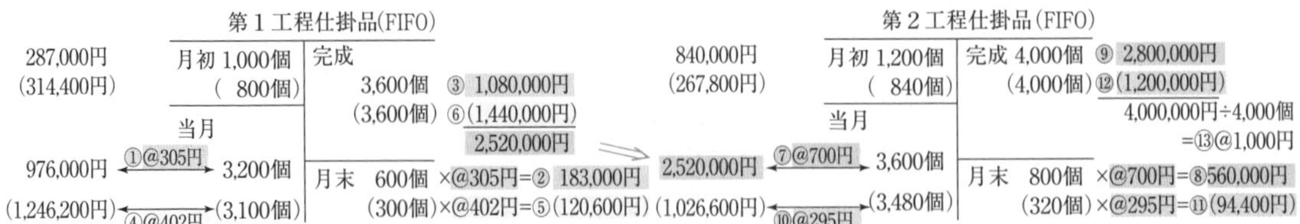

Section 1のまとめ

■工程別総合原価計算とは　2つ以上の工程をもって製品を製造する場合に、正確な製品原価の計算と、工程ごとの原価管理を行うための計算方法です。

■計算方法　①各工程における原価の集計 ⇨ ②工程間の原価の振替え ⇨ ③完成品原価の振替え

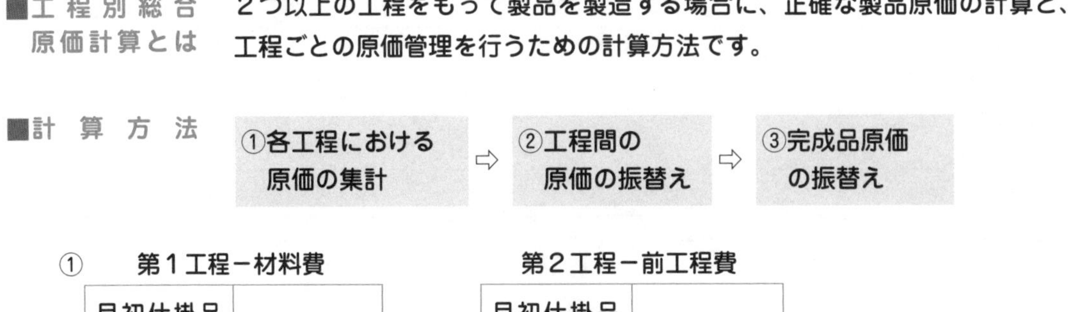

組別総合原価計算

はじめに

これまでイスのみを製造していた全経家具は、新たに机も作ることにしました。机もイスも材料となる木材は同じで、材料はどちらの製造のためにどれだけ使ったかはわかります。しかし、工場の水道光熱費などの経費は、どちらの製造のためにどれだけ使ったかわかりません。
このような場合には、どのようにして机やイスの原価を計算すればよいのでしょうか。

1 組別総合原価計算とは

組別総合原価計算[01]とは、**同じ生産設備を使いながら**、その使用量や加工手順等を変えて、A製品、B製品という**異なる製品を作っている場合**に用いられる原価計算の方法です。

01)製品種類別の原価計算という意味です。

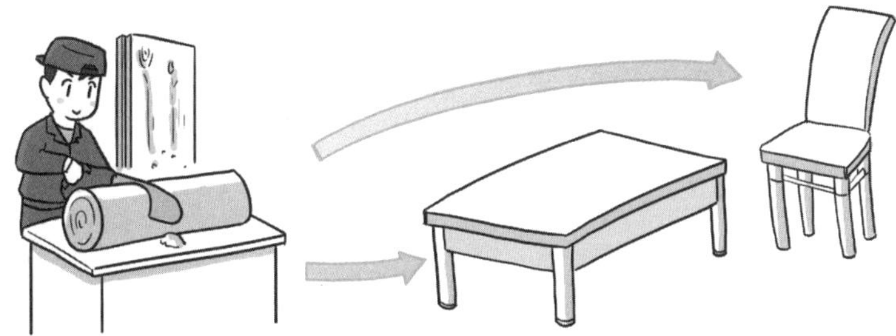

このときのA製品、B製品は組製品(くみせいひん)といわれ、それぞれの原価を別々に計算します。そのためには、(1)**当月に発生した製造原価を組製品**(製品種類)**別に分け**、(2)それをもとに**組製品別に単純総合原価計算**[02]**を行って単位原価を算定**することになります。

02)Chapter 4 Section 2 で学んだ方法です。

(1)製造原価の組製品への配分

製造原価を、①組直接費と②組間接費に分けて配分します。

①組直接費(くみちょくせつひ)

どの製品種類のためにかかったかが**特定できる原価**[03]です。組直接費は各組製品に**賦課(直課)**します。

②組間接費(くみかんせつひ)

各製品種類のために**共通的にかかった原価**[04]です。組間接費は各組製品に**配賦**[05]します。

03)直接材料費や、特定の製品を作るための直接工の賃金などが該当します。試験では問題の指示に従ってください。

04)製造間接費の多くが該当します。

05)配賦の意味については、Chapter 3 の Section 4 を参照してください。

例2-1

次の取引の仕訳を示しなさい。

組別総合原価計算において組間接費 1,500,000 円をA製品に 60%、B製品に 40%の割合で配賦した。

(借)	A 組 仕 掛 品	900,000	(貸)	組 間 接 費	1,500,000
	B 組 仕 掛 品	600,000			

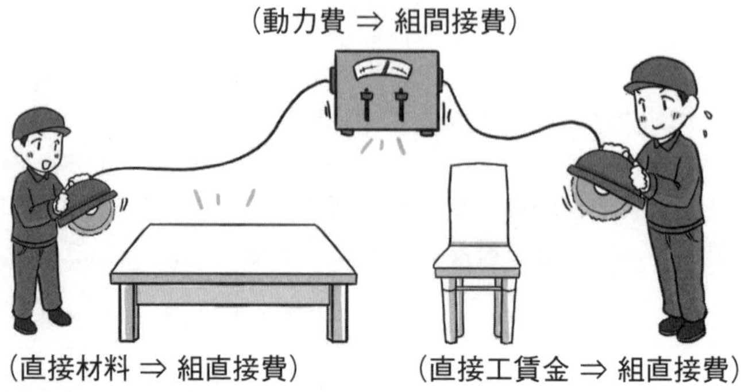

⑵組製品別の単純総合原価計算

Chpter 4 Section 2で学んだ、平均法、先入先出法を用いて組製品別に単純総合原価計算を行います。

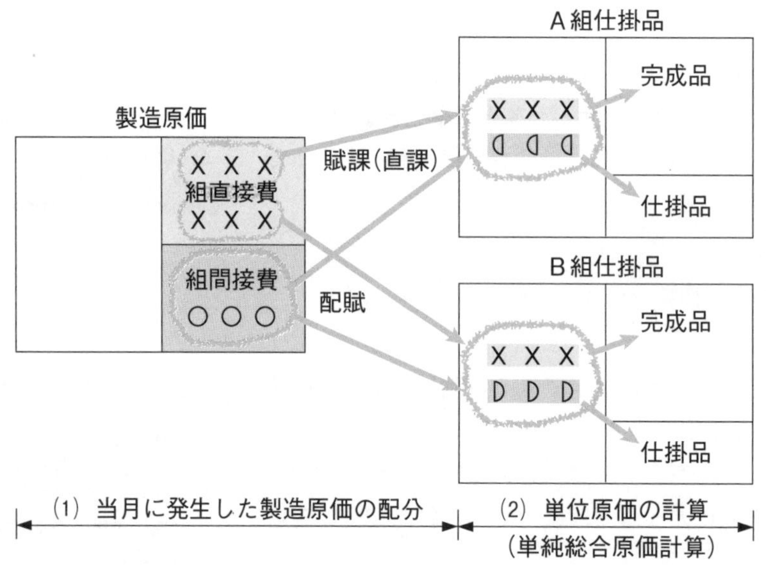

つまり、製造ラインに製造原価を投入するさい(仕掛品勘定の借方に記入するさい)に製品別に振り分け、その後は製品ごとに単純総合原価計算を行うことになります。

製造ラインの入口で、発生した原価を分けるイメージです。

2 計算方法

それでは、具体的な計算方法を見てみましょう。

例2-2

次の資料にもとづき、組別総合原価計算を行い、各製品の当月完成品原価と完成品単位原価を求めなさい。原価配分は先入先出法によるものとする。

1．6月の生産データ

A 製 品			B 製 品		
月初仕掛品	400個	(80%)	月初仕掛品	300個	(60%)
当月投入	900個		当月投入	1,900個	
計	1,300個		計	2,200個	
月末仕掛品	300個	(40%)	月末仕掛品	400個	(20%)
完成品	1,000個		完成品	1,800個	

(注)材料はすべて始点で投入している。また(　)内の数値は仕上り程度を示す。

2．6月の製造原価データ

		材料費	加工費
月初仕掛品原価	A製品	74,000円	89,200円[06]
	B製品	90,000円	79,200円[06]
当月製造費用	A製品	189,000円	826,000円[07]
	B製品	456,000円	
	計	809,000円	994,400円

3．当工場では、材料費は組直接費、加工費はすべて組間接費として処理している[08]。組間接費は各組製品の加工時間を基準にして配賦している。当月の加工時間は次のとおりであった。

	A製品	B製品	合 計
当月加工時間	12,400時間	28,900時間	41,300時間

06)前月に分けて計算した結果です。

07)当月にA製品、B製品に分ける必要があります。

08)直接労務費については、組直接費とし、製造間接費のみを組間接費としている出題も見られます。

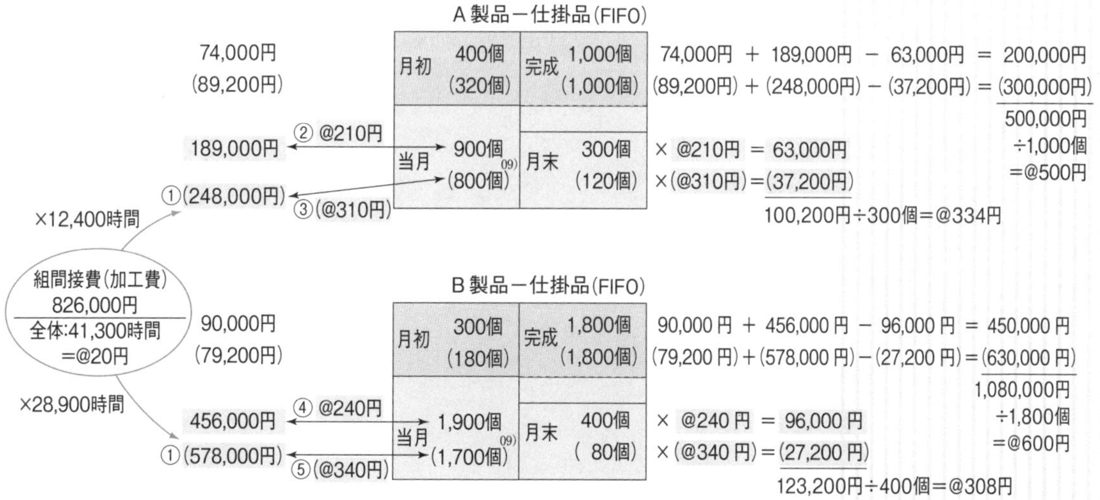

組間接費(加工費)
826,000円
全体:41,300時間
=@20円

×12,400時間 → ①(248,000円)
×28,900時間 → ①(578,000円)

A製品－仕掛品(FIFO)

月初	400個 (320個)	完成	1,000個 (1,000個)
当月	900個 (800個)[09]	月末	300個 (120個)

月初：74,000円 (89,200円)
当月：189,000円 ② @210円、①(248,000円) ③(@310円)

月末：×@210円 ＝ 63,000円
×(@310円)＝(37,200円)
100,200円÷300個＝@334円

完成：74,000円 ＋ 189,000円 － 63,000円 ＝ 200,000円
(89,200円)＋(248,000円)－(37,200円)＝(300,000円)
500,000円
÷1,000個
＝@500円

B製品－仕掛品(FIFO)

月初	300個 (180個)	完成	1,800個 (1,800個)
当月	1,900個 (1,700個)[09]	月末	400個 (80個)

月初：90,000円 (79,200円)
当月：456,000円 ④ @240円、①(578,000円) ⑤(@340円)

月末：× @240円 ＝ 96,000円
×(@340円)＝(27,200円)
123,200円÷400個＝@308円

完成：90,000円 ＋ 456,000円 － 96,000円 ＝ 450,000円
(79,200円)＋(578,000円)－(27,200円)＝(630,000円)
1,080,000円
÷1,800個
＝@600円

09)当月投入の完成品換算量は、完成品換算量の貸借差引で求めます。

① 組間接費として発生した加工費 826,000円を、配賦基準である当月加工時間の割合でA製品とB製品に配賦します。

$$\frac{826,000\text{円}}{41,300\text{時間}}=@20\text{円}$$

A製品：@20円×12,400時間＝(248,000円)

B製品：@20円×28,900時間＝(578,000円)

② 189,000円 ÷ 900個 ＝ @210円 ← A製品の当月投入材料費の単価

③ (248,000円)÷(800個) ＝(@310円) ← A製品の当月投入加工費の単価

④ 456,000円 ÷ 1,900個 ＝ @240円 ← B製品の当月投入材料費の単価

⑤ (578,000円)÷(1,700個) ＝(@340円) ← B製品の当月投入加工費の単価

以上より、各製品の単位原価は、

A製品　完成品総合原価　500,000円÷完成品量 1,000個＝@500円

B製品　完成品総合原価　1,080,000円÷完成品量 1,800個＝@600円

となります。これで、製品種類ごとの原価が計算できました。

組別総合原価計算は、原価を分けた後、製品種類の数だけ単純総合原価計算を行うことになります。

製品を何十、何百種類も作っている工場ではかなり手間がかかりますが、正確に各製品の原価が計算できます。

組別総合原価計算

全経社は、製品Aと製品Bという2種類の製品を製造しており、原価計算の方法は組別総合原価計算を採用している。直接材料費と直接労務費は組製品A、Bに直課され、製造間接費は機械作業時間を配賦基準として配賦している。
次の資料にもとづいて、答案用紙の組別総合原価計算表を完成させなさい。ただし、原価配分の方法は平均法を用いること。

〔資　料〕

1．生産データ（直接材料は、すべて工程の始点で投入される）

	組製品A	組製品B
月初仕掛品	300個（2/3）	100個（1/2）
当月投入	4,700	2,300
合　　計	5,000個	2,400個
月末仕掛品	500　（2/5）	400　（3/4）
完成品	4,500個	2,000個

（注）月初仕掛品と月末仕掛品の（　）内の数値は、仕上り程度を示す。

2．原価データ

(1)　月初仕掛品原価

	組製品A	組製品B
直接材料費	280,000円	120,000円
直接労務費	26,600円	15,000円
製造間接費	69,600円	25,000円

(2)　当月直接材料費と直接労務費

	組製品A	組製品B
直接材料費	4,720,000円	3,000,000円
直接労務費	600,000円	800,000円

3．当月実際機械作業時間

組製品A	組製品B
2,800 時間	2,000 時間

4．製造間接費の発生額は2,400,000円である。

組別総合原価計算表　（単位：円）

	組製品A	組製品B
月初仕掛品原価		
当月直接材料費		
当月直接労務費		
当月製造間接費		
合　計		
差引：月末仕掛品原価		
完成品原価		
完成品単位原価	@	@

組別総合原価計算表

（単位：円）

	組製品A	組製品B
月初仕掛品原価	376,200	160,000
当月直接材料費	4,720,000	3,000,000
当月直接労務費	600,000	800,000
当月製造間接費	1,400,000	1,000,000
合計	⑥ 7,096,200	⑩ 4,960,000
差引：月末仕掛品原価	⑦ 589,200	⑪ 760,000
完成品原価	⑧ 6,507,000	⑫ 4,200,000
完成品単位原価	⑨ @ 1,446	⑬ @ 2,100

解説

組別総合原価計算では、製品A、製品Bという異なる製品をそれぞれ大量生産しているので、製品別に完成品原価、完成品単位原価および月末仕掛品原価を計算します。

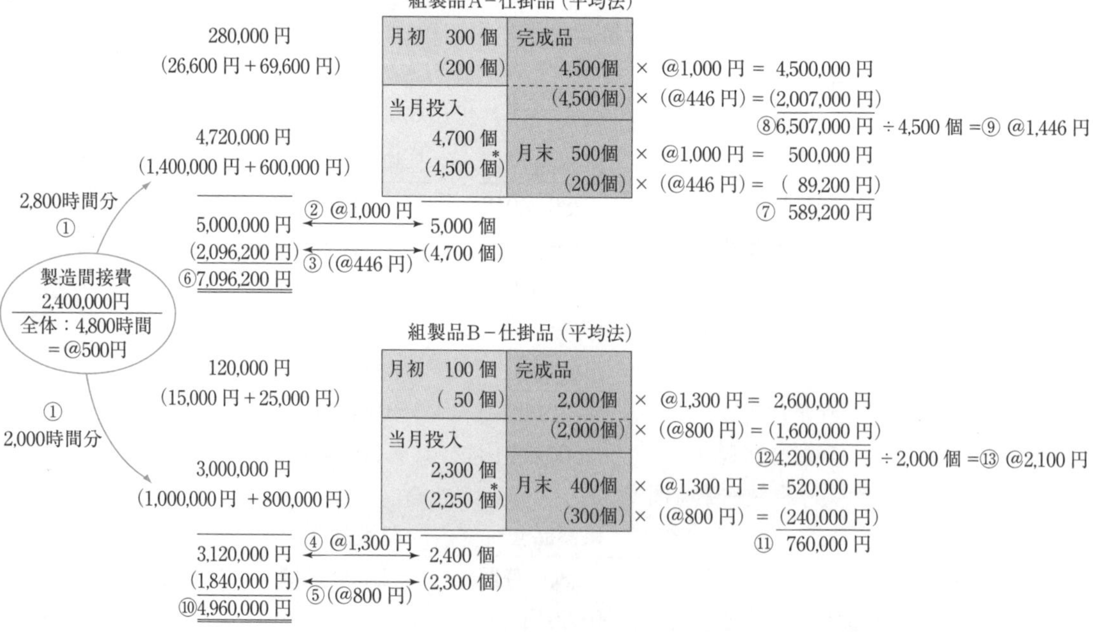

＊当月投入の完成品換算量は、完成品換算量の貸借差引で求めます。

①組間接費として製造間接費発生額2,400,000円を配賦基準である機械作業時間の割合で組製品Aと組製品Bに配賦します。

$$\frac{2,400,000\text{円}}{2,800\text{時間}+2,000\text{時間}}=@500\text{円}$$

組製品A：@500円×2,800時間＝1,400,000円

組製品B：@500円×2,000時間＝1,000,000円

② 5,000,000円 ÷ 5,000個 ＝ @1,000円 ← 平均法による組製品Aの材料費単価

③（2,096,200円）÷（4,700個）＝（@ 446円） ← 平均法による組製品Aの加工費単価

④ 3,120,000円 ÷ 2,400個 ＝ @1,300円 ← 平均法による組製品Bの材料費単価

⑤（1,840,000円）÷（2,300個）＝（@ 800円） ← 平均法による組製品Bの加工費単価

Section 2のまとめ

■組直接費　どの製品種類のためにかかったかが特定できる原価です。
組直接費は各組製品に直課します。

■組間接費　各製品種類のために共通的にかかった原価です。
組間接費は各組製品に配賦します。

■組別総合原価計算とは　組別総合原価計算とは、異種製品を組別に連続生産するという生産形態をとる場合に適用される方法です。

■計算方法　①組直接費の各組製品への賦課
↓
②組間接費の各組製品への配賦
↓
③組別の完成品原価と月末仕掛品原価の計算

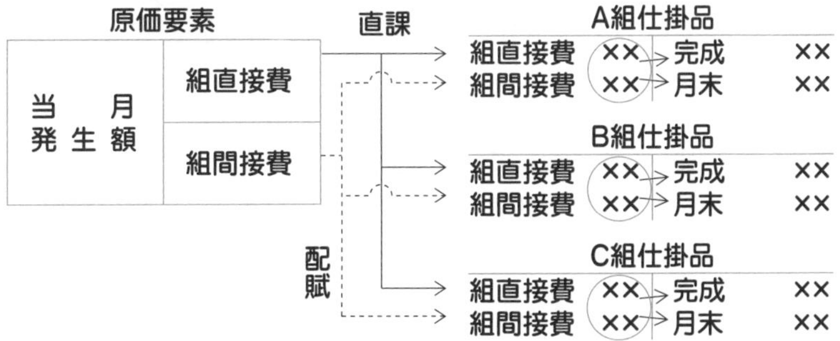

等級別総合原価計算

はじめに

あなたの経営する全経家具では、これまでイスを大量に生産してきました。しかし、これに加えて子供用のイスも生産することにしました。
製造工程は通常のイスとまったく変わりませんが、製品としては２種類できることになります。この場合にどのように原価を計算すればよいのでしょうか。

1 総合原価計算の種類

総合原価計算は、生産する製品種類の数や種類によって次のように分類されます。

原価計算方法	製品種類
単純総合原価計算	単　一　製　品
組別総合原価計算	複数異種製品
等級別総合原価計算	複数同種製品

前Sectionまでで学んだ方法は、単一製品に用いられる**単純総合原価計算**と、複数の異種製品を生産することを前提にした**組別総合原価計算**です。ここでは**複数の同種製品**を生産する場合について見ていきます。

牛丼にたとえるなら、並盛と大盛といった感じです。

2 等級別総合原価計算とは

等級別総合原価計算とは、**同一工程**において**等級の違う製品（等級製品）**を生産する場合に適用される方法です。

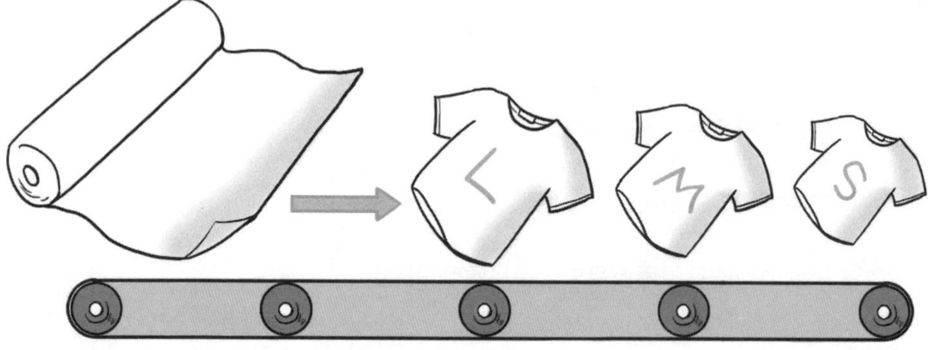

(1)等級製品

等級製品とは、同一工程において同一原材料から生産される同種製品であり、重量や長さ等、等級で区別される製品をいいます。互いに種類が同じという点で組製品とは区別されます[01]。

01）等級製品としてあげられるものとしては、同じ生地から作られるTシャツ（サイズL、M、Sを作る）があります。

等級製品の原価計算には組別総合原価計算を適用することができます。しかしながら組別総合原価計算を適用することは計算の手間を増やすことになるため、ある段階までは各等級製品を一括して計算を行い、各等級製品に等価係数を用いて原価を按分します。

⑵等価係数

等級製品は、同じ種類の製品です。しかし、形状や大きさ、品質といった点が異なっているので、各等級製品を製造するのにかかる原価も異なってきます。そこで各等級製品が1単位当たり原価をいくら負担するのかを設定する必要があります。この比率が**等価係数**です。

例えば、大、中、小といった大きさの異なる等級製品を考えた場合、中製品を基準とすると(等価係数1.0)、大製品はより多くの原価を負担し(等価係数1.5)、小製品はより少ない原価を負担する(等価係数0.8)ものと考えます。

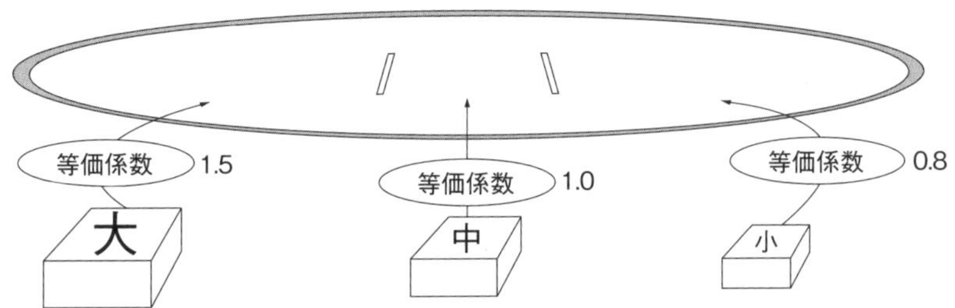

⑶積数

各等級製品の製造原価を計算するためには、各等級製品の生産量に等価係数を掛けた積数（せきすう）を利用します。この積数を用いて、製造原価を各等級製品に按分します。

各等級製品の積数 = 各等級製品の生産量 × 各等級製品の等価係数

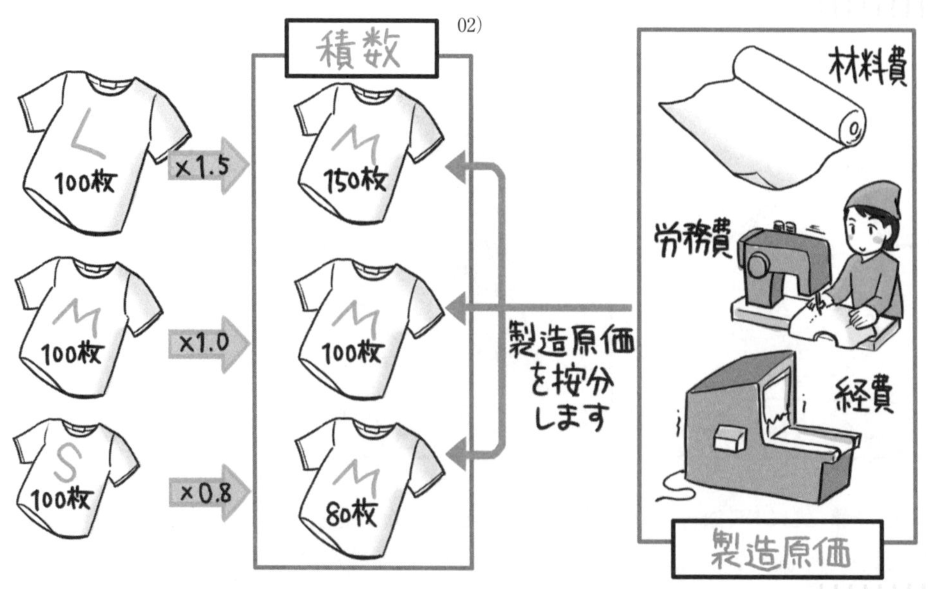

02)積数の求め方
大 100 枚× 1.5=150
中 100 枚× 1.0=100
小 100 枚× 0.8=80
つまり大は 100 枚で中の 150 枚分の原価を、小は 100 枚で中の 80 枚分の原価を負担することを意味します。

3 計算方法

等級別総合原価計算の計算方法には、次のものがあります。

(1) 単純総合原価計算に近い等級別計算
- A：月末仕掛品には等価係数を加味しない。
- B：月末仕掛品にも等価係数を加味する。

(2) 組別総合原価計算に近い等級別計算

4 単純総合原価計算に近い等級別計算（A：月末仕掛品に等価係数を加味しない方法）

この方法はいったん単純総合原価計算と同じように完成品総合原価を一括して計算し、次に、その完成品総合原価を各等級製品に等価係数を用いて配分する方法です。この方法は、仕掛品を等級製品別に把握していない場合に使われます[03]。

03)完成品総合原価を、最後に按分すればよいだけです。

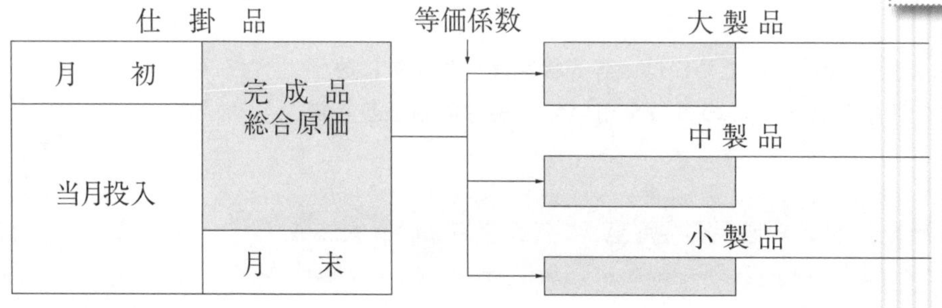

【例３－１】をとおして、単純総合原価計算に近い方法(A：月末仕掛品に等価係数を加味しない方法)を見ていきましょう。

例3-1

次の資料により、各等級製品の完成品原価、完成品単価を求めなさい。

■資 料■

1. 生産データ

完成品数量 1,200 個

内訳	A製品 500 個
	B製品 400 個
	C製品 300 個

2. 原価データ

完成品総合原価 62,000 円

3. 等価係数

A製品	B製品	C製品
1.2	1.0	0.8

	完成品原価	完成品単価
A製品	30,000 円	@60円
B製品	20,000 円	@50円
C製品	12,000 円	@40円

そもそも単一製品を量産する場合に適用されるのが、単純総合原価計算です。単純総合原価計算に近い等級別計算では、各等級製品を1つの製品と考えて、共通の完成品総合原価を算定し、等価係数を適用した生産量である積数を基準にして、完成品総合原価を各等級製品に配賦します。

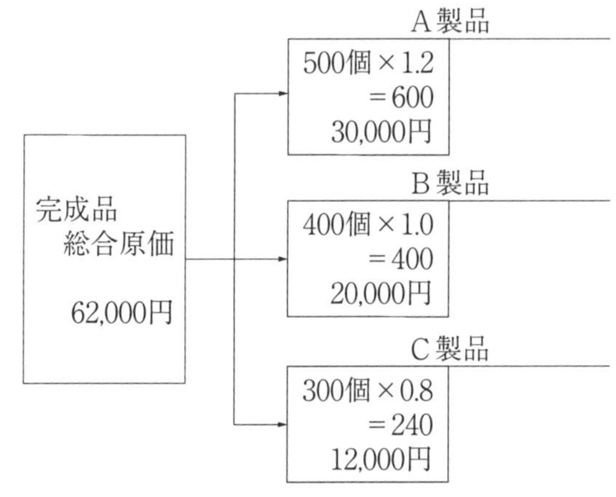

製品	生産量	等価係数	積数	完成品原価
A	500個	1.2	600	30,000円
B	400個	1.0	400	20,000円
C	300個	0.8	240	12,000円
			1,240	62,000円

積数

A製品：500 個 × 1.2 = 600[04)]

B製品：400 個 × 1.0 = 400

C製品：300 個 × 0.8 = 240[05)]

04)「A製品は 500 個だが、600 個分の原価を負担する」という意味です。

05)「C製品は 300 個だが、240 個分の原価でよい」という意味です。

原価按分

A製品：62,000円÷1,240×600＝30,000円

B製品：62,000円÷1,240×400＝20,000円

C製品：62,000円÷1,240×240＝12,000円

完成品単価

A製品：30,000円÷500個[06]＝@60円

B製品：20,000円÷400個[06]＝@50円

C製品：12,000円÷300個[06]＝@40円

06）単価を求めるときに使用する数値はそれぞれの生産量です。積数ではないので注意しましょう。

5 単純総合原価計算に近い等級別計算（B：月末仕掛品にも等価係数を加味する方法）

仕掛品が等級製品別に把握されている場合、仕掛品にも等価係数を掛けて計算します。

【例3－2】をとおして、単純総合原価計算に近い等級別計算（B：月末仕掛品にも等価係数を加味する方法）を見ていきましょう。

例3-2

次の資料により、各等級製品の完成品原価および完成品単価を計算しなさい。

■資 料■

1. 生産データ

	製品A	製品B
月初仕掛品	200kg（1/4）	250kg（1/5）
当月投入	1,300	2,250
合　計	1,500kg	2,500kg
月末仕掛品	100　（1/2）	500　（3/5）
完成品	1,400kg	2,000kg

2. 原価データ

月初仕掛品原価	製品A	製品B
原料費	3,500円	4,000円
加工費	1,460円	60円
当月製造費用		
原料費	31,000円	
加工費	55,080円	

・（　）内の数値は、仕上り程度を示す。

・原料は、各製品とも工程の始点で投入される。

3. その他

⑴ 月末仕掛品の評価方法は、平均法による。

⑵ 各製品の等価係数は、次のとおりである。

	製品A	製品B
原料費	1	0.8
加工費	1	0.6

⑶ 等価係数は月初仕掛品原価と当月製造費用を各等級製品の完成品と月末仕掛品に按分するさいに使用している。

1. 生産データをボックス図によって整理します[07]。

生産データが各製品ごとに与えられていますが、単純総合原価計算に近い等級別計算の問題のため、生産データを合算し、1つにまとめます。なお、その際、等価係数を考慮した積数を用いる点に注意してください。

07）等価係数は、原料費と加工費で異なります。

原料費

	借方	貸方
3,500円	製品A月初仕掛品 200kg	①製品A完成品 1,400kg
4,000円	製品B月初仕掛品 250kg×0.8＝200kg	
31,000円	製品A当月投入 1,300kg	③製品B完成品 2,000kg×0.8＝1,600kg
	製品B当月投入 2,250kg×0.8＝1,800kg	②製品A月末仕掛品 100kg
		④製品B月末仕掛品 500kg×0.8＝400kg

加工費[08]

	借方	貸方
1,460円	製品A月初仕掛品 50kg	⑤製品A完成品 1,400kg
60円	製品B月初仕掛品 50kg×0.6＝30kg	
55,080円	製品A当月投入 1,400kg	⑦製品B完成品 2,000kg×0.6＝1,200kg
	製品B当月投入 2,250kg×0.6＝1,350kg	⑥製品A月末仕掛品 50kg
		⑧製品B月末仕掛品 300kg×0.6＝180kg

08)製品Bの加工費は月末仕掛品について、仕上り程度と等価係数の両方を掛けます。

2. 原料費の計算

$$\frac{3{,}500円+4{,}000円+31{,}000円}{1{,}400kg+1{,}600kg+100kg+400kg}=@11円（原料費積数単価）$$

(1)製品A

①@11円×1,400kg=15,400円（完成品）

②@11円×100kg=1,100円（月末仕掛品）

(2)製品B

③@11円×1,600kg=17,600円（完成品）

④@11円×400kg=4,400円（月末仕掛品）

3. 加工費の計算

$$\frac{1{,}460円+60円+55{,}080円}{1{,}400kg+1{,}200kg+50kg+180kg}=@20円（加工費積数単価）$$

(1)製品A

⑤@20円×1,400kg=28,000円（完成品）

⑥@20円×50kg=1,000円（月末仕掛品）

(2)製品B

⑦@20円×1,200kg=24,000円（完成品）

⑧@20円×180kg=3,600円（月末仕掛品）

4. 完成品原価の計算

製品A完成品原価:

15,400円+28,000円=43,400円

製品B完成品原価:

17,600円+24,000円=41,600円

5. 完成品単価の計算

製品A完成品単価:

43,400円÷1,400kg=@31円

製品B完成品単価:

41,600円÷2,000kg=@20.8円

6 組別総合原価計算に近い等級別計算

この方法は、当月の製造費用を、原価要素ごと(原料費、加工費)に各等級製品に按分し、あとは製品ごとに単純総合原価計算と同じように原価を計算する方法です。

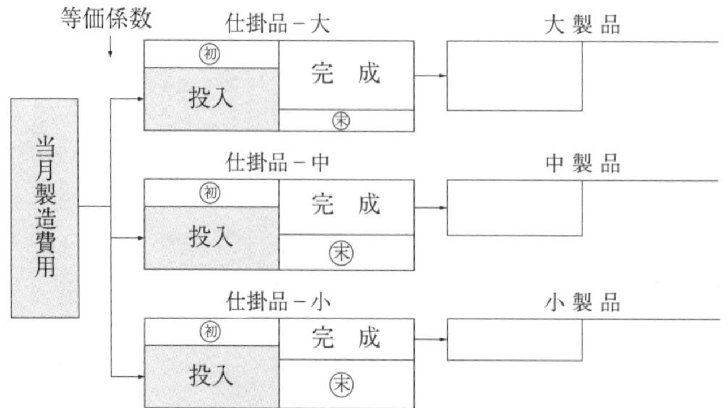

【例３－３】を使って、組別総合原価計算に近い等級別計算を見ていきましょう。

例3-3

当社では、等級製品L、Mを生産している。次の資料にもとづき、各製品の完成品原価、完成品単位原価を求めなさい。

■資 料■

1. 生産データ

	製品L	製品M
月初仕掛品	80kg(50%)	120kg(80%)
当月投入	820	780
合 計	900kg	900kg
月末仕掛品	100 (70%)	200 (60%)
完成品	800kg	700kg

2. 原価データ

	製品L	製品M
月初仕掛品原価		
原料費	6,400円	11,880円
加工費	2,000円	5,650円
当月製造費用		
原料費	115,520円	
加工費	86,750円	

・( )内の数値は、仕上り程度を示す。
・原料は、各製品とも工程の始点で投入される。

3. その他

① 月末仕掛品の評価は、製品Lは平均法、製品Mは先入先出法による。
② 各製品の等価係数は、次のとおりである。

	製品L	製品M
原料費	1.0	0.8
加工費	0.8	1.0

③ 等価係数は原料費と加工費とを区別して、当月製造費用を等級製品に按分するさいに使用している。

1.生産データの整理[09]

組別総合原価計算に近い等級別計算では、まず当月製造費用を当月投入量に対する積数で各製品に按分します。

L-㊒

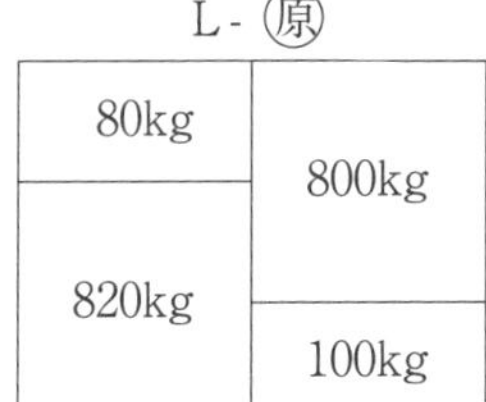

L-㊎
(40kg)
(800kg)
(830kg)
(70kg)

M-㊒
120kg
700kg
780kg
200kg

M-㊎
(96kg)
(700kg)
(724kg)
(120kg)

2. 当月製造費用の配分

(1)原料費

製品	投入量	等価係数	積数	配分原価[10]
L	820kg	1.0	820	65,600円
M	780kg	0.8	624	49,920円
			1,444	115,520円

(2) 加工費

製品	投入量	等価係数	積数	配分原価[11]
L	830kg	0.8	664	41,500円
M	724kg	1.0	724	45,250円
			1,388	86,750円

3. 製品原価の計算

(1)製品L（平均法）

①月末仕掛品原価

原料費：$\dfrac{6{,}400\text{円}+65{,}600\text{円}}{800\text{kg}+100\text{kg}} \times 100\text{kg} = 8{,}000\text{円}$

加工費：$\dfrac{2{,}000\text{円}+41{,}500\text{円}}{800\text{kg}+70\text{kg}} \times 70\text{kg} = 3{,}500\text{円}$

合計 11,500円

②完成品原価および完成品単位原価

6,400円+2,000円+65,600円+41,500円－11,500円=104,000円

104,000円÷800kg=@130円

(2)製品M（先入先出法）

①月末仕掛品原価

原料費：$\dfrac{49{,}920\text{円}}{700\text{kg}-120\text{kg}+200\text{kg}} \times 200\text{kg} = 12{,}800\text{円}$

加工費：$\dfrac{45{,}250\text{円}}{700\text{kg}-96\text{kg}+120\text{kg}} \times 120\text{kg} = 7{,}500\text{円}$

合計 20,300円

②完成品原価および完成品単位原価

11,880円+5,650円+49,920円+45,250円－20,300円=92,400円

92,400円÷700kg=@132円

09) (　) 内の数値は、完成品換算量を表しています。

10) ここでは、次の計算をしています。
115,520円÷1,444＝@80円
@80円×820＝65,600円 (L)
@80円×624＝49,920円 (M)

11) ここでは、次の計算をしています。
86,750円÷1,388＝@62.5円
@62.5円×664＝41,500円 (L)
@62.5円×724＝45,250円 (M)

等級別総合原価計算

当工場では、等級製品X、Yを生産し、実際等級別総合原価計算を採用している。当月の生産データと原価データは次のとおりである。

1.生産データ

等級製品	X	Y
月初仕掛品	3,000個(1/4)	1,000個(1/5)
当月投入	27,000	19,000
投入合計	30,000個	20,000個
完成品	26,000個	18,000個
正常仕損	100	—
月末仕掛品	3,900 (1/2)	2,000 (3/4)
産出合計	30,000個	20,000個

2.原価データ (単位:円)

等級製品	X	Y	合計
月初仕掛品原価			
原料費	185,500	51,200	236,700
加工費	22,750	10,440	33,190
小計	208,250	61,640	269,890
当月製造費用			
原料費			2,321,000
加工費			1,049,760
小計			3,370,760
投入額合計			3,640,650

注)原料は工程の始点で投入される。
( )は仕上り程度。正常仕損は工程の終点で発生し、処分価値はない。

3.等価係数

等級製品	X		Y
原料費	1	:	0.8
加工費	1	:	0.6

4.その他の条件

① 当工場では、できるだけ正確に等級製品の製造原価を把握するために、等価係数は原料費と加工費とを区別して、当月製造費用を等級製品に配分するさいに使用している。
② 完成品と月末仕掛品に対する原価の配分は、先入先出法による。
③ 正常仕損はすべて当月投入分のみから生じたものとし、度外視法により処理する。

以上の条件にもとづき、等級製品XとYの仕掛品勘定への記入を完成させなさい。また、各製品の単位当たり製造原価を計算しなさい。

仕掛品-X (単位:円)

借方		貸方	
月初仕掛品原価		完成品総合原価	
原料費	185,500	原料費	( )
加工費	22,750	加工費	( )
計	208,250	計	( )
当月製造費用		月末仕掛品原価	
原料費	( )	原料費	( )
加工費	( )	加工費	( )
計	( )	計	( )
合計	( )	合計	( )

仕掛品-Y (単位:円)

借方		貸方	
月初仕掛品原価		完成品総合原価	
原料費	51,200	原料費	( )
加工費	10,440	加工費	( )
計	61,640	計	( )
当月製造費用		月末仕掛品原価	
原料費	( )	原料費	( )
加工費	( )	加工費	( )
計	( )	計	( )
合計	( )	合計	( )

仕掛品-X	(単位:円)		
月初仕掛品原価		完成品総合原価	
原料費	185,500	原料費	(1,456,000)
加工費	22,750	加工費	(707,200)
計	208,250	計	(2,163,200)
当月製造費用		月末仕掛品原価	
原料費	(1,485,000)	原料費	(214,500)
加工費	(737,100)	加工費	(52,650)
計	(2,222,100)	計	(267,150)
合　計	(2,430,350)	合　計	(2,430,350)

仕掛品-Y	(単位:円)		
月初仕掛品原価		完成品総合原価	
原料費	51,200	原料費	(799,200)
加工費	10,440	加工費	(298,800)
計	61,640	計	(1,098,000)
当月製造費用		月末仕掛品原価	
原料費	(836,000)	原料費	(88,000)
加工費	(312,660)	加工費	(24,300)
計	(1,148,660)	計	(112,300)
合　計	(1,210,300)	合　計	(1,210,300)

製品Xの単位当たり製造原価　@83.2円

製品Yの単位当たり製造原価　@61円

解説

問題文4 ①に「**当月製造費用を等級製品に配分する**」とあるので、本問では等級別総合原価計算のうち、**組別総合原価計算に近い方法**だとわかります。この問題は次の順序で解きます。

1.生産データの整理

2.当月製造費用の配分

3.各等級製品ごとの原価計算

1.生産データの整理

X製品-原料費〈個〉

借方		貸方	
月初	3,000	完成	26,000
当月	27,000	仕損	100
		月末	3,900

X製品-加工費〈個〉

借方		貸方	
月初	750	完成	26,000
当月	27,300	仕損	100
		月末	1,950

Y製品-原料費〈個〉

借方		貸方	
月初	1,000	完成	18,000
当月	19,000	月末	2,000

Y製品-加工費〈個〉

借方		貸方	
月初	200	完成	18,000
当月	19,300	月末	1,500

2.当月製造費用の配分

1.の生産データの当月投入量に等価係数を掛けた積数によって、当月製造費用を配分します。

(1) 原料費

製品	投入量	等価係数	積数	配分原価[12]
X	27,000個	1	27,000	1,485,000円
Y	19,000個	0.8	15,200	836,000円
			42,200	2,321,000円

(2) **加工費**

製品	投入量	等価係数	積数	配分原価[13]
X	27,300個	1	27,300	737,100円
Y	19,300個	0.6	11,580	312,660円
			38,880	1,049,760円

12) 2,321,000円÷42,200
=@55円
@55円×27,000
=1,485,000円
@55円×15,200
=836,000円

13) 1,049,760円÷38,880
=@27円
@27円×27,300
=737,100円
@27円×11,580
=312,660円

3.各等級製品ごとの原価計算

等級製品ごとに製品原価を計算します。

(1)**X製品**

正常仕損は、完成品負担であるため、次のように計算します。

①**原料費**

$$\frac{1{,}485{,}000\text{円}}{26{,}000\text{個}-3{,}000\text{個}+100\text{個}+3{,}900\text{個}}\times 3{,}900\text{個}=214{,}500\text{円}$$（月末仕掛品）

185,500円＋1,485,000円－214,500円＝1,456,000円（完成品）

②**加工費**

$$\frac{737{,}100\text{円}}{26{,}000\text{個}-750\text{個}+100\text{個}+1{,}950\text{個}}\times 1{,}950\text{個}=52{,}650\text{円}$$（月末仕掛品）

22,750円＋737,100円－52,650円＝707,200円（完成品）

完成品原価：1,456,000円＋707,200円＝2,163,200円

完成品単価：2,163,200円÷26,000個＝@83.2円

(2)**Y製品**

製品原価の計算には積数ではなく、1.の生産データの数値を用います。

①**原料費**

$$\frac{836{,}000\text{円}}{18{,}000\text{個}-1{,}000\text{個}+2{,}000\text{個}}\times 2{,}000\text{個}=88{,}000\text{円}$$（月末仕掛品）

51,200円＋836,000円－88,000円＝799,200円（完成品）

②**加工費**

$$\frac{312{,}660\text{円}}{18{,}000\text{個}-200\text{個}+1{,}500\text{個}}\times 1{,}500\text{個}=24{,}300\text{円}$$（月末仕掛品）

10,440円＋312,660円－24,300円＝298,800円（完成品）

完成品原価：799,200円＋298,800円＝1,098,000円

完成品単価：1,098,000円÷18,000個＝@61円

Section 3のまとめ

■等級別総合原価計算とは　等級別総合原価計算とは、等級別に区別できるような同種製品を連続生産するという生産形態をとる場合に適用される方法です。

■等価係数　1つの等級品を基準品として、基準品にかかる原価を1としたとき、他の等級品の原価のかかり具合を表すものです。

■等級品　同じ種類で大きさや重さが違う製品のことです。

■積数　各等級品量を基準品量に換算したものです。

積　数 ＝ 等級品量 × 等価係数

■計算方法　①単純総合原価計算に近い等級別計算(A：月末仕掛品に等価係数を加味しない方法)

完成品の製造原価(総合原価)は、等価係数を用いた積数によって配分します。

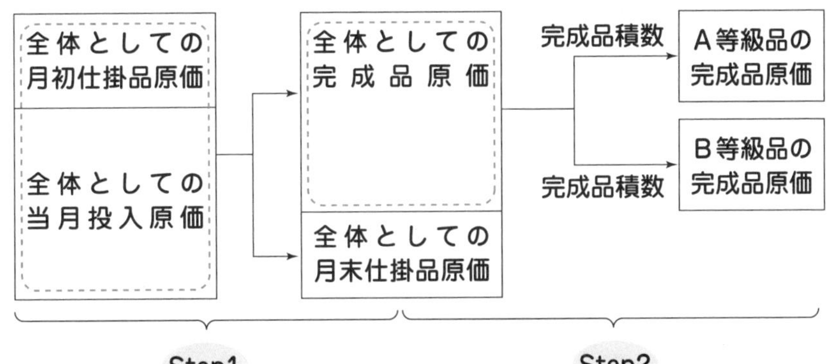

②単純総合原価計算に近い等級別計算(B：月末仕掛品にも等価係数を加味する方法)

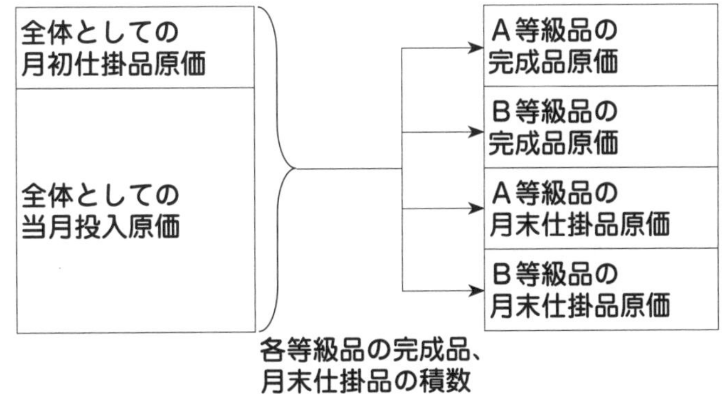

③組別総合原価計算に近い等級別計算

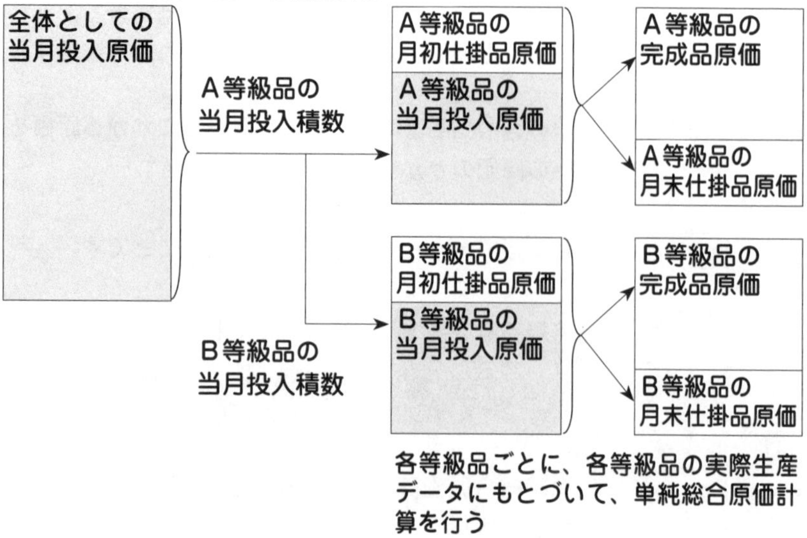

全体としての
当月投入原価

A等級品の
当月投入積数

B等級品の
当月投入積数

A等級品の
月初仕掛品原価

A等級品の
当月投入原価

A等級品の
完成品原価

A等級品の
月末仕掛品原価

B等級品の
月初仕掛品原価

B等級品の
当月投入原価

B等級品の
完成品原価

B等級品の
月末仕掛品原価

各等級品ごとに、各等級品の実際生産データにもとづいて、単純総合原価計算を行う

連産品原価計算

はじめに

連産品は「連結生産品」の略称で、例えば、原油を精製するとガソリン・灯油・重油・軽油などが産出されます。また、食肉を加工するとロース・ヒレ・バラ肉などが産出されます。これらは一つの原料から連結して生産され、これらのうちの１種類の製品だけを生産しようと思っても、必ず他の製品も産出されてしまうという特徴があります。このSectionでは、連産品の原価計算は、どのように行ったらよいのかを見ていきましょう。

1 連産品とは

同一工程において、**同一原料から必然的に生産**[01]され、また、**相互に主副の区別ができない複数製品**を**連産品**といいます。

例えば、原料として原油を投入し、これを精製すると、ガソリン、重油、軽油、灯油などが生成されます。特に軽油だけを生産しないということは不可能です。これらは典型的な連産品です[02]。

01)「必然的に生産される」とは、他の物品の生産過程で必ず発生し、意図的に生産しないということができないことです。意図的に３段ボックスの家具のみを作れる等級別原価計算と異なります。

02) ガソリン、重油、軽油、灯油のすべてを連産品といいます。

2 連結原価

各連産品が分離されるまでに共通的に発生した原価を、連結原価(ジョイントコスト)といいます。各連産品の製造原価を算定するためには、連結原価を配分する必要があります。このとき連結原価を配分するために、**正常市価基準**を用います。

正常市価基準とは、正常市価にもとづく等価係数[03]**を利用して連結原価を配分する方法**です。

このような考え方を**負担能力主義**といいます。

03) 等級別原価計算は、原価のかかった割合を等価係数にするのに対して、連産品では各製品の市価(売価)を等価係数として用います。

【例４－１】を用いて正常市価基準によって、連結原価を配分してみましょう。

例4-1

次の資料から正常市価基準によって連結原価を配分し、連産品Ａ、Ｂの原価を求めなさい。当工場では、結合生産工程始点において原料Ｘを投入して加工を行い、終点で製品ＡとＢに分離している。

			製品A	製品B
連結原価	80,000円	生産量	150kg	50kg
		正常市価	@500円	@1,000円

	製品A	製品B
正常市価基準	48,000円	32,000円

正常市価基準の場合、生産量×正常市価を基準として連結原価を配分します。

製品Ａ：$\dfrac{80{,}000円}{75{,}000円+50{,}000円} \times 75{,}000円^{04)} = 48{,}000円$

製品Ｂ：$\dfrac{80{,}000円}{75{,}000円+50{,}000円} \times 50{,}000円^{05)} = 32{,}000円$

04) @500円×150kg
=75,000円

05) @1,000円×50kg
=50,000円

連産品原価計算

当社では、連産品Ｘ、Ｙ、Ｚおよび副産物Ｂを生産し、販売している。以下に示す資料にもとづき、各問に答えなさい。

■資　料■

1．当月の生産データ

月初仕掛品	300 kg	(0.5)
当月投入	3,200	
合　計	3,500 kg	
月末仕掛品	500	(0.4)
副産物	200	(1)
完成品	2,800 kg	

（注）(　　)内の数値は仕上り程度を表している。また、直接材料は工程の始点ですべて投入された。

2．原価データ

	原料費	加工費	合計
月初仕掛品原価	32,400円	13,860円	46,260円
当月投入原価	368,000円	301,340円	669,340円

なお、完成品と月末仕掛品への原価配分方法は平均法を用いること。

3．副産物Ｂについて

副産物Ｂは工程の終点で分離される。したがって、完成品総合原価から評価額を控除する。なお、副産物Ｂの評価額は@113.5円である。

4．連産品について

資料1の完成品 2,800kgは連産品で、工程の終点で連産品X、Y、Zに分離される。当月の各連産品の生産量および正常市価は下記のとおりである。各連産品に対する連結原価の配賦は負担能力主義にもとづく方法による。

	生産量	正常市価
連産品X	1,400 kg	@ 700 円
連産品Y	800 kg	@ 600 円
連産品Z	600 kg	@ 500 円

問1　解答用紙にしたがって、月末仕掛品原価総額を求めなさい。

問2　副産物Bの評価額総額を求めなさい。

問3　連結原価総額を求めなさい。

問4　各連産品の連結原価配賦額および単位原価を求めなさい。

問1　月末仕掛品原価総額 ＿＿＿＿円　内訳　原料費 ＿＿＿＿円
加工費 ＿＿＿＿円
問2　副産物評価額総額 ＿＿＿＿円
問3　連結原価総額 ＿＿＿＿円
問4　連結原価配賦額
連産品X ＿＿＿＿円　(@＿＿＿＿円)
連産品Y ＿＿＿＿円　(@＿＿＿＿円)
連産品Z ＿＿＿＿円　(@＿＿＿＿円)

問1　月末仕掛品原価総額 76,900円　内訳　原料費 57,200円
加工費 19,700円
問2　副産物評価額総額 22,700円
問3　連結原価総額 616,000円
問4　連結原価配賦額
連産品X 343,000円　(@ 245 円)
連産品Y 168,000円　(@ 210 円)
連産品Z 105,000円　(@ 175 円)

本問は連産品に関する計算ですが、連結原価の配賦までは単純総合原価計算を行います。計算手順は下記のとおりです。

1．連結原価総額の計算

原料費（加工費）　平均法

	借方	貸方		
32,400円 （13,860円）	月初 300 kg (150 kg)	完成 2,800 kg (2,800 kg)	343,200円 （295,500円）	638,700円 △ 22,700円*2 616,000円*3
368,000円 （301,340円）	当月 3,200 kg (3,050 kg)	副産物 200 kg (200 kg)		
		月末 500 kg (200 kg)	57,200円 （19,700円）	76,900円*1

(1)月末仕掛品原価総額

①原料費単価：$\dfrac{32{,}400\text{円} + 368{,}000\text{円}}{300\,\text{kg} + 3{,}200\,\text{kg}^{06)}} = @114.4\text{円}$

②加工費単価：$\dfrac{13{,}860\text{円} + 301{,}340\text{円}}{150\,\text{kg} + 3{,}050\,\text{kg}^{06)}} = @98.5\text{円}$

③月末仕掛品原料費：@ 114.4 円× 500 kg = 57,200 円
④月末仕掛品加工費：@ 98.5 円× 200 kg = 19,700 円
} 76,900 円 ………… ＊1

06) 副産物は工程の終点発生なので、分母は副産物200 kgを引かない実際の投入量合計とします。

(2)副産物Bの評価額総額：@113.5円× 200kg = 22,700円 ………………… ＊2

(3)連結原価総額：32,400円 + 13,860円（月初仕掛品原価）+ 368,000円 + 301,340円（当月投入原価）− 76,900円（月末仕掛品原価）− 22,700円（副産物評価額）07)
= 616,000円 ……… ＊3

07) 副産物は工程の終点発生なので、評価額は完成品原価から控除します。

2．連結原価配賦額の計算

(1)各連産品の等価積数08)

連産品X：@ 700 円× 1,400 kg =		980,000 円
連産品Y：@ 600 円× 800 kg =		480,000 円
連産品Z：@ 500 円× 600 kg =		300,000 円
等価積数合計		1,760,000 円

08) 負担能力主義にもとづく計算により連結原価を配賦するため、正常市価×生産量により等価積数を求めます。

(2)各連産品への連結原価配賦額

連産品X：$\dfrac{616{,}000\text{円}}{1{,}760{,}000\text{円}} \times 980{,}000\text{円} = 343{,}000\text{円}^{09)}$

連産品Y：$\dfrac{616{,}000\text{円}}{1{,}760{,}000\text{円}} \times 480{,}000\text{円} = 168{,}000\text{円}$

連産品Z：$\dfrac{616{,}000\text{円}}{1{,}760{,}000\text{円}} \times 300{,}000\text{円} = 105{,}000\text{円}$

09) 連結原価配賦額は、各連産品の等価積数（等価係数×生産量）の割合で按分します。

(3)各連産品の完成品単位原価

連産品X：343,000円÷1,400kg＝@245円[10)]
連産品Y：168,000円÷　800kg＝@210円
連産品Z：105,000円÷　600kg＝@175円

10)完成品単位原価は、等価積数ではなく、実際の生産量で割って求めます。等価積数は連結原価の配賦額を計算するためだけに使います。等級別総合原価計算と同様、間違えやすいので注意しましょう。

Section 4のまとめ

■連　産　品　同一材料、同一工程から必然的に生じる種類の異なる製品のことです。各連産品は互いに主副の区別ができません。

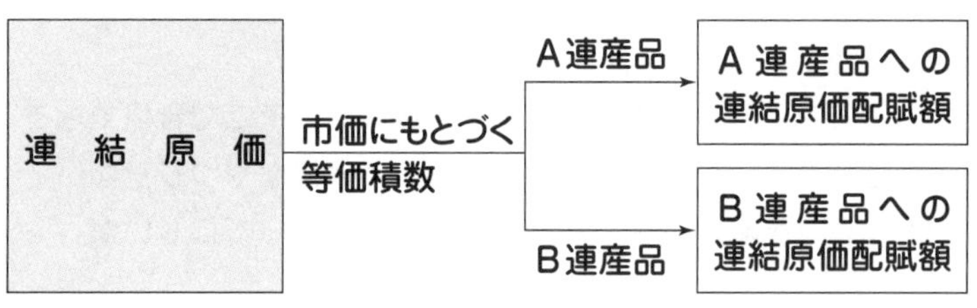

コラム 強者は守れ！ 弱者は攻めろ！

「自分は弱者なのか強者なのか」

この問いかけを試験前に行っておかなければならない。

それによって試験に対する戦術が違ってくるのだから。

自分が合格に十分の実力のある強者なら、慎重に慎重に、精密機械のごとく慎重に、さらに少し鈍重なくらいのペースにして、１点１点を確実に積み重ねていくことが必要になる。

決して冒険などしてはいけない。どちらか迷ったときも失点の少ない方を選択しなければならない。

これが強者の戦術。

これに対して弱者はどうすべきか。

自分が弱者なら、一発逆転を狙わなければいけない。大胆に派手に、問題を攻めて攻めて仮説をたて、大きな点を取りにいく。

決して安全策を取ってはいけない。どちらか迷ったときにも勝負に出る。

これが弱者の戦略。

強者が弱者の戦略を取ってしまって落ちるのを、私は「自滅」と呼んでいる。

そしてけっこうな人数が毎回の試験で自滅する。

そこに弱者が付け入る隙ができる。

弱者が、正しく弱者の戦略を取り、少しの幸運が手伝うと、そこで合格できる。

弱者だからといって合格できないほど、試験というのは律儀なやつじゃない。

でも、もちろん皆さんには強者の戦術が取れるようにがんばってほしいが。

Chapter 6

工業簿記の財務諸表

工業簿記の財務諸表の全体像

ココがPOINT!!

工業簿記の損益計算書

損益計算書の売上総利益までを商業簿記と工業簿記とで比べてみましょう。

〈商業簿記〉

Ⅰ 売 上 高		xxxxx
Ⅱ 売 上 原 価		
1．期首商品棚卸高	xx	
2．当期商品仕入高	xxx	
計	xxxxx	
3．期末商品棚卸高	x	xxxx
売上総利益		x

〈工業簿記〉

Ⅰ 売 上 高		xxxxx
Ⅱ 売 上 原 価		
1．期首製品棚卸高	xx	
2．当期製品製造原価	xxx	
計	xxxxx	
3．期末製品棚卸高	x	xxxx
売上総利益		x

つまり、違いは「商品」が「製品」となり、「仕入高」が「製造原価」となっているという2点だけなのです。

では見ていきましょう。

Section 1

重要度 ★★★★★

損益計算書と貸借対照表

はじめに

全経家具も工場を建ててから1年が経ち、決算となりました。
決算では損益計算書や貸借対照表を作りますが、どうやら工業簿記(製造業)独特の形式があるようです。それらについて見ていきましょう。

1 工業簿記の財務諸表

製造業も商品売買業と同様に、会計年度末には外部報告用に損益計算書や貸借対照表を作成しますが、製品を製造して販売するのでとくに損益計算の売上原価の項目が商業簿記と異なります。

〈製　造　業〉

〈商品売買業〉

2 損益計算書

製造業の損益計算書と商品売買業の損益計算書[01]とでは、売上原価の表示方法に違いがあります。

製造業では製造活動の結果、生産された製品を販売するため、損益計算書の売上原価の表示でも、期首製品棚卸高(期首に売れ残っていた製品の金額)に、当期製品製造原価(当期に完成した製品の製造原価)を加え、ここから期末製品棚卸高(期末に売れ残った製品の金額)を差し引くことによって売上原価を示します[02]。

01) 損益計算書
Ⅰ　売　上　高
Ⅱ　売　上　原　価
　1　期首商品棚卸高
　2　当期商品仕入高
　　合　計
　3　期末商品棚卸高
　　売上総利益
Ⅲ　販売費及び一般管理費
　　営　業　利　益

02) 期首仕掛品原価や期末仕掛品原価は損益計算書には表れません。

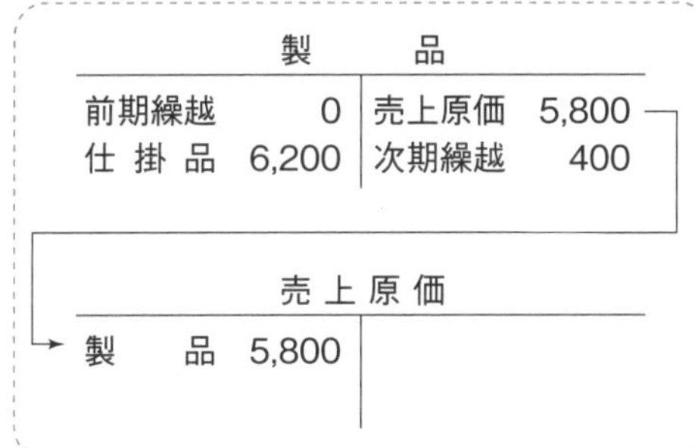

損益計算書(製造業)

Ⅰ 売上高		10,000
Ⅱ 売上原価		
1 期首製品棚卸高	0	
2 当期製品製造原価	6,200	
合計	6,200	
3 期末製品棚卸高	400	5,800
売上総利益		4,200
Ⅲ 販売費・一般管理費		1,000
営業利益		3,200

3 貸借対照表

製造業の貸借対照表には、流動資産の項目に**製品**、**材料**、**仕掛品**といった製造業特有の**棚卸資産**[03]が記載されます。

03)数量的に数えられる資産です。決算にさいし棚卸をするので棚卸資産と理解しておきましょう。

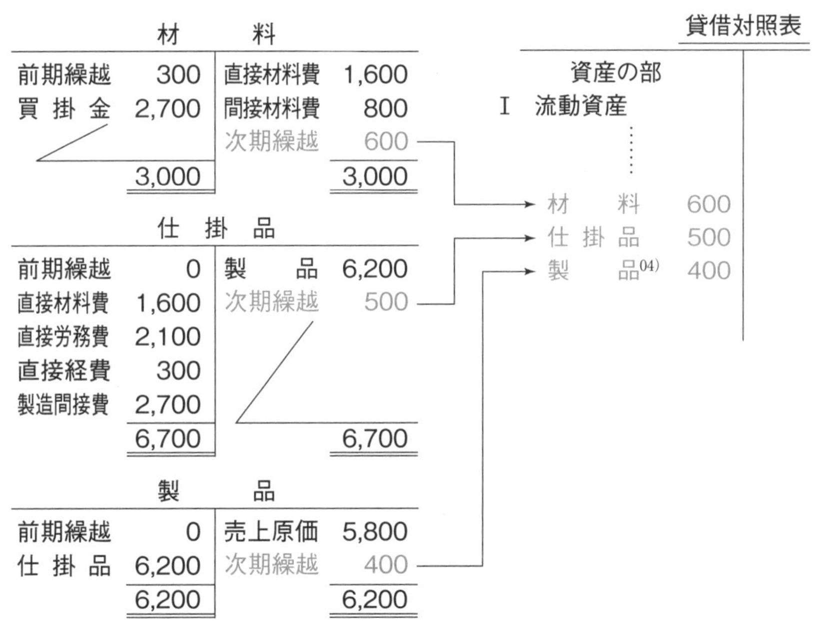

04)正しくは製品 → 材料 → 仕掛品の順ですが、とくに気にすることはないでしょう。

※Try itは次のSection 2の内容とあわせてSection 2に収載しています。

Section 1のまとめ

■**損益計算書**　Ⅱ売上原価は製品勘定の動きを表します。

■**貸借対照表**　材料、仕掛品、製品の次期繰越の額が記載されます。

Section 2
重要度 ★★★☆☆

製造原価報告書

はじめに

あなたは全経家具の損益計算書と貸借対照表を作成しましたが、製造業はそれだけではダメなようです。
当期に完成した製品の製造原価の明細を示す製造原価報告書の作成も必要なようです。では、製造原価報告書はどのようにして作成すればいいのでしょうか。

1 製造原価報告書とは

製造業の損益計算書にある当期製品製造原価(当期に完成した製品の製造原価)は、当期の製品の製造活動について原価計算を行うことにより算定したものです。その**当期の製造活動の内容を明らかにするための報告書**[01]として、製造原価報告書(せいぞうげんかほうこくしょ)[02]を作成します。

工業簿記においては、当期の製造活動は仕掛品勘定に記録されているため、製造原価報告書は**仕掛品勘定を表したもの**となり、次の2種類の形式があります。

01)製造原価報告書は、当期製品製造原価の明細書です。
したがって末尾は当期製品製造原価となります。

02)製造原価明細書ともいいます。

2 材料費、労務費、経費の分類による製造原価報告書

材料

前期繰越	300	直接材料費	1,600
買掛金	2,700	間接材料費	800
		次期繰越	600
	3,000		3,000

賃金・給料

賃金	2,100	直接労務費	2,100
給料	700	間接労務費	700
	2,800		2,800

経費

外注加工賃	300	直接経費	300
水道光熱費	500	間接経費	1,100
減価償却費	600		
	1,400		1,400

製造間接費

間接材料費	800	配賦高	2,700
間接労務費	700		
水道光熱費	500		
減価償却費	600		
製造間接費配賦差異	100		
	2,700		2,700

仕掛品

前期繰越	0	製品	6,200
直接材料費	1,600	次期繰越	500
直接労務費	2,100		
直接経費	300		
製造間接費	2,700		
	6,700		6,700

製造原価報告書

Ⅰ 材料費[03]		
期首材料棚卸高	300	
当期材料仕入高	2,700	
合計	3,000	
期末材料棚卸高	600	
当期材料費		2,400
Ⅱ 労務費[04]		
賃金	2,100	
給料	700	
当期労務費		2,800
Ⅲ 経費		
外注加工賃	300	
水道光熱費	500	
減価償却費	600	
当期経費		1,400
合計		6,600
製造間接費配賦差異		100[05]
当期総製造費用		6,700
期首仕掛品棚卸高		0
合計		6,700
期末仕掛品棚卸高		500
当期製品製造原価[06]		6,200

03)直接材料費、間接材料費の両方を含みます。

04)直接労務費、間接労務費の両方を含みます。

05)製造間接費について、「実際発生額＜予定配賦額」となり、有利差異となるため、配賦差異をプラスして当期製造費用を計算することになります。

06)損益計算書の売上原価の算定にさいして表示される項目となります。

3 製造直接費、製造間接費の分類による製造原価報告書

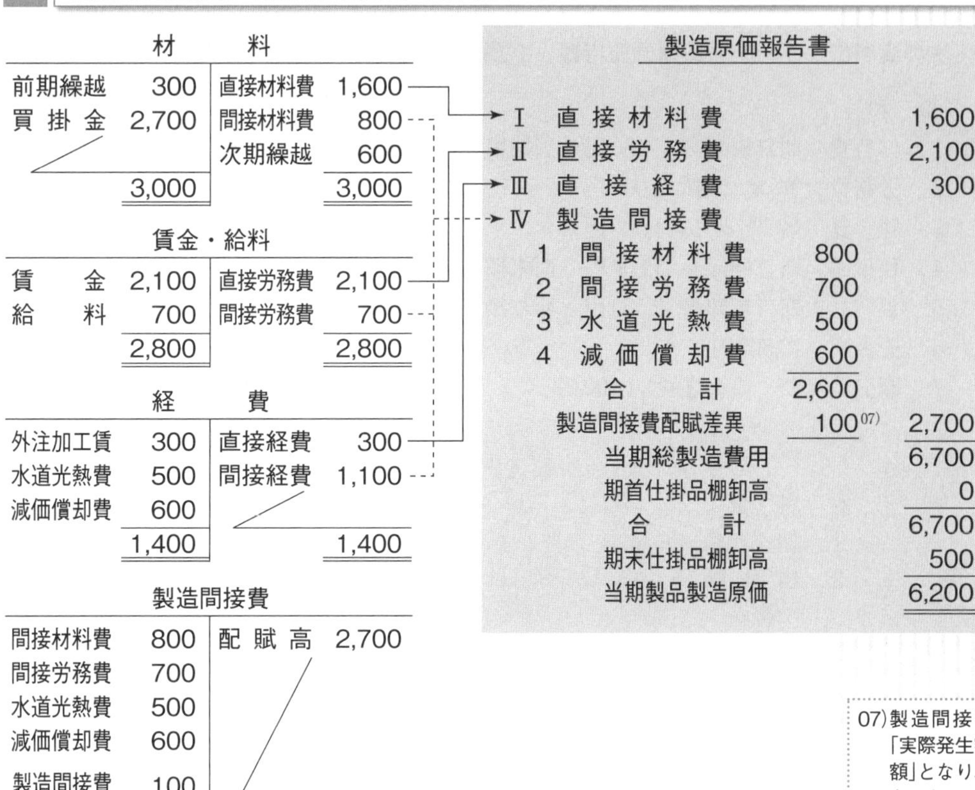

材　料

前期繰越	300	直接材料費	1,600
買掛金	2,700	間接材料費	800
		次期繰越	600
	3,000		3,000

賃金・給料

賃金	2,100	直接労務費	2,100
給料	700	間接労務費	700
	2,800		2,800

経　費

外注加工賃	300	直接経費	300
水道光熱費	500	間接経費	1,100
減価償却費	600		
	1,400		1,400

製造原価報告書

Ⅰ　直接材料費		1,600
Ⅱ　直接労務費		2,100
Ⅲ　直接経費		300
Ⅳ　製造間接費		
1　間接材料費	800	
2　間接労務費	700	
3　水道光熱費	500	
4　減価償却費	600	
合　計	2,600	
製造間接費配賦差異	100[07]	2,700
当期総製造費用		6,700
期首仕掛品棚卸高		0
合　計		6,700
期末仕掛品棚卸高		500
当期製品製造原価		6,200

製造間接費

間接材料費	800	配賦高	2,700
間接労務費	700		
水道光熱費	500		
減価償却費	600		
製造間接費配賦差異	100		
	2,700		2,700

仕　掛　品

前期繰越	0	製品	6,200
直接材料費	1,600	次期繰越	500
直接労務費	2,100		
直接経費	300		
製造間接費	2,700		
	6,700		6,700

07) 製造間接費について、「実際発生額＜予定配賦額」となり、有利差異となるため、配賦差異をプラスして当期製造費用を計算することになります。

この形式によると、各費目を製造直接費の消費額と製造間接費の消費額とに分類する必要があります。また**製造間接費の金額は内訳を示すために**いったん実際発生額で表示し、そこに製造間接費配賦差異を加減算して予定配賦額で当期総製造費用を計算することになります。

なお、原価差異は損益計算書で調整されます。ここでは、100円の有利差異が生じているので、損益計算書の売上原価からマイナスすることになります。

財務諸表の作成

次の資料により、(1)製造原価報告書、(2)損益計算書、(3)貸借対照表を作成しなさい。

〔資　料〕

1．材料費：期首棚卸高　750円　当期購入高　4,200円　期末棚卸高　850円
2．労務費：賃 金 支 払　3,900円
3．経　費：当 期 支 払　1,500円
4．仕掛品：期首棚卸高　1,800円　期末棚卸高　2,300円
5．製　品：期首棚卸高　2,500円　期末棚卸高　1,500円
6．売上高：12,500円
7．販売費及び一般管理費：1,100円

(1)

製造原価報告書　（単位：円）

Ⅰ．材　料　費		
1．期首棚卸高	(　　)	
2．当期購入高	(　　)	
合　計	(　　)	
3．期末棚卸高	(　　)	
当期材料費		(　　)
Ⅱ．労　務　費		
1．賃　　金		
当期労務費		(　　)
Ⅲ．経　　費		
当　期　経　費		(　　)
当期総製造費用		(　　)
期首仕掛品棚卸高		(　　)
合　計		(　　)
期末仕掛品棚卸高		(　　)
当期製品製造原価		(　　)

(2)

損 益 計 算 書　（単位：円）

Ⅰ．売　上　高		(　　)
Ⅱ．売　上　原　価		
1．期首製品棚卸高	(　　)	
2．当期製品製造原価	(　　)	
合　計	(　　)	
3．期末製品棚卸高	(　　)	(　　)
売上総利益		(　　)
Ⅲ．販売費及び一般管理費		(　　)
営業利益		(　　)

(3)

貸 借 対 照 表　（単位：円）

製　　品	(　　)	
材　　料	(　　)	
仕 掛 品	(　　)	

(1) 製造原価報告書（単位：円）

Ⅰ．材料費		
1．期首棚卸高	（ 750）	
2．当期購入高	（ 4,200）	
合計	（ 4,950）	
3．期末棚卸高	（ 850）	
当期材料費		（ 4,100）
Ⅱ．労務費		
1．賃金		
当期労務費		（ 3,900）
Ⅲ．経費		
当期経費		（ 1,500）
当期総製造費用		（ 9,500）[08]
期首仕掛品棚卸高		（ 1,800）
合計		（11,300）
期末仕掛品棚卸高		（ 2,300）
当期製品製造原価		（ 9,000）

(2) 損益計算書（単位：円）

Ⅰ．売上高		（12,500）
Ⅱ．売上原価		
1．期首製品棚卸高	（ 2,500）	
2．当期製品製造原価	（ 9,000）	
合計	（11,500）	
3．期末製品棚卸高	（ 1,500）	（10,000）
売上総利益		（ 2,500）
Ⅲ．販売費及び一般管理費		（ 1,100）
営業利益		（ 1,400）

(3) 貸借対照表（単位：円）

製品	（1,500[09]）
材料	（ 850[09]）
仕掛品	（2,300[09]）

08) 4,100円＋3,900円＋1,500円＝9,500円

09) 各科目の期末棚卸高を記入します。

Section 2のまとめ

■製造原価報告書

製造原価報告書（単位：円）

Ⅰ．直接材料費	1,100
Ⅱ．直接労務費	300
Ⅲ．製造間接費	400
当期総製造費用	1,800
期首仕掛品棚卸高	300
合計	2,100
期末仕掛品棚卸高	100
当期製品製造原価	2,000

損益計算書（単位：円）

Ⅰ．売上高		2,500
Ⅱ．売上原価		
1．期首製品棚卸高	0	
2．当期製品製造原価	2,000	
合計	2,000	
3．期末製品棚卸高	500	1,500
売上総利益		1,000

内訳を示している

▶工業簿記の構造

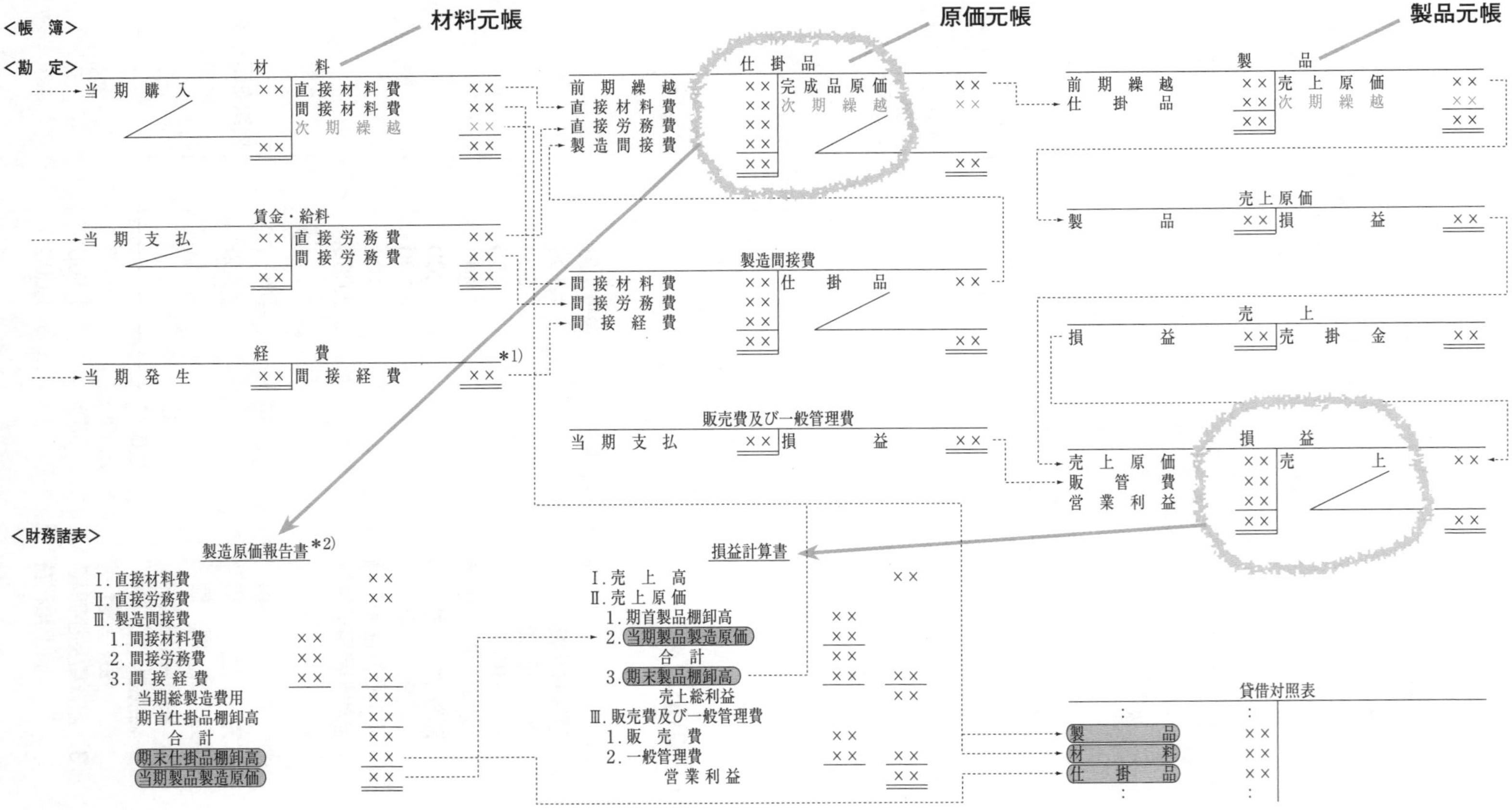

<帳　簿>

<勘　定>

材料元帳

材　料

当期購入	××	直接材料費	××
		間接材料費	××
		次期繰越	××
	××		××

賃金・給料

当期支払	××	直接労務費	××
		間接労務費	××
	××		××

経　費

当期発生	××	間接経費	××*1)

原価元帳

仕掛品

前期繰越	××	完成品原価	××
直接材料費	××	次期繰越	××
直接労務費	××		
製造間接費	××		
	××		××

製造間接費

間接材料費	××	仕掛品	××
間接労務費	××		
間接経費	××		
	××		××

販売費及び一般管理費

当期支払	××	損益	××

製品元帳

製　品

前期繰越	××	売上原価	××
仕掛品	××	次期繰越	××
	××		××

売上原価

製品	××	損益	××

売　上

損益	××	売掛金	××

損　益

売上原価	××	売上	××
販管費	××		
営業利益	××		
	××		××

<財務諸表>

製造原価報告書*2)

Ⅰ.直接材料費		××
Ⅱ.直接労務費		××
Ⅲ.製造間接費		
1.間接材料費	××	
2.間接労務費	××	
3.間接経費	××	××
当期総製造費用		××
期首仕掛品棚卸高		××
合計		××
期末仕掛品棚卸高		××
当期製品製造原価		××

損益計算書

Ⅰ.売上高		××
Ⅱ.売上原価		
1.期首製品棚卸高	××	
2.当期製品製造原価	××	
合計	××	
3.期末製品棚卸高	××	××
売上総利益		××
Ⅲ.販売費及び一般管理費		
1.販売費	××	
2.一般管理費	××	××
営業利益		××

貸借対照表

:	:
製品	××
材料	××
仕掛品	××
:	:

＊1）本記入例では、当期には直接経費は発生しなかったものと仮定しています。

＊2）本記入例の製造原価報告書は、製造直接費・製造間接費を区別して示す形式のもので作成しました。

Chapter 7

標準原価計算

標準原価計算の全体像

ココがPOINT!!

標準原価計算とは

これまで学習してきた総合原価計算では、１カ月あたりで原価と生産量を集計して製品単価を計算していました。

ところで、原価の１つである労務費(給料)について考えてみましょう。

２月は28日しかありませんが、３月は31日あります。それでも１カ月分の給料が発生することに変わりはありません。ということは、通常、生産量は(工場の稼動)日数に比例するので、２月のほうが３月より生産量が少ないにもかかわらず、３月と同額の給料(原価)が発生するので、当然に「２月にできた製品の単価は高い」ということになるでしょう。

それなら「２月にできた製品は３月にできた製品よりも高く販売できるか」というと、スナック菓子や缶ジュースを作っている中では、月ごとに売価を変更していくなんて不可能でしょう。

そこで、年単位で「この製品は、○円の材料Ｘkgを使い、加工に△時間を使って完成するから、完成品原価は○○円になるはずだ！それが正しい！」と、標準となる原価の額を決めておきます。そうして実際に作った結果、実際に発生した原価とを比べて差額(差異といいます)の原因を分析するのです。

このように、標準原価と実際原価の差異を分析し「なぜ原価がかかりすぎたのか(誰の責任か)」といったことを示すのが標準原価計算です。

１級の合格には必須の内容です。頑張っていきましょう！

標準原価計算のポイント

はじめに

全経家具はメーカーとなって、早くも２年目をむかえることになりました。昨年を振り返ってみると、メーカーとなる前よりもコスト高となり、利益率が悪化しています。そのため、今年はコストダウンに取り組まないといけません。「標準原価計算を導入すると、コスト削減ができる」と聞いたあなたは、標準原価計算を導入してみることを考えはじめたのです。

1 標準原価計算とは

標準原価計算は、**標準原価**と呼ばれる原価発生の目標を決め、実際原価が標準原価に近づくように努力することで、コスト・ダウンを達成しようとする方法です[01]。

01)私たちも学習計画(目標)を立てて日々の学習が目標に追いつくように努力したり、目標体重を決めてダイエットするなどの努力を行いますね。それと同じことなのです。

2 標準原価計算の一連の手続き

標準原価計算は、次のような流れで行われます。実際原価計算では、実際製造原価をもとに毎月製品原価を計算する必要があります。しかし、標準原価計算では、あらかじめ製品原価を計算しておき、毎月それを用いて記帳するので、計算・記帳の手間が少なくてすむのです。

このプロセスは大事なので頭に入れておきましょう。

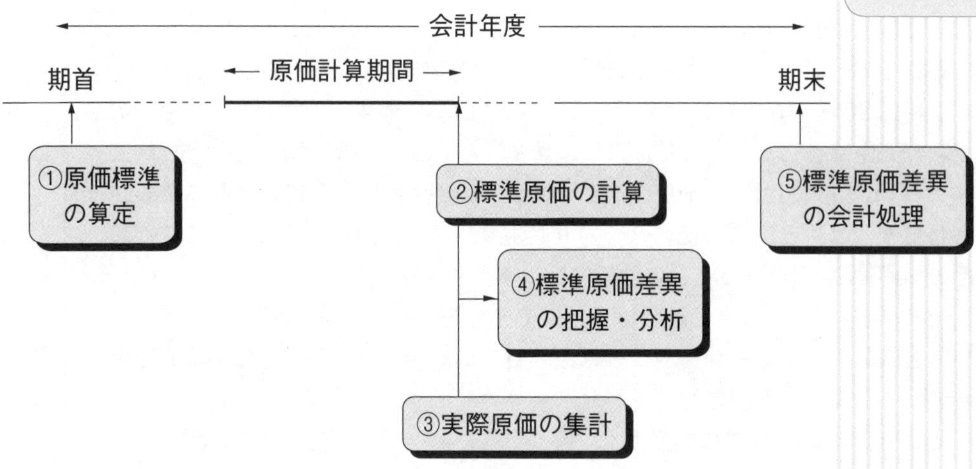

製品**1**個あたりの**標準原価**を原価標準といい、製品ごとにまとめたものを**標準原価カード**といいます。原価標準は「製品1個を作るためにはこれ以内に収めなければならない」という原価発生の目標値のことです。

製品A標準原価カード

標準直接材料費	標準価格	×	標準消費量	
	50円／kg		8kg	400円
標準直接労務費	標準賃率	×	標準直接作業時間	
	60円／時間		10時間	600円
標準製造間接費	標準配賦率	×	標準直接作業時間	
	40円／時間		10時間	400円
製品A標準製造原価				1,400円

(1)製品1個あたりの標準直接材料費

製品1個あたりの標準直接材料費 ＝ 直接材料の標準単価 × 製品1個あたりの標準直接材料消費量

①**標準単価**：材料相場の変動を見越して定めた消費価格。

②**標準消費量**：製品1個あたりの目標材料消費量。ムダなく使えば製品Aは8kgの材料で作ることができることを意味しています。

(2)製品1個あたりの標準直接労務費

製品1個あたりの標準直接労務費 ＝ 直接工の標準賃率 × 製品1個あたりの標準直接作業時間

①**標準賃率**：直接作業のあるべき消費賃率。

②**標準作業時間**：製品1個あたりの目標作業時間。ムダなく作業すれば製品Aは 10時間で作ることができることを意味しています。

(3)製品1個あたりの標準製造間接費

製品1個あたりの標準製造間接費 ＝ 製造間接費の標準配賦率 × 製品1個あたりの標準操業度

①**標準配賦率**：過去の実績に将来の変動を加味して定められた操業度1単位あたりの配賦額。

②**標準操業度**：製造間接費の配賦基準に直接作業時間を用いている場合には、製品1個あたりの標準直接作業時間となります。

3 原価標準にもとづいた完成品原価、月末仕掛品原価の計算

標準原価計算では、あらかじめ製品1個あたりの標準原価を計算しておき、当月の生産が終わると、それに生産量を掛けて完成品原価や月末仕掛品原価を計算します。

前月も当月も原価標準（単価）は変わらないため、平均法、先入先出法といった原価配分は行いません。

(1)完成品原価の算定

製品1個あたりの標準原価(**原価標準**)**に完成品数量を掛けて計算**します。

完成品原価 ＝ 製品1個あたりの標準原価 × 完成品量

内訳
- **直接材料費分**：製品1個あたりの標準直接材料費×完成品数量
- **直接労務費分**：製品1個あたりの標準直接労務費×完成品数量
- **製造間接費分**：製品1個あたりの標準製造間接費×完成品数量

(2)月末仕掛品の算定

月末仕掛品原価も、完成品原価と同様に標準原価により計算します。そのさいの**加工費(直接労務費・製造間接費)の計算では、完成品換算量を用いて計算**します。

月末仕掛品原価 ＝ 製品1個あたりの標準原価 × 月末仕掛品数量（および完成品換算量）

内訳
- **直接材料費 ＝ 製品1個あたりの標準直接材料費 × 月末仕掛品数量**[02)]
- **直接労務費 ＝ 製品1個あたりの標準直接労務費 × 月末仕掛品完成品換算量**
- **製造間接費 ＝ 製品1個あたりの標準製造間接費 × 月末仕掛品完成品換算量**

02)直接材料が加工に応じて平均的に投入された場合には、完成品換算量を用いて計算します。

なお、月初仕掛品は、前月の月末仕掛品であるため、月末仕掛品原価と同様に標準原価で計算されています。

4 計算方法

例1-1

次の資料を参照し、完成品原価と月末仕掛品原価を求めなさい。

1．製品A1個あたりの標準原価

製品A標準原価カード

標準直接材料費	標準価格	×	標準消費量	
	50円／kg		8kg	400円
標準直接労務費	標準賃率	×	標準直接作業時間	
	60円／時間		10時間	600円
標準製造間接費	標準配賦率	×	標準直接作業時間	
	40円／時間		10時間	400円
製品A標準製造原価				1,400円

2．当月生産量

A製品 { 完成品量　160個
　　　 月末仕掛品　　40個（材料は始点投入、仕上り程度　75%）

仕掛品

月初	0個	完成	160個 （160個）	×@1,400円＝①224,000円
当月	200個 （190個）	月末	40個 （30個）	×@400円　＝②16,000円 ×（@600円＋@400円）＝（③30,000円） ④46,000円

①「**1個あたりの標準原価**」×**完成品数量**で完成品原価が算定されます。

@1,400円×160個＝224,000円

②　材料は始点で投入されているので、仕掛品数量に掛けて計算します。

③　加工費には直接労務費と製造間接費が該当し、完成品換算量を掛けて計算します。

④　②と③の合計で月末仕掛品原価となります。

標準原価は財務諸表の作成にも用いられます。つまり、標準原価計算を行っている企業は、帳簿や財務諸表上の数値も標準原価を使います。それによって、実際原価を用いた場合よりも計算や記帳が簡単かつ迅速になります。

5 実際原価の集計と標準原価差異の把握

(1)期間標準原価の算定

当月投入を標準原価で計算したものを期間標準原価といいます。

【例1-1】の期間標準原価は、以下のようになります。

直接材料費　@400円×200個＝　80,000円
直接労務費　@600円×190個＝114,000円
製造間接費　@400円×190個＝　76,000円
　　　　　　　　　　　　　　270,000円

(2)実際原価の集計

(1)で当月の製造原価は270,000円と計算しましたが、これはあくまで標準値です。つまり、「当月の原価は 270,000円以内でおさめるべきであった」という意味での目標を示します。これに対して、実際にいくらかかったかを、後日別に集計します。

例1-2（例1-1の続き）

次の資料を参照し、当月実際直接材料費、当月実際直接労務費および当月実際製造間接費を示しなさい。

3．当月の実際製造原価は以下のとおりであった。

直接材料費　@52円×1,700kg
直接労務費　@58円×1,938時間
製造間接費　79,140円

実際直接材料費	実際価格	@52円 × 実際消費量	1,700 kg	=	88,400円
実際直接労務費	実際賃率	@58円 × 実際作業時間	1,938 時間	=	112,404円
実際製造間接費	実際発生額				79,140円
実際当月製造原価					279,944円

(3)標準原価差異の把握

当月の実際発生原価と期間標準原価とを比較することにより、**標準原価差異**[03]の金額が判明します。

	標準原価		実際原価		標準原価差異[04]
直接材料費	80,000円[05]	−	88,400円	=	(△)　8,400円
直接労務費	114,000円	−	112,404円	=	(＋)　1,596円
製造間接費	76,000円	−	79,140円	=	(△)　3,140円
	270,000円	−	279,944円	=	(△)　9,944円

当期の実際原価は、目標を9,944円だけ上回ってしまいました。その原因は標準原価差異の分析を行うと判明するのですが、この点は次のSectionで説明します。

03)標準原価計算における差異を、とくに標準原価差異といいます。

04)ここでは、(△)が不利な差異を表し、(＋)が有利な差異を表しています。

05)当月の実際原価に無駄があったかどうかを調べるために、当月のあるべき原価を計算します。
@50円×8kg×200個
（原価標準）（生産データの当月投入量）
＝80,000円
なお、直接労務費、製造間接費については、仕上り程度を加味した当月投入完成品換算量により求めます。

標準原価の計算

下記資料にもとづいて、完成品原価および月末仕掛品原価を求めなさい。

〔資　料〕

1．A製品1個あたり標準原価

直接材料費………	@50円	×	1kg	=	50円
直接労務費………	@2円	×	8時間	=	16円
製造間接費配賦額………	@3円	×	8時間	=	24円
合　計					90円

＊直接材料は、工程の始点ですべて投入されるものとする。

2．製造に関するデータ

(1) 月初仕掛品　なし、月末仕掛品　5個（仕上り程度40%）

(2) 当月製造開始数量　80個、完成品数量　75個

完成品原価　＿＿＿＿＿＿円

月末仕掛品原価　＿＿＿＿＿＿円

完 成 品 原 価 *6,750* 円

月末仕掛品原価 *330* 円

完 成 品 原 価：原価標準 @90円×当月完成品数量 75個＝ 6,750円

月末仕掛品原価：直接材料費原価標準 @50円×月末仕掛品数量5個＋その他の原価標準（@16円＋@24円）×5個×仕上り程度 40%＝330円

Section 1のまとめ

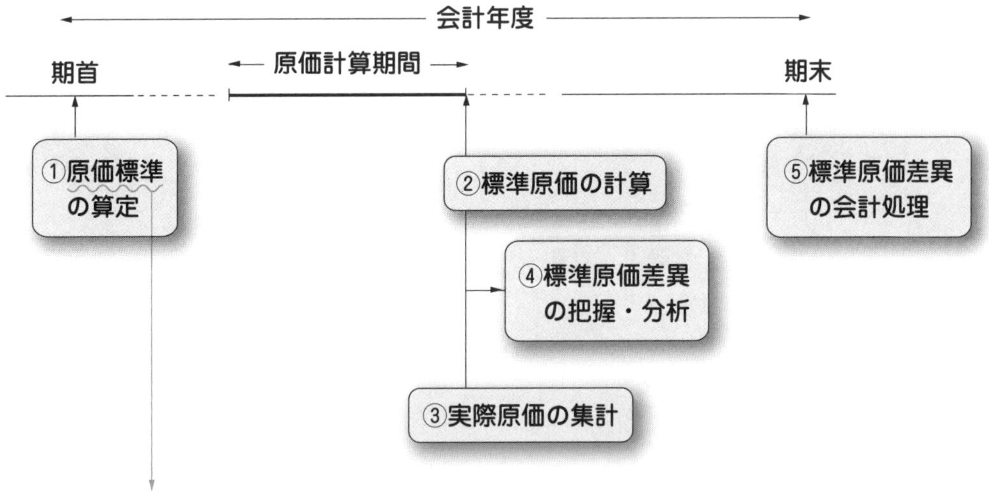

直接材料費	標準単価	×	標準消費量	＝	標準直接材料費
直接労務費	標準賃率	×	標準直接作業時間	＝	標準直接労務費
製造間接費	標準配賦率	×	標準操業度	＝	標準製造間接費
					標準製造原価

直接材料費・直接労務費の差異分析

はじめに

全経家具では標準原価計算を採用しましたが、差異の総額を知るだけでは原価のコントロールに役立てることはできません。大切なのはなぜ差異が発生したかで、その原因が気になります。差異の原因がわかれば、それに合わせた有効な対策を考えることができるからです。
前Sectionでは、材料費について不利差異 8,400円が発生していました。その原因はどこにあったのでしょう。また、労務費については有利差異 1,596円が発生しました。ということは、労務費に関してはムダがなかったと考えてよいのでしょうか。

1 標準原価差異の分析

差異の発生原因を知るためには、**標準原価差異分析**が必要になります。標準原価差異分析は直接材料費、直接労務費、製造間接費のそれぞれについて行います。

2 差異分析のボックス

直接材料費と直接労務費の差異を分析するさいに、次のボックスを用います[01)]。まずは、その構造をご覧ください。

01)金額の計算は「タテ×ヨコ」の面積計算で行います。

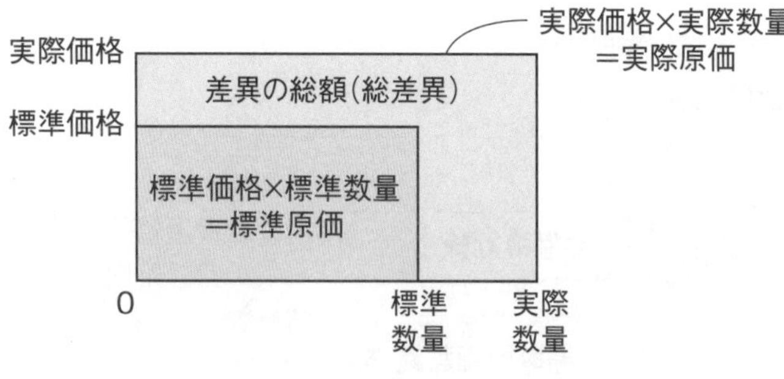

必ず内側を「標準」とし、外側を「実際」としてください。こうすると、不利差異がマイナスの金額、有利差異がプラスの金額で求められ、不利、有利と符号のイメージが一致します。直接労務費についても同じです。

外側が実際原価、内側が標準原価となっています。

したがって、その差の□の部分が差異の総額[02)]となります。この差異を1単位あたりの価格(単価)[03)]に係るものと消費した数量[04)]に係るものに分けることにより、原因を分析します。

02)材料費総差異、労務費総差異と表現することもあります。

03)労務費における価格は1時間あたりの賃率、つまり時給となります。

04)労務費における数量は作業時間となります。

3 直接材料費の差異分析

例2-1

次の資料を参照し、直接材料費総差異を求め、それを材料消費価格差異と数量差異に分析しなさい。

1．製品A 1個あたりの標準原価

製品A標準原価カード			
標準直接材料費	標準価格 ×	標準消費量	
	50円／kg	8kg	400円

2．当月生産量

製品A　完成品量　160個
　　　　月末仕掛品　40個(材料は始点投入、仕上り程度　75%)

3．実際製造原価

直接材料費　@52円×1,700kg＝88,400円

標準直接材料費総差異は、次のように計算します。

	標準原価		実際原価		標準原価差異(総差異)
〔直接材料費〕	80,000円[05]	−	88,400円	＝	△8,400円

この差異を次のように分析することで、その発生原因がわかります。

(1)**材料消費価格差異**(ざいりょうしょうひかかくさい)：標準価格と実際価格との差に、実際消費数量を掛けて計算します。

材料消費価格差異 ＝ (標準価格 − 実際価格) × 実際消費数量

不利(有利)差異は、**材料を高い(低い)価格で購入したことによる材料費の超過額(節約額)**を表します[06]。

(2)**数量差異**(すうりょうさい)[07]：標準消費数量と実際消費数量との差に、標準価格を掛けて計算します。

数量差異 ＝ 標準価格 ×（標準消費数量－実際消費数量）

不利(有利)差異は、**材料を多く使いすぎた(あまり使わなかった)ことによる材料費の超過額(節約額)**を表します[08]。

材料消費価格差異：(50円 − 52円) × 1,700kg ＝△ 3,400円
　　　　　　　　　標準価格　実際価格　　実際消費量
数　量　差　異：50円 × (1,600kg − 1,700kg) ＝△ 5,000円
　　　　　　　　標準価格　標準消費量　実際消費量
標準直接材料費総差異　△ 8,400円

05) 当月投入量：160個＋40個＝200個
200個×50円/kg×8kg＝80,000円

06) 材料価格の相場の変動などにより発生します。材料の購買担当者の責任(業績)となります。

07) 消費量差異ともいいます。

08) 工員の失敗や機械の不良などが原因です。工程管理者の責任(業績)となります。

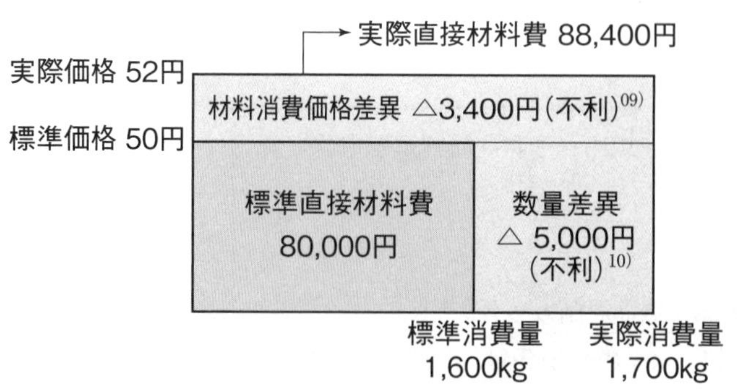

この例では、材料を今より安く、標準価格 50円で購入できれば、3,400円だけ材料費を引き下げられ、材料の使い方を工夫して標準消費量1,600kgですませれば、5,000円だけ材料費の引き下げを図ることができるということがわかります。

これを勘定連絡で見ると、次のようになります。

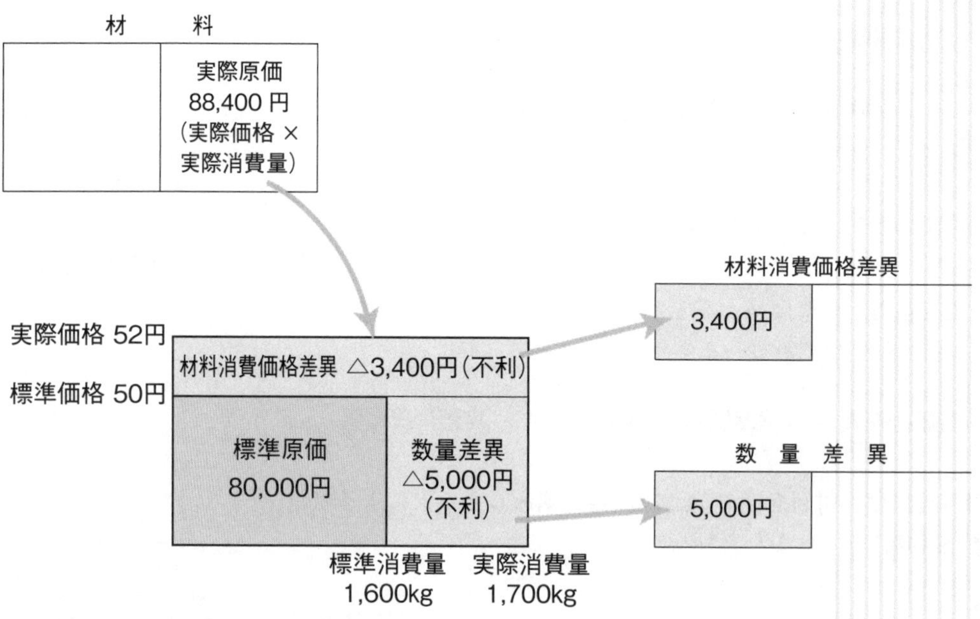

この図を商業簿記の棚卸減耗費等を算定したときの図と混同しないでください。
工業簿記の図 ┬ は、工業簿記の「工」の字になっていると覚えておきましょう。

09) 50円(標準価格)で買えるはずの材料を52円(実際価格)で買って使ったので、材料の実際消費量1kgあたり2円損しています。

10) 1,600kg(標準消費量)で完成させられるはずが1,700kg(実際消費量)も使ってしまったので標準単価50円の材料を100kg損したことになります。

標準原価差異の分析

次の資料にもとづいて、直接材料費の原価差異分析図の空欄に数値を入れなさい。不利な差異は「△」で示しなさい。

〔資　料〕

1．原価標準

直接材料費……@60円×８kg＝480円

2．生産データ

当月完成量　210個

月末仕掛品　30個(仕上り程度 40 %)

月初仕掛品　40個(仕上り程度 60 %)

【注】材料は工程始点で投入した。

3．実際原価データ

実際直接材料費　102,300円(単価@62円)

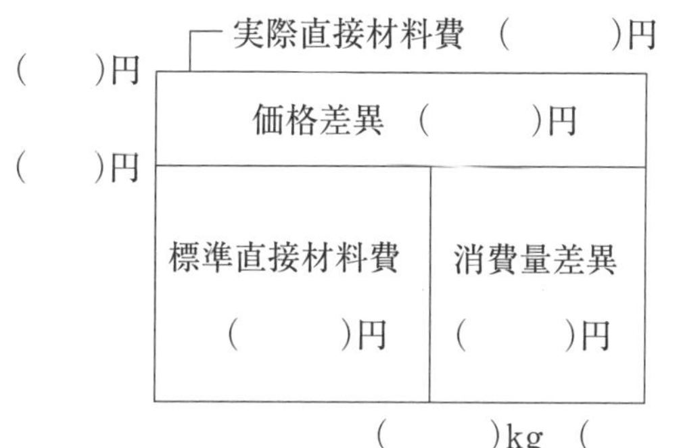

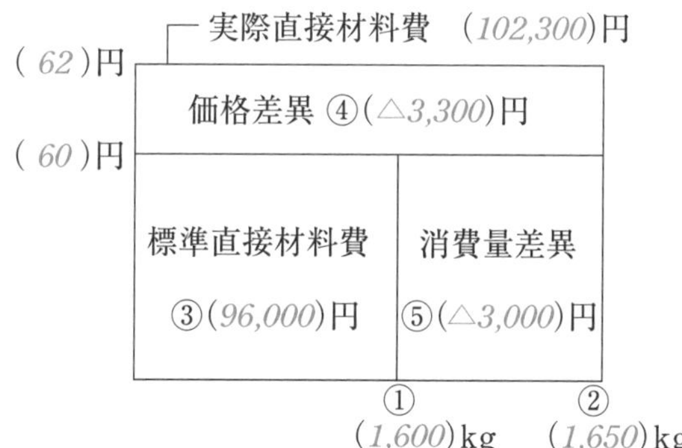

解説

①当月投入量

仕　掛　品

月初	40個	完成	210個
当月	200個	月末	30個

標準消費量：200 個×８kg ＝ 1,600kg

②実際消費量：102,300円÷@62円＝1,650kg

③標準直接材料費：@60円×1,600kg＝96,000円

④価 格 差 異：(@60円－@62円)×1,650kg＝△3,300円(不利差異)

⑤消費量差異：@60円×(1,600kg － 1,650kg)＝△3,000円(不利差異)

▶有利（貸方差異）・不利（借方差異）の見分け方◀

差異の金額の計算は、単なる面積計算ですからタテの金額（単価）とヨコの数量を掛ければ計算できますね。しかし「有利・不利の判定」を間違えてしまう人が多くいます。

そこで、差異分析のボックス図にちょっと細工をしましょう。

ボックス図の左下に「0」と書き込んでみましょう。

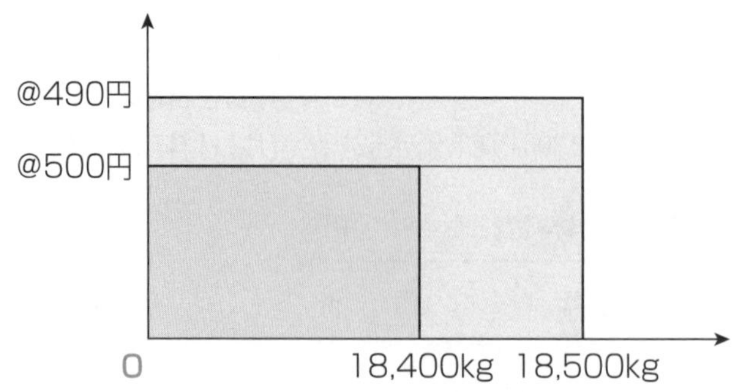

そうしてボックス図の底辺を、左下の0を起点として右に見ていきましょう。

すると「0⇒18,400kg⇒18,500kg」と数字が順番に並んでいることに気がつきます。

この順番に並んでいる数字によって計算される差異（この場合、消費量差異）は、必ず不利差異（借方差異）となります。

では次に、ボックス図の左辺を、同じく左下の0を起点として上に見ていきましょう。

すると「0⇒@500円⇒@490円」と数字が逆に並んでいます。

この逆に並んでいる数字によって計算される差異（この場合、価格差異）は、必ず有利差異（貸方差異）となるのです。

これさえわかっていれば、もう完璧。有利・不利に悩むことはありません。

この方法、知っておいてくださいね。

4 直接労務費の差異分析

例2-2

次の資料を参照し、直接労務費総差異を求め、それを賃率差異と作業時間差異に分析しなさい。

1．製品Ａ１個あたりの標準原価

製品Ａ標準原価カード

標準直接労務費	**標準賃率**	×	**標準直接作業時間**	
	60円／時間		10時間	600円

2．当月生産量

製品Ａ	完成品量	160個
	月末仕掛品	40個（材料は始点投入、仕上り程度　75%）

3．実際製造原価

直接労務費　@58円×1,938時間＝112,404円

標準直接労務費総差異は、次のように計算します。

	標準原価	実際原価	標準原価差異(総差異)
〔直接労務費〕	114,000円[11] −	112,404円 =	+ 1,596円

この差異も直接材料費と同じように分析できます。

(1)**賃率差異**(ちんりつさい):標準賃率と実際賃率との差に、実際作業時間を掛けて計算します。

賃率差異 = (標準賃率 − 実際賃率) × 実際作業時間

不利(有利)差異は、高い賃率になってしまった(低い賃率ですんだ)ことによる労務費の超過額(節約額)を表しています[12]。

(2)**作業時間差異**(さぎょうじかんさい):標準作業時間と実際作業時間との差に、標準賃率を掛けて計算します。

作業時間差異 = 標準賃率 × (標準作業時間 − 実際作業時間)

不利(有利)差異は、作業時間がかかりすぎた(少なくてすんだ)ことによる労務費の超過額(節約額)を表しています[13]。

賃率差異	:(@60円 − @58円) × 1,938時間 = 標準賃率　実際賃率	+ 3,876円
作業時間差異	:@60円 × (1,900時間[14] − 1,938時間) = 標準賃率　標準作業時間　実際作業時間	△ 2,280円
標準直接労務費総差異		+ 1,596円

実際直接労務費 112,404円

実際賃率 @58円

標準賃率 @60円

賃率差異 + 3,876円(有利)[15]

標準直接労務費 114,000円

作業時間差異 △2,280円 (不利)[16]

標準作業時間 1,900時間

実際作業時間 1,938時間

標準直接労務費差異は全体で見ると 1,596円の有利差異ですから、作業にムダはなかったかのように見えます。しかし、これは賃率が低かったことによる 3,876円の有利な賃率差異の影響が大きいためです。作業時間を見ると目標より 38時間も多くかかっているため、ここに 2,280円だけ原価を引き下げる余地があるのです。

このように、差異の総額としては有利であっても、分析してみると一方の有利差異が他方の不利差異を相殺しているにすぎないことがあります。これは差異分析をして初めてわかるのです[17]。

11)

仕掛品	
200 (190)	160 (160)
	40 (30)

(190)×@600円 = 114,000円

12) 賃金相場の変動などにより発生します。雇用契約をした、上層部の責任(業績)となります。

13) 工員や監督の怠慢、作業での失敗などが原因です。工程管理者の責任(業績)となります。

14) 標準作業時間:(190個)×10時間 = 1,900時間

15) 60円(標準賃率)かかるはずの賃金が58円(実際賃率)ですんだので、実際作業時間1時間につき2円得をしています。

16) 1,900時間(標準作業時間)で完成させられるはずが1,938時間(実際作業時間)も使ってしまったので、標準賃率60円を38時間分損したことになります。

17) 差異分析を行うことの利点です。

これを勘定連絡で見ると、次のようになります。

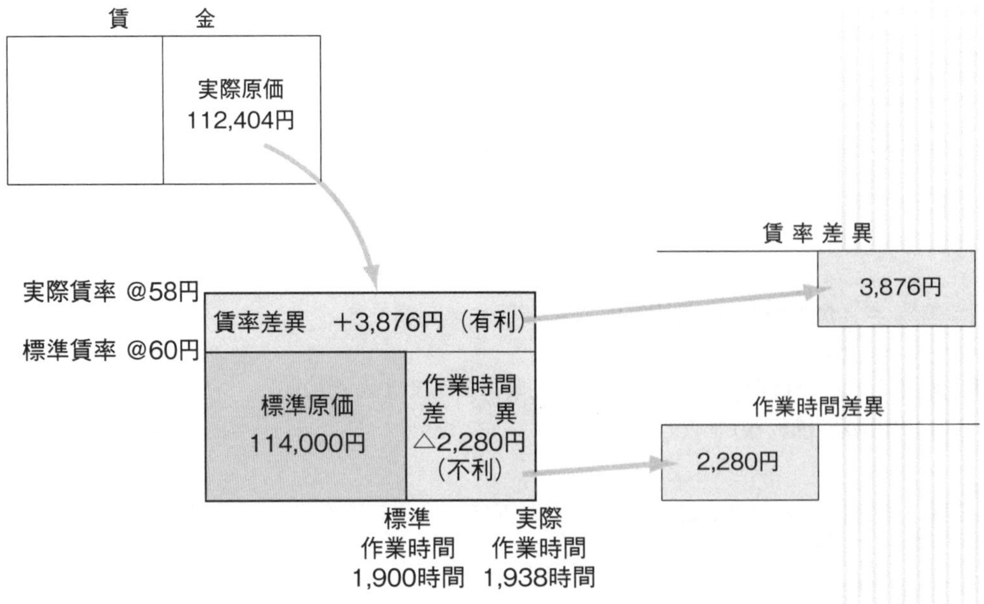

標準原価差異の分析

次の資料にもとづいて、原価差異分析表の空欄に数値を入れなさい。不利な差異は「△」で示しなさい。

〔資　料〕

1．原価標準

直接労務費……@40円×12時間＝480円

2．生産データ

当月完成量　210個

月末仕掛品　30個（仕上り程度 40 %）

月初仕掛品　40個（仕上り程度 60 %）

【注】材料は工程始点で投入した。

3．実際原価データ

実際直接労務費　91,200円

実際作業時間　2,400時間

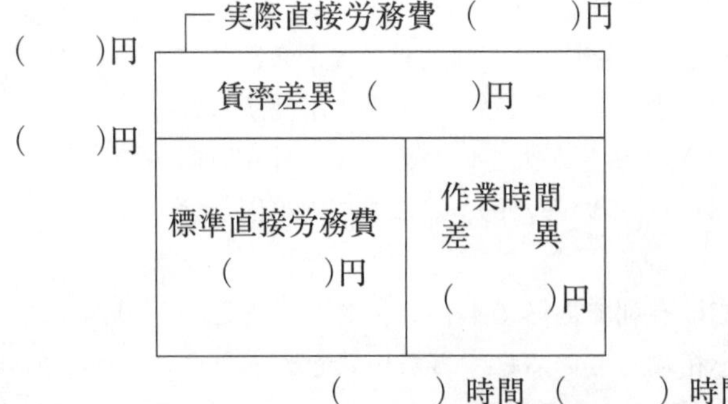

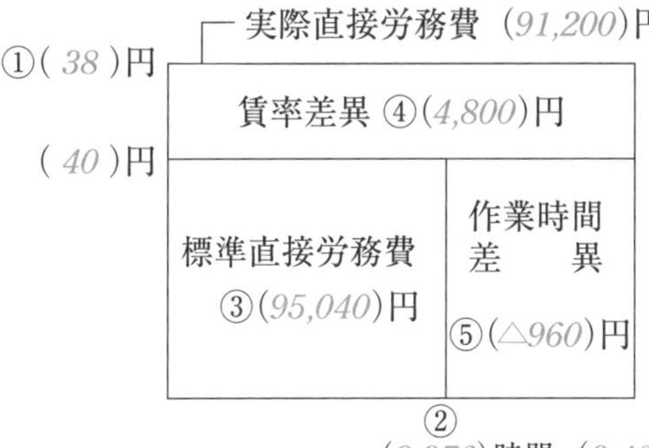

解説

①実　際　賃　率：91,200円÷実際作業時間 2,400時間＝@38円

②当月投入量

仕　掛　品

月初	40個 (24個)	完成	210個 (210個)
当月	200個 (198個)	月末	30個 (12個)

標準作業時間：(198個)×12時間＝2,376時間

③標準直接労務費：@40円×2,376時間＝95,040円

④賃　率　差　異：(@40円－@38円)×2,400 時間＝4,800円(有利差異)

⑤作業時間差異：(2,376時間－2,400時間)×@40円＝△960円(不利差異)

Section 2のまとめ

■直接材料費の差異分析

材料消費価格差異：(標準価格－実際価格)×実際消費量

数　量　差　異：(標準消費量－実際消費量)×標準価格

■直接労務費の差異分析

賃　率　差　異：(標準賃率－実際賃率)×実際作業時間

作業時間差異：(標準作業時間－実際作業時間)×標準賃率

■判　定

→ 標準原価 > 実際原価(コスト安) → 有利差異(貸方差異)

→ 標準原価 < 実際原価(コスト高) → 不利差異(借方差異)

製造間接費の差異分析

はじめに

製造間接費の差異分析に必要な予算の設定を終えたあなたは、「これで差異の分析ができる」と思い、やってみることにしました。しかし、考えてみると材料費や労務費は標準と実際の差から「単価」と「数量」に関する分析だけでよかったのですが、製造間接費では、標準、実際の他に基準となる操業度があります。では、どのようにして製造間接費の差異分析を行えばいいのでしょうか。

1 製造間接費の差異分析

ここでは、公式法変動予算を前提に[01]、シュラッター図[02]を用いて製造間接費の差異分析について見ていきます。

01) 正確な分析を行うには、変動費と固定費を分けた公式法変動予算が適しているためです。

02) 正式にはシュラッター＝シュラッターの図といいます。

2 シュラッター図

製造間接費の差異分析には、次のシュラッター図を用います。まずは、その構造をご覧ください。

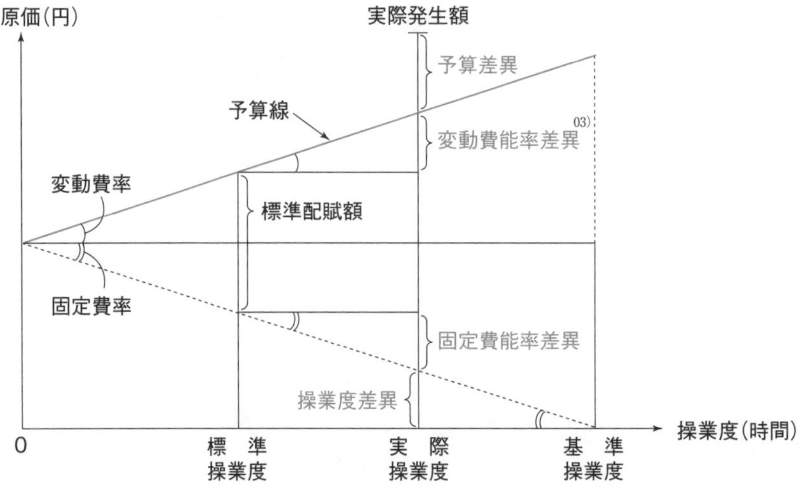

03) 仮に変動費率が200円／時間、標準操業度が1,000時間、実際操業度が1,100時間とすると、変動費能率差異は次のように算定します。

変動費能率差異
@200円
100時間
1,000時間
1,100時間

200円／時間×(1,000時間－1,100時間)＝△20,000円

「底辺×角度＝高さ」です。

操業度は内側(左側)から標準、実際、基準となっています[04]。

04) "ひ・じ・き"と覚えましょう。

3 製造間接費の差異

例3-1

1．製品A 1個当たりの標準原価

製品A標準原価カード				
標準製造間接費	標準配賦率	×	標準直接作業時間	
	40円／時間		10時間	400円

製造間接費の標準配賦率40円／時間は、直接作業時間にもとづく標準配賦率であり、月間基準直接作業時間は2,000時間、月間固定製造間接費予算額は20,000円である。なお、当社は製造間接費予算について公式法変動予算により設定している。

2．当月生産量

完成品量　160個

月末仕掛品　40個（材料は始点投入、仕上り程度　75%）

3．実際製造原価

製造間接費　79,140円（実際直接作業時間1,938時間）

標準製造間接費総差異は次のように計算します。

	標準原価		実際原価		標準原価差異（総差異）
〔製造間接費〕	76,000円[05]	−	79,140円	＝	△3,140円

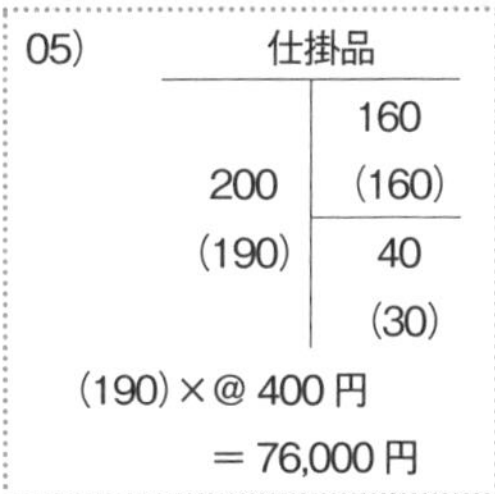
05)

仕掛品	
	160 (160)
200 (190)	40 (30)

(190)×@400円
＝76,000円

この差異は以下のように分析します。

①**予算差異**（よさんさい）：実際操業度における予算額と実際発生額との差額で計算します。

予算差異 ＝ 実際操業度における予算額 − 製造間接費実際発生額

（実際操業度における予算額：変動費率×実際操業度＋固定費予算額）

不利（有利）差異は、製造間接費を浪費（節約）したことを表します。補助材料、消耗品や電力などの浪費（節約）によって発生します。

②**変動費能率差異**（へんどうひのうりつさい）：標準操業度と実際操業度との差に変動費率を掛けて計算します。

変動費能率差異 ＝ 変動費率 ×（標準操業度 − 実際操業度）

不利（有利）差異は、作業時間がかかりすぎた（少なくて済んだ）ことによる変動製造間接費の超過額（節約額）を表します。

③**固定費能率差異**（こていひのうりつさい）：標準操業度と実際操業度との差に固定費率を掛けて計算します。

固定費能率差異 ＝ 固定費率 ×（標準操業度 − 実際操業度）

不利（有利）差異は、作業時間がかかりすぎた（少なくて済んだ）ことに

による固定製造間接費の超過額(節約額)を表します。

④**操業度差異**(そうぎょうどさい):実際操業度と基準操業度との差に固定費率を掛けて計算します。

操業度差異 = 固定費率 ×(実際操業度 − 基準操業度)

不利(有利)差異は、実際作業時間が基準操業度を下回った(上回った)ために生じた製造間接費の配賦不足(超過)を示します。需要が減ったことによる受注の不足や機械の故障による生産停止などが原因と考えられます。

①	予算差異	(@30円[06] × 1,938時間 + 20,000円) − 79,140円 = 変動費率　実際操業度　固定費予算額　実際発生額	△ 1,000円
②	変動費能率差異	@30円 × (1,900時間 − 1,938時間) = 変動費率　標準操業度　実際操業度	△ 1,140円
③	固定費能率差異	@10円 × (1,900時間 − 1,938時間) = 固定費率　標準操業度　実際操業度	△ 380円
④	操業度差異	@10円 × (1,938時間 − 2,000時間) = 固定費率　実際操業度　基準操業度	△ 620円
	標準製造間接費差異(総差異)		△ 3,140円

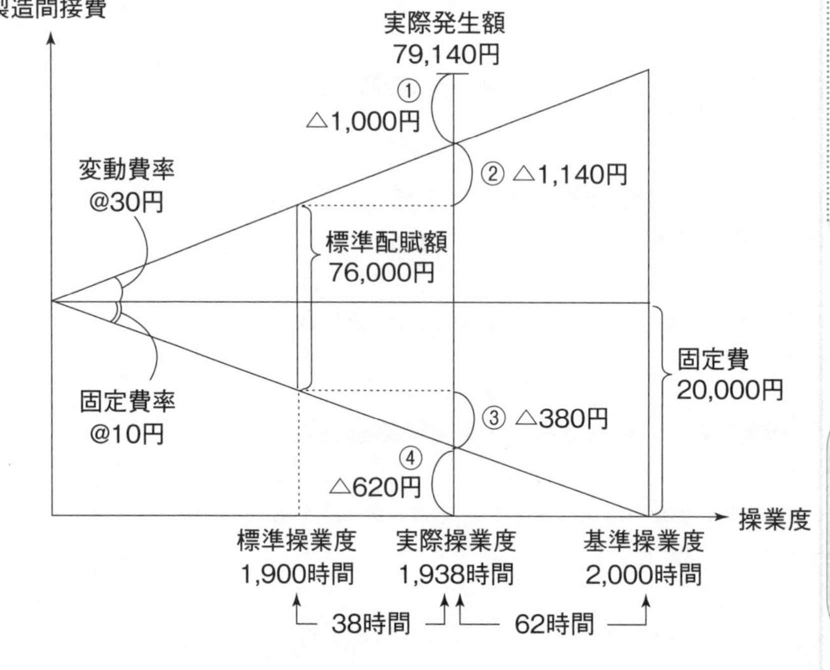

06)標準配賦率−固定費率=変動費率
固定費率=月間固定費予算額/月間正常直接作業時間=@10円
∴変動費率:@40円−@10円=@30円

この例では、作業時間が目標より38時間多くかかったため、変動間接費が1,140円、固定間接費が380円多く必要になっています。作業をムダなく行えば、この金額だけ間接費を節約できるはずです。

4 具体的な計算

①予算差異

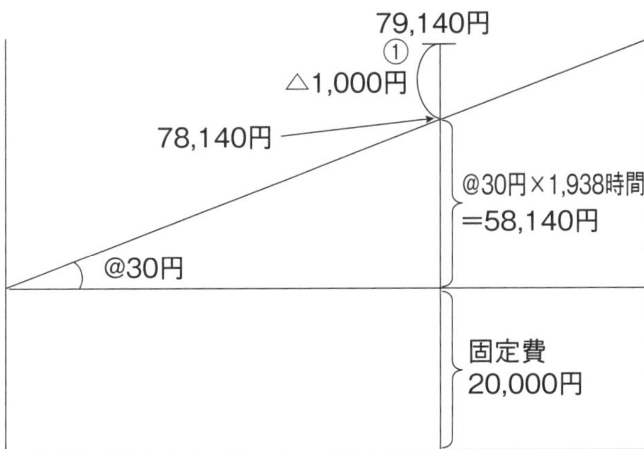

予算線と実際発生額の交点が実際作業時間における予算額です。この金額を求めて実際発生額との差額が予算差異となります。

@30円×1,938時間＋20,000円＝78,140円

78,140円－79,140円＝△1,000円（不利）

②変動費能率差異

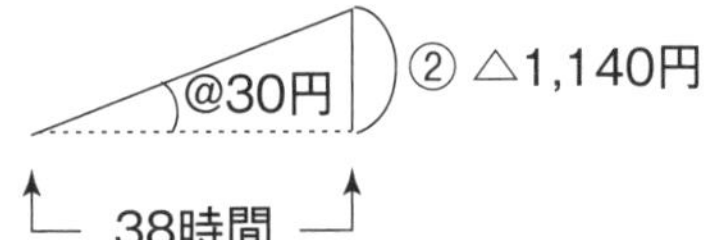

@30円×38時間=1,140円（不利）

③固定費能率差異

@10円×38時間=380円（不利）

④操業度差異

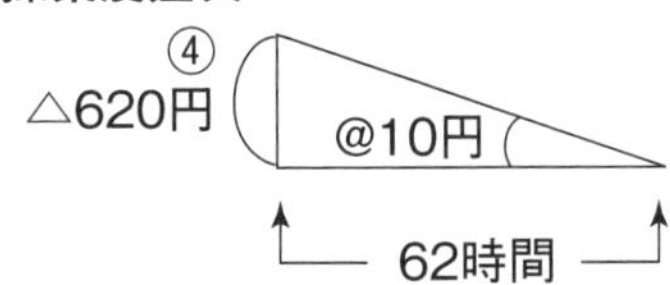

@10円×62時間=620円（不利）

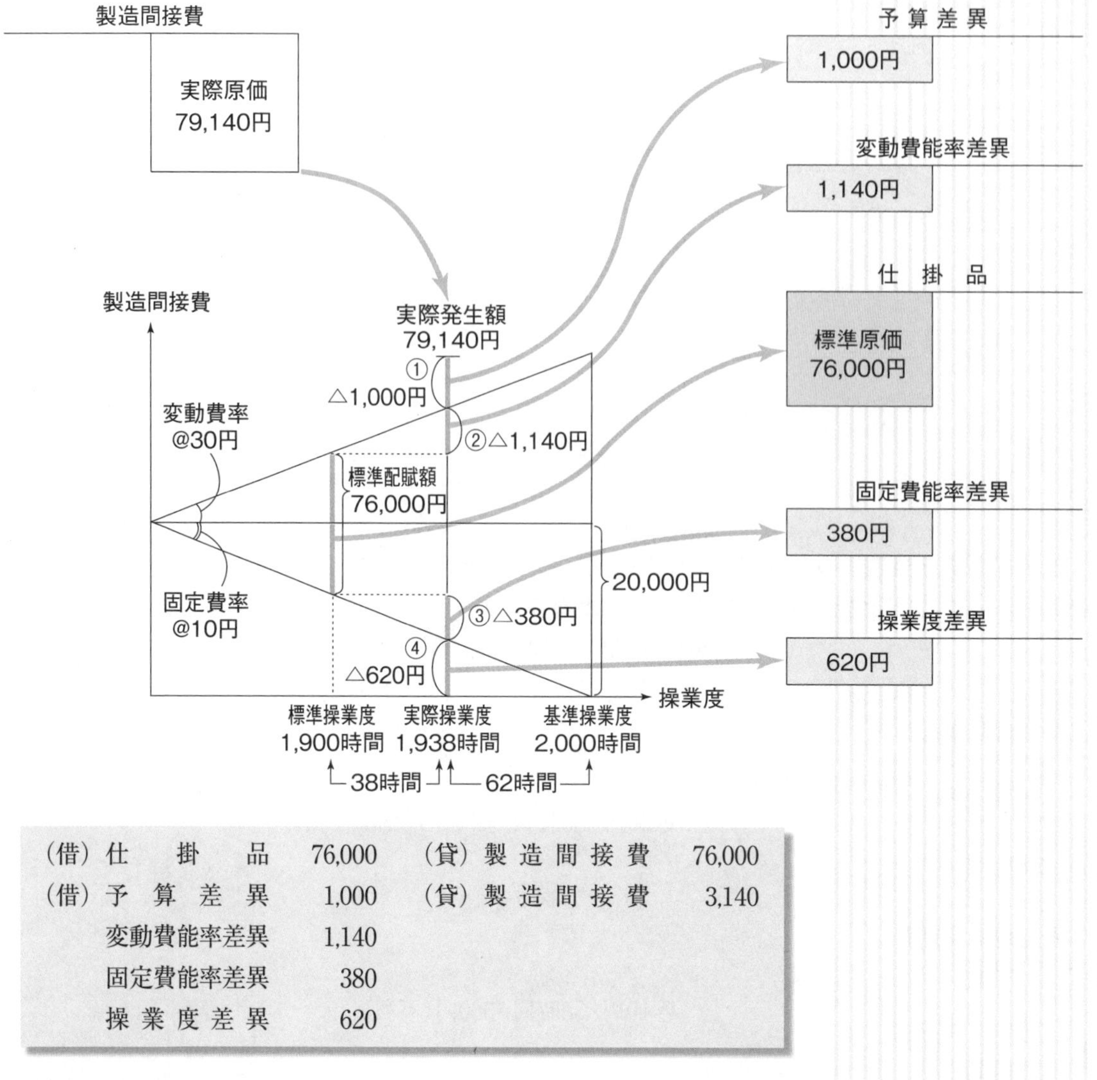

(借) 仕掛品	76,000	(貸) 製造間接費	76,000
(借) 予算差異	1,000	(貸) 製造間接費	3,140
変動費能率差異	1,140		
固定費能率差異	380		
操業度差異	620		

5 公式法変動予算による差異の分類方法

製造間接費の差異は4つの要素に分けて把握できますが、これをどのように分類して認識するかについては、次のような方法があります。

	四分法	三分法(1)[07]	三分法(2)[07]
① △1,000円	予算差異 △ 1,000円	予算差異 △ 1,000円	予算差異 △ 1,000円
② △1,140円	変動費能率差異 △ 1,140円	能率差異 △ 1,520円	能率差異 △ 1,140円
③ △ 380円	固定費能率差異 △ 380円		操業度差異 △ 1,000円
④ △ 620円	操業度差異 △ 620円	操業度差異 △ 620円	

07) 全経1級では、三分法をマスターすれば十分です。
これ以外は上級での出題となります。

このように差異分析によって、差異の発生原因を知ることができます。しかし、本当に大切なのはこの後です。それぞれ原因に応じた適切な対策を考え、実行していかなければ原価は下がっていきません。

標準原価差異の分析

次の資料にもとづいて、原価差異分析表の空欄に数値を入れなさい。不利差異は(△)で示しなさい。

〔資　料〕

1．原価標準

製造間接費……@50円×12時間＝600円

2．生産データ

当月完成量　210個

月末仕掛品　30個(仕上り程度 40 %)

月初仕掛品　40個(仕上り程度 60 %)

＊ 材料は工程始点で投入した。

3．実際原価データ

製造間接費　125,000円

実際操業度　2,300時間

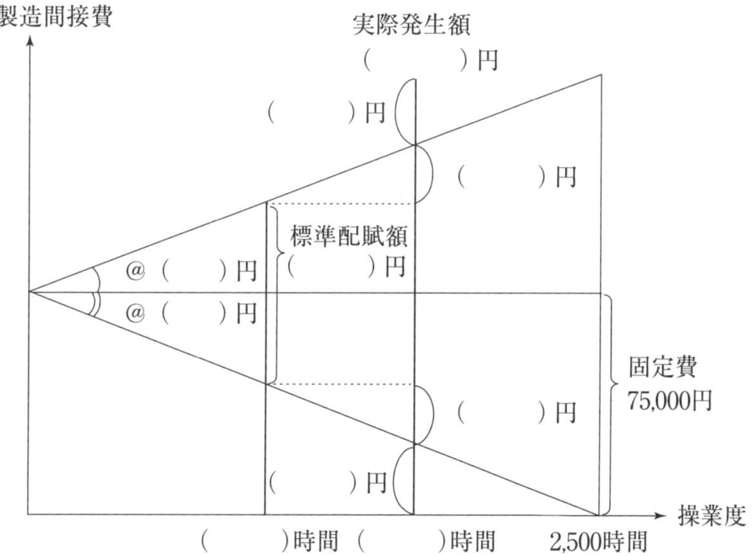

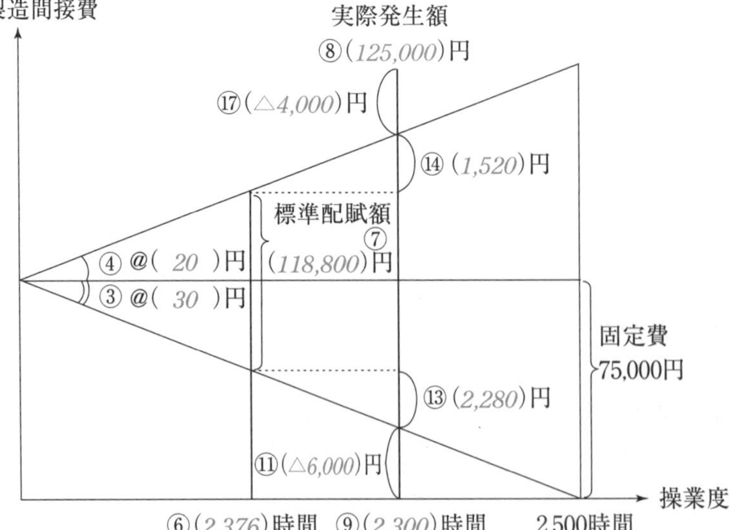

解説

シュラッター図の作り方　～ライブ調講義～

製造間接費に関する差異分析の問題を見たら、まずシュラッター図を書きましょう。

このときに、製造間接費の実際発生額は、予算線の上に突き抜ける形で書いておいてください。

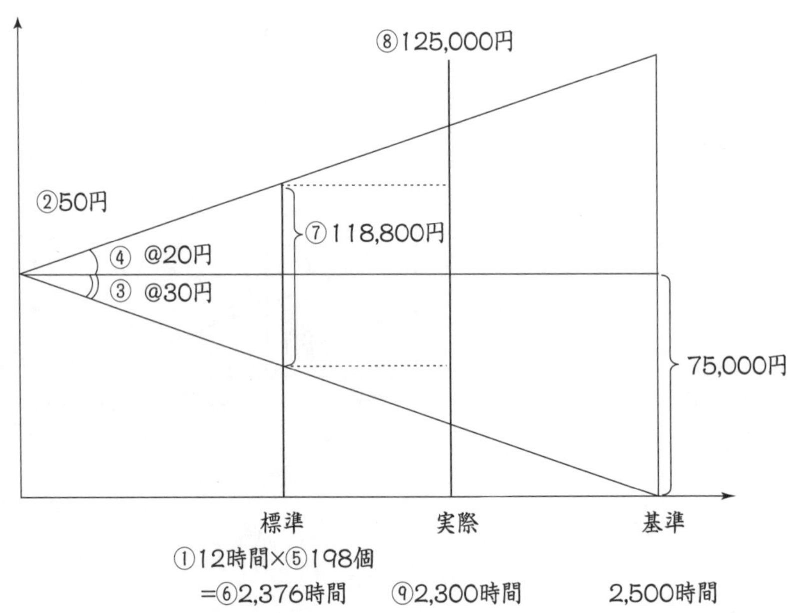

こうしてから、問題の資料を見ていきます。

1．原価標準の資料に標準原価が書いてあります。1個当たり①12時間、配賦額は1時間当たり②50円とわかりますので、これをシュラッター図に書き込みます。

基準操業度と固定費の額が与えられていますので、固定費を基準操業度で割って固定費の配賦率③30円を計算します。配賦額の合計が50円とわかっていますので、差額で④20円が変動費の配賦率だということがわかります。

次に、資料の２を見ると、生産データがあります。

製造間接費は加工費なので、ここで仕掛品のＴフォームを書いて、当月投入の完成品換算量を計算します。差異分析は、当月の製造活動の良し悪しを分析するものなので、投入ベースで行います。

仕　掛　品

月初	40個 (24個)	完成	210個 (210個)
当月	200個 (198個)	月末	30個 (12個)

すると、当月投入の完成品換算量は⑤198個分ということがわかります。

これを標準の「①12×」の次に書き込んで計算し、当月の標準時間⑥2,376を算定し、これに配賦率50円を掛ければ標準配賦額⑦118,800円が求まります。

最後の、資料３．実際原価データを、もちろん実際の線のところに書き込みます。

発生額が⑧125,000円、操業度が⑨2,300時間です。

さあ、ここまでくれば後は電卓を叩いて計算するだけです。

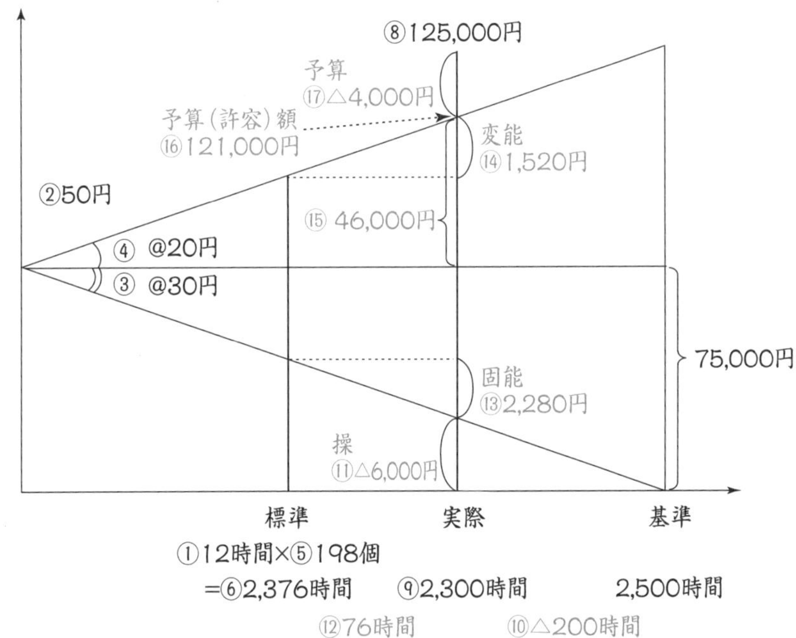

まずは下から、操業度差異を見ていきましょう。

固定費の配賦率が30円、実際時間と基準時間との差が⑩△200時間なので、これを掛けて⑪△6,000円と求まります。

次に、固定費能率差異。

固定費の配賦率30円に標準時間と実際時間との差の⑫76時間を掛けて、⑬2,280円と求まります。

さらに、変動費能率差異。

変動費の配賦率20円に、やはり標準時間と実際時間との差、⑫76時間を掛けて

⑭1,520円と求まります。
最後に、予算差異です。
予算差異を求めるには、予算(許容)額を算定しなければなりません。これは、予算線と実際発生の線の交点で求まります。まず、実際発生の固定費は基準の固定費と同じ(何個作っても変わらないのが固定費ですから)で、75,000円、これに変動費を加えます。実際に発生するはずの変動費は、変動費の配賦率20円に実際時間の2,300時間を掛けて⑮46,000円となります。この2つを合計して、予算(許容)の額は⑯121,000円となります。
そうすると予算差異は、差額で⑰△4,000円となります。

あとは、有利・不利の判定を間違えないようにしてください。
考え方は、ボックス図のときと同じで、左下を0として数字が順番どおり並んでいたら不利差異(借方差異)、逆に並んでいたら有利差異(貸方差異)です。
では、やってみましょう。
操業度差異は「実際時間の2,300時間－基準時間の2,500時間」の関係で計算されています。ですから、左下を0として数字は順番どおり並んでおり、不利差異と判明します。
次に、固定費能率差異ですが、これは「標準時間の2,376時間－実際時間の2,300時間」の関係で計算されています。ですから、左下を0とすると数字は逆に並んでおり、有利差異となります。また、変動費能率差異も固定費能率差異と同じく「標準時間の2,376時間－実際時間の2,300時間」の関係で計算されていますので、有利差異です。
最後に、予算差異ですが、これは底辺を0とおいて考えてください。
すると、0から上に、予算(許容)額⑯121,000円－⑧125,000円と順番どおりに並んでおり、この予算差異は不利差異だとわかります。
シュラッター図の問題は、このように解いていってください。
解答箇所の計算をまとめると次のとおりです。

③固　定　費　率：75,000円÷2,500時間＝@30円
④変　動　費　率：@50円－@30円＝@20円
⑥標準操業度(標準時間)：12時間×198個＝2,376時間
⑦標 準 配 賦 額：@50円×2,376時間＝118,800円
⑧実 際 発 生 額：資料より　125,000円
⑨実 際 操 業 度：資料より　2,300時間
⑪操 業 度 差 異：@30円×(2,300時間－2,500時間)＝△6,000円
⑬固定費能率差異：@30円×(2,376時間－2,300時間)＝2,280円
⑭変動費能率差異：@20円×(2,376時間－2,300時間)＝1,520円
⑰予　算　差　異：(@20円×2,300時間＋75,000円)－125,000円＝△4,000円

参考

本問が固定予算であった場合、製造間接費差異の分析は次のようになります。
テキストChapter 3 Section 6で学習した固定予算は実際原価計算を前提としていたため、製造間接費差異は予算差異と操業度差異の2つでしたが、標準原価計算を前提とした場合は、標準操業度が加わるため、能率差異の把握が必要になります。

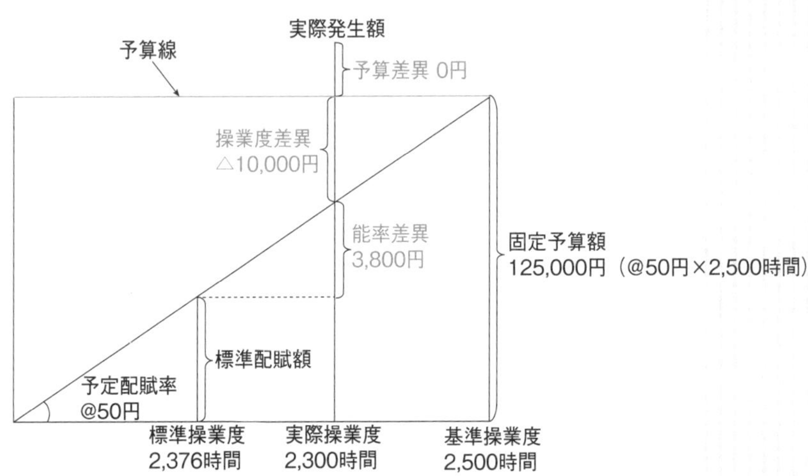

予 算 差 異：125,000円 − 125,000円 = 0円
能 率 差 異：@50円×（2,376時間 − 2,300時間）= 3,800円（有利差異）
操業度差異：@50円×（2,300時間 − 2,500時間）= △10,000円（不利差異）

Section 3のまとめ

■製造間接費の差異分析

変動予算（公式法変動予算）

【公式法変動予算】

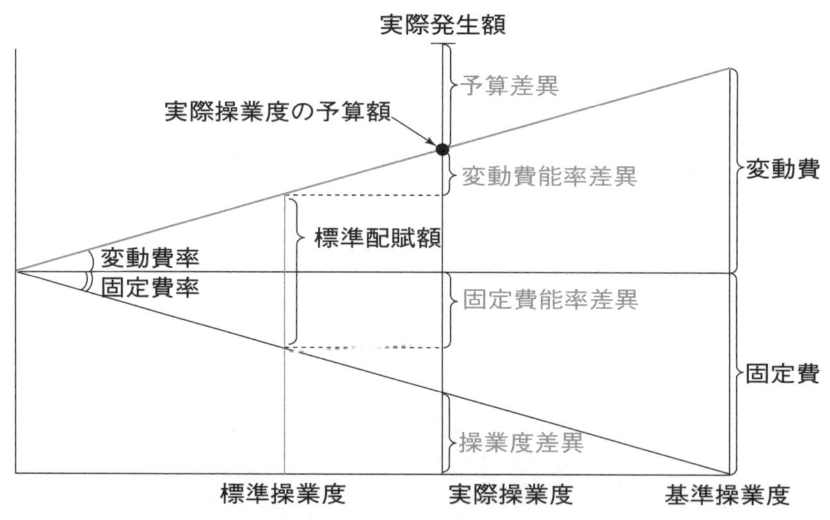

予算差異＝実際操業度の予算額－実際発生額

変動費率×実際操業度＋固定費予算額

変動費能率差異＝変動費率×（標準操業度－実際操業度）

固定費能率差異＝固定費率×（標準操業度－実際操業度）

操業度差異＝固定費率×（実際操業度－基準操業度）

公式法変動予算を前提とした差異の分類

予算差異	予算差異	予算差異
変動費能率差異	能率差異	能率差異
固定費能率差異		操業度差異
操業度差異	操業度差異	

標準原価計算の記帳

はじめに

価格差異からはじまって予算差異に至るまで、いろいろな差異を見てきたあなたはふと、「あれ、この差異って最終的にどこへ行くのだろう？」と疑問に思いました。
さてこの差異たちは、どこで把握され、最終的にどこへ行くのかを見ていきましょう。

1 標準原価計算の記帳方法

標準原価計算を採用していても、材料を買ったときには実際額で支払い、**材料勘定の借方には実際原価を記入**するのが基本です。

しかし、**製品が完成したときには標準原価**で記入します。ということは材料勘定から製品勘定までの間のどこかで**実際原価から標準原価への切替えが行われている**ことになります。

この切り替えるタイミングの違いにより、シングル・プランとパーシャル・プランとがあります[01)]。

01) 全経1級では、パーシャル・プランを学習します。シングル・プランは全経上級で学習します。

2 パーシャル・プラン

(1)パーシャル・プラン

パーシャル・プランとは、仕掛品勘定の**借方の当月投入**は**実際原価**で記入し、**貸方**は**標準原価**で記入します。そのため、仕掛品勘定に貸借差額が生じ、それが標準原価差異を示します。

パーシャル＝部分的な、という意味であり、標準原価が部分的に仕掛品勘定に入り込むことから、このように呼ばれます。

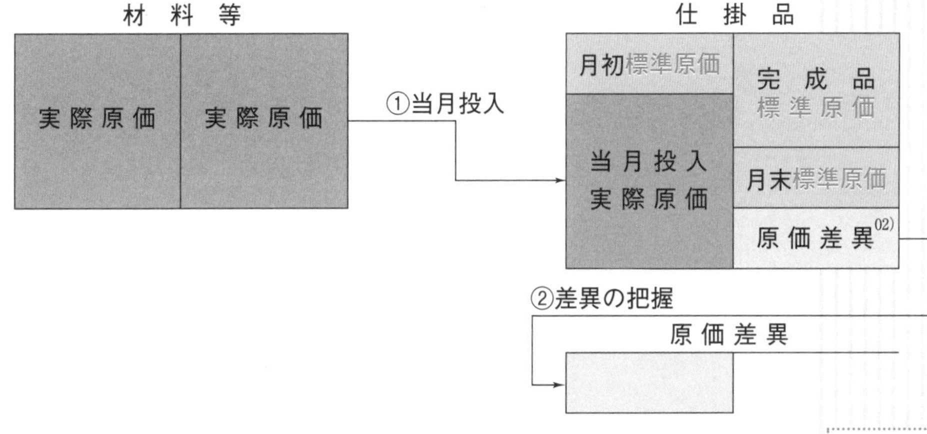

02) ここでもわかるとおり、差異はあくまでも当月の投入分について把握、分析されるものです。

⑵勘定連絡

パーシャル・プランでは、次のように帳簿への記入が行われます。

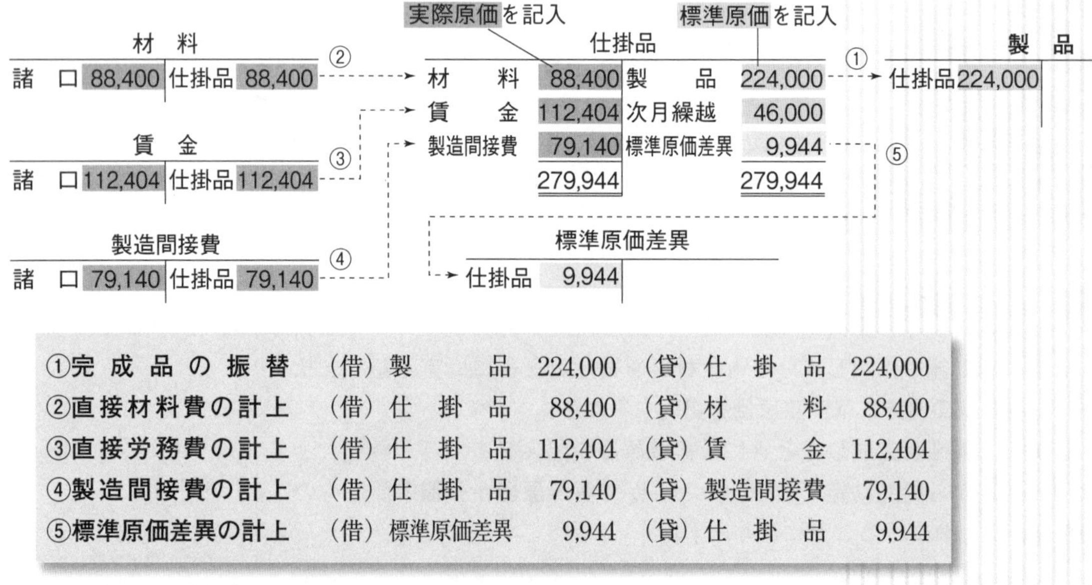

①完成品の振替	(借) 製　　品	224,000	(貸) 仕 掛 品	224,000
②直接材料費の計上	(借) 仕 掛 品	88,400	(貸) 材　　料	88,400
③直接労務費の計上	(借) 仕 掛 品	112,404	(貸) 賃　　金	112,404
④製造間接費の計上	(借) 仕 掛 品	79,140	(貸) 製造間接費	79,140
⑤標準原価差異の計上	(借) 標準原価差異	9,944	(貸) 仕 掛 品	9,944

①…………当月完成品原価(標準原価)を製品勘定へ振り替えます。

②③④……当月製造費用(実際原価)を計上します。

⑤…………仕掛品勘定貸方に月末仕掛品(標準原価)を記入すると、仕掛品勘定の貸借差額が差異を示すので、これを標準原価差異勘定へ振り替えます。

標準原価計算の勘定記入

次の資料にもとづいて、パーシャル・プランによる仕掛品勘定と製品勘定の記入を行いなさい。

〔資　料〕

1．A製品1個あたり標準原価

直接材料費………………	@ 50円	×	1 kg	=	50円
直接労務費………………	@ 2円	×	8時間	=	16円
製造間接費配賦額………	@ 3円	×	8時間	=	24円
合　計					90円

＊ 直接材料は、工程の始点ですべて投入されるものとする。

2．製造に関するデータ

(1) 月初仕掛品　なし、月末仕掛品　5個（仕上り程度40%）

(2) 当月製造開始数量　80個、完成品数量　75個

3．実際原価に関するデータ

(1) 直接材料費実際発生額　　4,100円

(2) 直接労務費実際発生額　　1,200円

(3) 製造間接費実際発生額　　1,800円

4．販売データ

製品月初在庫3個、月末在庫4個

仕　掛　品　(単位：円)

借方		貸方	
材　　料		製　　品	
賃　　金		月末有高	
製造間接費		原価差異	

製　　品　(単位：円)

借方		貸方	
月初有高		売上原価	
仕 掛 品		月末有高	

仕　掛　品　(単位：円)

借方		貸方	
材　　料	4,100	製　　品	6,750 ①
賃　　金	1,200	月末有高	330 ②
製造間接費	1,800	原価差異	20
	7,100		7,100

製　　品　(単位：円)

借方		貸方	
月初有高	270 ③	売上原価	6,660 ⑤
仕 掛 品	6,750	月末有高	360 ④
	7,020		7,020

①原価標準 @90円×当月完成品数量 75個＝ 6,750円
②直接材料費原価標準 @50円×月末仕掛品数量5個＋その他の原価標準(@16円＋@24円)×5個×仕上り程度 40%＝330円
③原価標準 @90円×製品月初在庫3個＝270円
④原価標準 @90円×製品月末在庫4個＝360円
⑤@90円×月間販売数量(3個＋75個－4個)＝ 6,660円

Section 4のまとめ

■パーシャル・プラン　仕掛品勘定の借方の当月投入は実際原価で記入し、貸方は標準原価で記入します。そのため、仕掛品勘定に貸借差額が生じ、それが標準原価差異を示します。

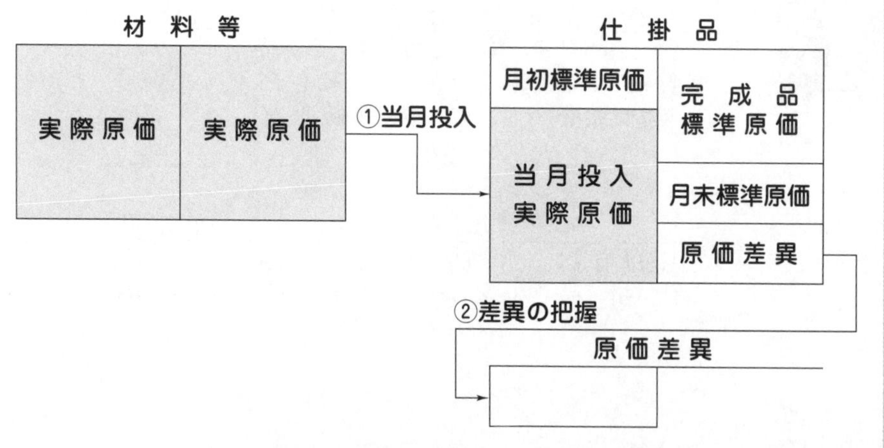

Chapter 8

直接原価計算

直接原価計算の全体像

ココがPOINT!!

変動費と固定費

このChapterを理解するカギは、変動費と固定費という捉え方にあります。変動費とは、操業度が増えると比例的に増加する原価です。例えば、本を作るための用紙代やインク代は冊数に応じて増加しますので、変動費となります。

また、固定費とは一定額発生し、操業度が増えても増加しない原価です。本を作る場合では、版を組む(ページのデータを作る)ための費用や表紙のイラストの料金は、冊数に関係なく一定額発生しますから、固定費となります。

ここでは、変動費と固定費の区別をベースにして、“どれだけ売ればどれだけ儲かるのか”から“これだけ儲けるには、どうするべきなのか”を思考する、とても実践的な知識が盛り込まれています。頑張っていきましょう。

Section 1 重要度 ★★★★★

CVP分析

はじめに

あなたの経営する全経家具では、標準原価計算の導入により、社員一人ひとりが原価意識を持つようになりました。しかし、会社として、もう1つ大切なことがあります。それは利益管理です。適正な利益を継続して上げていかないと、会社としての発展が望めないためです。
そこで、あなたは原価(C:コスト)、販売量(V:ボリューム)、そして利益(P:プロフィット)の関係について見てみることにしました。

1 損益分岐点

製品を構成する**原価は、すべて変動費**[01]**と固定費**[02]**とに分解することができます。**大量生産を前提とすると、製品を1つだけ作って売ったのでは、その利益よりも固定費のほうが大きく、損をすることになります。また、逆に、何10万個、何100万個作って売れば、大きな利益が得られることでしょう。ということは製品1個と何10万個なり何100万個なりの間のどこかに「**損もしなければ、益も出ない点**」があるはずです。

この点を損益分岐点(そんえきぶんきてん)[03]といいます。

01) 生産販売量の変化につれて比例的に増減する原価のことを変動費といいます。

02) 生産販売量の変化にかかわらず、固定的に発生する原価のことを固定費といいます。

03) BEP (Break Even Point の略)ともいいます。

損益分岐点：収　益　＝　総　原　価
（売上高）　（変動費＋固定費）

2 損益分岐点図表

次のようにして損益分岐点図表が作成されます。

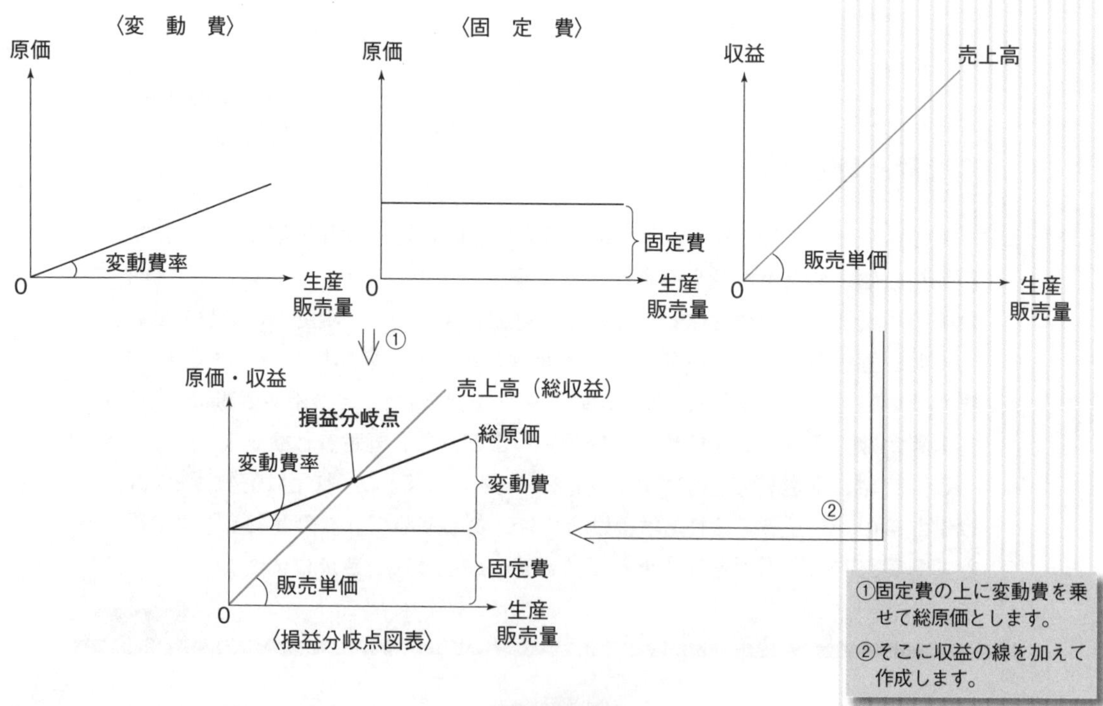

〈損益分岐点図表〉

①固定費の上に変動費を乗せて総原価とします。
②そこに収益の線を加えて作成します。

3 こんなに簡単！ CVP分析 ～ライブ調講義～

みなさんがコンサートをプロデュースするとしましょう。

チケット代として1,000円／人をもらうとして、費用はアーティストに50万円、会場費に40万円、そしてお客さんにはペットボトルのジュース100円／人を差し上げることにしました。

このときお客さんがまったく来なかったとしたら、あなたはいくら損をしますか？

ジュース代はいらなくなるので、90万円（＝50万円＋40万円）の損失ですね。

では、お客さんが1万人来たとしたら、いくら儲かりますか？

収益は1万人×1,000円で、1,000万円となります。

費用はアーティスト代50万円、会場費の40万円は一定ですが、ジュース代が1万人×100円で100万円かかり、合計190万円となるので、差額で810万円儲かることになりますね。

これを図にすると、次のようになります。

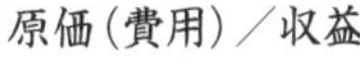

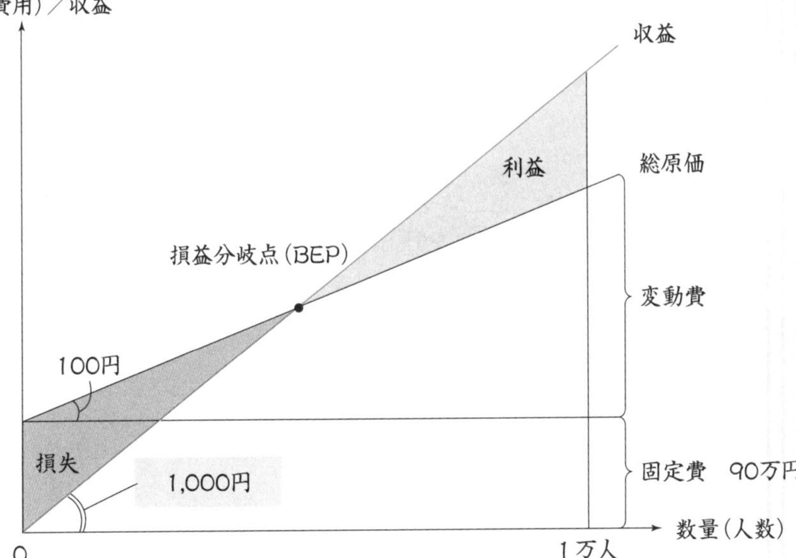

ということは、0人だと損をして、1万人だと得をする。ならばこの間のどこかに損も得もしない（＝損益が0になる）点（人数）があるはずです。

上記の図でいうと、収益の線と総原価の線がぶつかった点ということになり、この点を損益分岐点（Break Even Point：略してBEP）といいます。

このBEPは、損も得もしない点ですので「収益＝費用（原価）」で表すことができ、もちろん費用は、変動費と固定費に分けられますから、次の算式が成り立ちます。

収益＝変動費＋固定費

では、この例でBEPの人数をX人として算定してみましょう。

1,000円×X人＝100円×X人＋（50万円＋40万円）

収益　＝　変動費　＋　固定費

これをXについて解くと、900X＝90万円となり、X＝1,000人と求めることができます。つまりお客さんが1,000人だと、収益が100万円、費用も100万円で損も得もしないということになるのです。

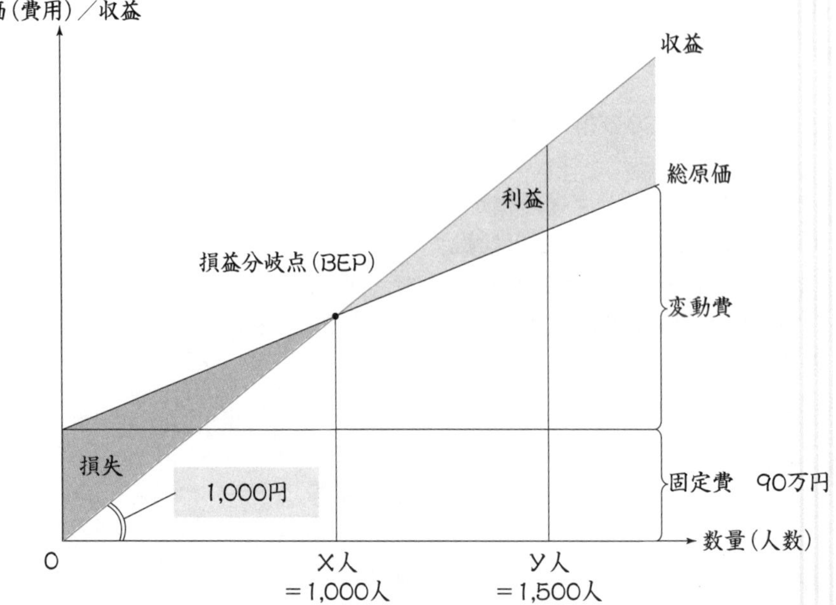

では、次にみなさんが、せっかくコンサートをやって、自分たちも労力を使うのだから、せめて45万円は儲けたい(利益を計上したい)と考えたとしましょう。

ということは「収益のほうが費用よりも45万円多ければよい」、言い換えると「収益が、費用＋45万円となっていればよい」ということになります。

このときのお客さんの人数をY人として算式を立てると、次のようになります。

1,000円×Y人 ＝ 100円×Y人 ＋ (50万円＋40万円) ＋45万円
収益 ＝ 変動費 ＋ 固定費 ＋ 利益

これをYについて解くと、

900Y＝135万円

となり、Y＝1,500人と求めることができます。

つまり、お客さんが、1,500人集まってくれるならば、45万円の目標利益が達成できるということを意味しているのです。

CVP分析は、試験にもよく出るばかりか、実務的にも必要な知識です。決して難しい内容ではないので、しっかりマスターしておきましょう。

4 損益分岐点の計算

例1-1

ある会社の今期の業績は次のとおりであった。損益分岐点の生産販売数量を求めなさい。

Ⅰ 売 上 高		@1,000円×10,000個＝		10,000,000円	(100%)
Ⅱ 総 原 価					
1 変動費	変動製造原価	@ 400円×10,000個＝	4,000,000円		
	変動販売費	@ 200円×10,000個＝	2,000,000円	6,000,000円	(60%)
2 固定費	固定製造原価		2,000,000円		
	固定販売費・一般管理費		1,000,000円	3,000,000円	
営業利益				1,000,000円	

(1)損益分岐点の図表を作り、損益分岐点の生産販売量をX個とします。

一般管理費の中身はほぼ固定費で、変動費になるものはまれなようです。

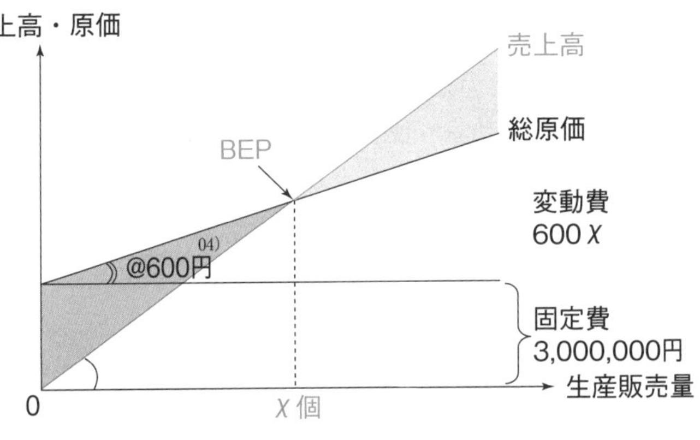

04)製品1個あたりの変動費。
@400円＋@200円
＝@600円

(2)売上高＝総原価となる方程式を立てます。

損益分岐点：売上高 ＝ 総原価（変動費＋固定費）

$$1{,}000x^{05)} = 600x + 3{,}000{,}000$$
$$400x = 3{,}000{,}000$$
$$x = 7{,}500\ (\text{個})$$

05)1個1,000円の商品がX個売れるので、収益は1,000Xとなります。

∴7,500個を製造・販売したときに損も益も出ないこととなります。

なお、損益分岐点の売上高は次のように算定します。

@1,000円×7,500個＝7,500,000円

検算してみると、売上高が7,500,000円のとき、利益がゼロとなることがわかります。

〔検算〕

Ⅰ 売 上 高			7,500,000円
Ⅱ 総原価	変動費	@600円×7,500個＝	4,500,000円
	固定費		3,000,000円
営業利益			0円

なお、損益分岐点は、次の基本公式からも算定できます。

CVP分析の基本公式：売上高－（変動費率×売上高[06)]＋固定費）＝利益
（変動費率×売上高＝変動費）

06)変動費は営業量に比例して増減します。営業量を売上高で捉えれば、変動費は売上高に比例するといえます。このことは売上高に対して変動費の割合は常に一定であることを意味します。
$\frac{変動費}{売上高}$×売上高＝変動費
（変動費/売上高＝変動費率）

5 安全率と損益分岐点比率

最後に、不景気になったときのことも考えて、**安全率**(あんぜんりつ)も求めておきましょう。安全率は**現在の売上高が、損益分岐点売上高をどれだけ上回っているかを示す数値**で、会社の業績の**安全度を示します**。

$$安全率 = \frac{現在の売上高 - 損益分岐点売上高}{現在の売上高} \times 100$$

【例1-1】では売上高が10,000,000円、損益分岐点売上高が7,500,000円でした。安全率を求めてみましょう。

$$安全率 = \frac{10{,}000{,}000円 - 7{,}500{,}000円}{10{,}000{,}000円} \times 100 = 25\%$$

安全率が25%ということは、売上高が現在の10,000,000円から25%（=2,500,000円）下がっても、損失は生じないということを意味します。この数字が大きいほど、会社の業績の安全度は高いといえます。

なお、似たような分析指標として**損益分岐点比率**も使われます[07]。これは、売上高に対して損益分岐点売上高が占める割合を表すもので、安全率を100%から引いたものです。

07）安全率とセットで覚えておきましょう。

$$損益分岐点比率 = \frac{損益分岐点売上高}{売上高} \times 100$$

$$損益分岐点比率 = 100\% - 安全率$$

損益分岐点比率と安全率のイメージを表すと、右図のようになります。

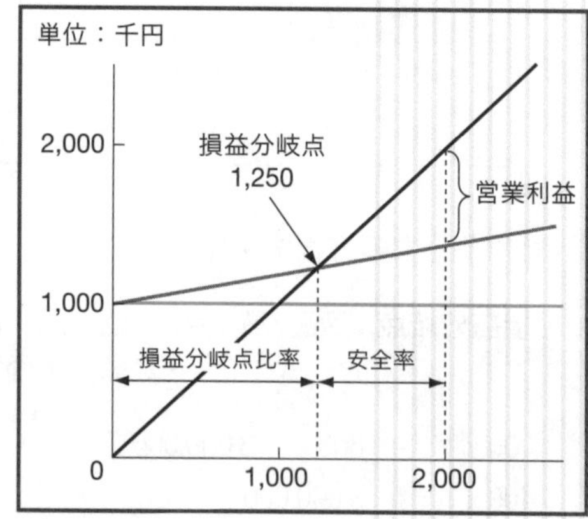

CVP 分析

A社の当期の業績は下の〔資料〕に掲げた損益計算書に示すとおりであった(製品販売価格は @500円である)。よって、次の⑴～⑶の値を計算しなさい。

⑴ 損益分岐点における販売数量
⑵ 当期売上高の安全率
⑶ 目標利益額 3,600,000円を達成する販売数量

〔資　料〕

損益計算書

売　上　高	20,000,000 円
変　動　費	8,000,000 円
固　定　費	9,000,000 円
利　　　益	3,000,000 円

⑴ 30,000 個
⑵ 25 %
⑶ 42,000 個

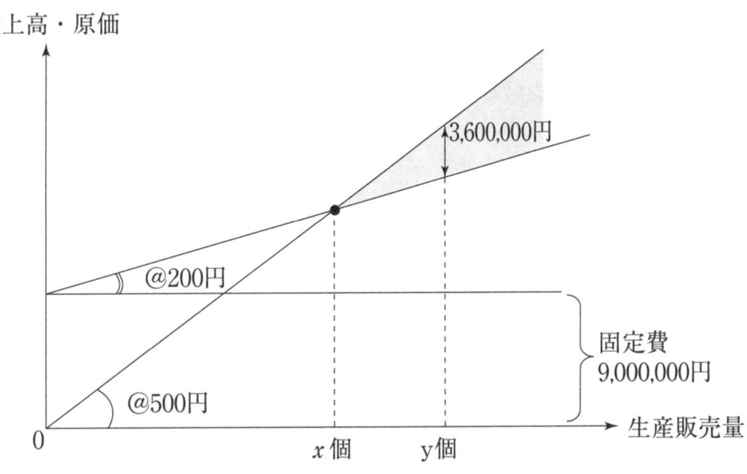

⑴販売数量：20,000,000円÷@500円＝40,000個
　変 動 費：8,000,000円÷40,000個＝@200円
　損益分岐点の販売数量をx個と置き、方程式を作ります。

$$500x = 200x + 9,000,000$$
$$300x = 9,000,000$$
$$x = 30,000（個）$$

(2)安全率：$\dfrac{\text{当期売上高 20,000,000円}-\text{損益分岐点売上高 15,000,000円}}{\text{当期売上高 20,000,000円}}\times 100$

= 25（%）

(3)目標利益達成点の販売数量をｙ個と置き方程式を作ります。

500 y ＝ 200 y ＋ 9,000,000 ＋ 3,600,000

300 y ＝ 12,600,000

y ＝ 42,000（個）

Section 1のまとめ

■売上高と利益の関係

CVPとは、原価（C：コスト）、販売量（V：ボリューム）、利益（P：プロフィット）のことを意味し、三者の関係を分析するのがCVP分析です。

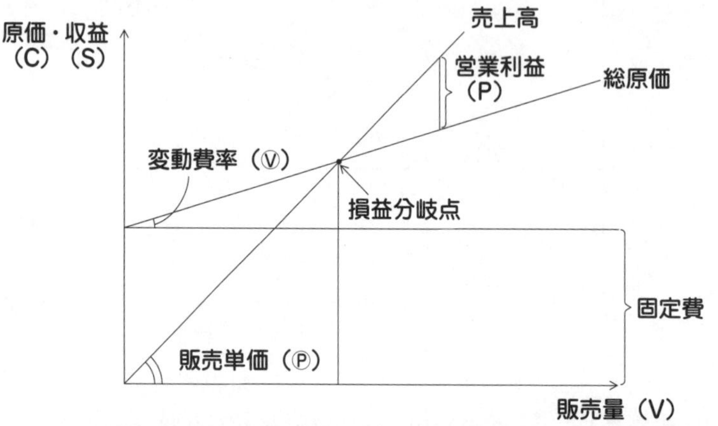

CVP 分析の基本公式：売上高 －（変動費率×売上高 ＋ 固定費）＝ 利益
（変動費率×売上高 ＝ 変動費）

損益分岐点：収　益　＝　総　原　価
（売上高）　（変動費＋固定費）

直接原価計算

はじめに

CVP分析により、利益がコントロールできることを知ったあなたは、これを継続的に原価計算の中に取り入れていきたいと考えました。
しかし、そのためには原価を変動費と固定費に分けて把握する必要があります。
このようなとき、あなたはどのような原価計算を採用するとよいのでしょうか。

1 直接原価計算とは

直接原価計算（ちょくせつげんかけいさん）では、原価を**変動費**と**固定費**に分けて計算し、変動製造原価のみを製品原価として集計します[01]。

01）これまでは、変動費も固定費も製造原価として製品原価に集計してきました。これを**全部原価計算**といいます。

全部原価計算の製品原価（売上原価）

	製造原価	販売費・一般管理費
変動費	変動製造原価	変動販売費・一般管理費
固定費	固定製造原価	固定販売費・一般管理費

直接原価計算の製品原価（変動売上原価）

直接原価計算と全部原価計算とでは、損益計算書の様式も異なります。

損益計算書（直接原価計算）

Ⅰ 売上高	×××
Ⅱ 変動売上原価	×××
変動製造マージン	×××
Ⅲ 変動販売費	×××
貢献利益（こうけんりえき）	×××
Ⅳ 固定費	×××
営業利益	×××

損益計算書（全部原価計算）

Ⅰ 売上高	×××
Ⅱ 売上原価	×××
売上総利益	×××
Ⅲ 販売費・一般管理費	×××
営業利益	×××

全部原価計算では、製造原価、販売費・一般管理費という原価分類を用いて損益計算書を作成しますが、変動費や固定費が不明なので、**CVP分析を使って経営判断に役立てることができない**という欠点があります。

直接原価計算では、変動費・固定費という原価の分類を用いて損益計算書を作成することで、CVP関係を明らかにすることができます[02]。

02）「直接・実際・総合原価計算」です。

ここで**売上高から変動費だけを差し引いて計算される利益**を**貢献利益**といい、貢献利益から**固定費を差し引いて営業利益を計算**します。

2 直接原価計算と全部原価計算

直接原価計算でも全部原価計算でも、最終的には営業利益を求めることには変わりありません。しかし、その金額は必ずしも同一にはなりません。というのは、それぞれに固定製造原価[03]の扱いが異なるためです。

03)工場の建物の減価償却費などが該当します。

〈直接原価計算〉期間原価（当期の費用となる） ⇒ 固定製造原価 ⇐ 〈全部原価計算〉製品原価（製品に集計される）

固定製造原価は、**全部原価計算**では製品原価として製品に集計され、**この製品を販売した期に費用（売上原価）として損益計算書に計上**されます[04]。

04)製品に次期繰越がある場合、その繰越分の製品が売られるまでは、費用（売上原価）となりません。

これに対して**直接原価計算**では期間原価とされ、**すべて発生した期の費用とされる**のです。この違いが営業利益の差をもたらします。同一の条件（ただし、期間は1カ月間とする）でそれぞれを比較して確かめてみましょう。

3 計算方法

例2-1

次の資料を参照し、⑴全部原価計算と⑵直接原価計算、それぞれの損益計算書を作成しなさい。

1．当月の生産・販売量

月初仕掛品	0 個	月初製品	0 個
当月投入量	1,000 個	当月完成量	1,000 個
合　計	1,000 個	合　計	1,000 個
月末仕掛品	0 個	月末製品	200 個
当月完成量	1,000 個	当月販売量	800 個（製品販売価格 @1,000円）

2．原価データ

(1)　直接材料費（すべて変動費）　140,000円

(2)　直接労務費（すべて変動費）　160,000円

(3)　製造間接費　変動費　100,000円　固定費　200,000円

　なお、製造間接費は生産量を基準として製品に配賦している。

(4)　販　売　費　変動費　50,000円　固定費　60,000円

(5)　一般管理費（すべて固定費）　70,000円

全部原価計算と直接原価計算の損益計算書を作成するために、次のような仕掛品と製品のボックスを書いて原価の流れを把握します。

(1)全部原価計算

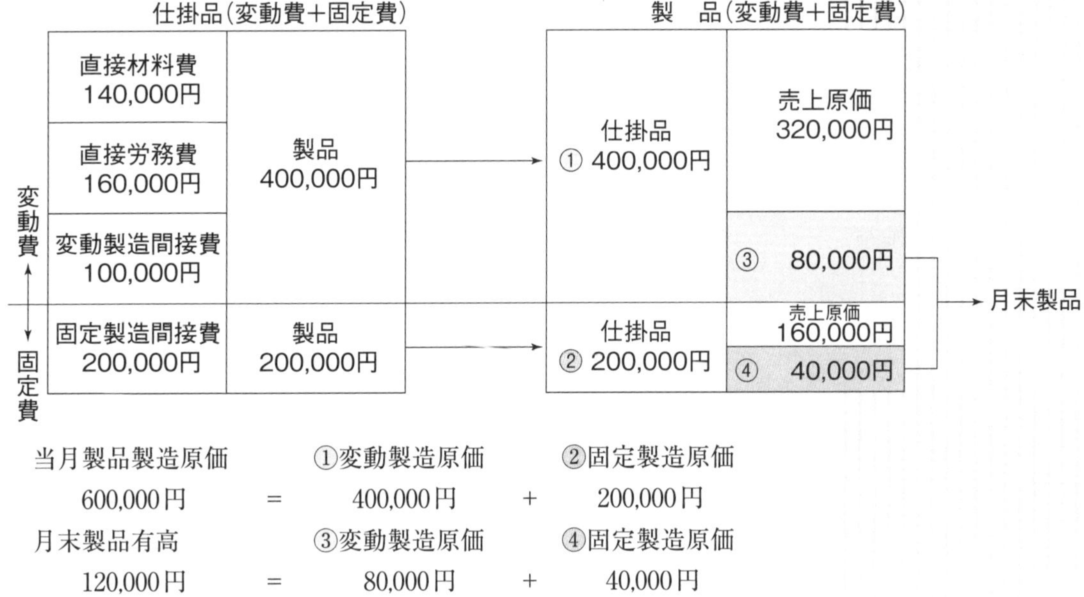

当月製品製造原価		①変動製造原価		②固定製造原価
600,000円	＝	400,000円	＋	200,000円
月末製品有高		③変動製造原価		④固定製造原価
120,000円	＝	80,000円	＋	40,000円

(2)直接原価計算

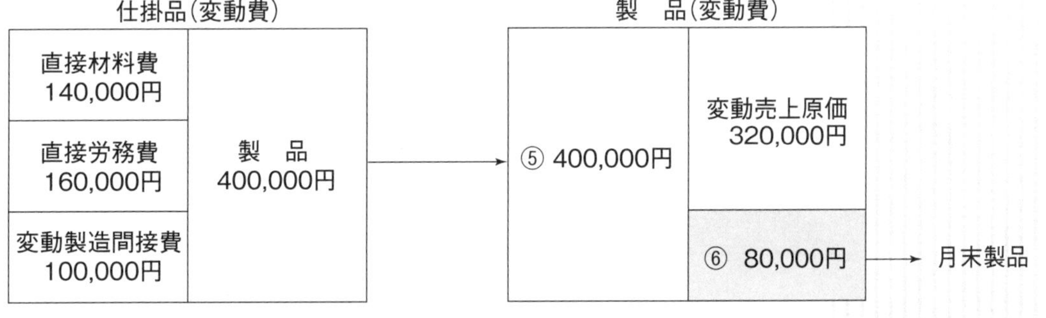

当月製品製造原価[05)] ＝ ⑤変動製造原価
400,000円

月末製品有高 ＝ ⑥変動製造原価
80,000円

05)全部原価計算から固定製造原価を除くと考えればOKです。

全部原価計算と直接原価計算とで営業利益が異なるのは、固定製造原価の一部が繰り越されるか、当月の費用として処理されるかの違いによるものです。

(1) 損益計算書（全部原価計算）

			(単位：円)
Ⅰ	売上高		800,000
Ⅱ	売上原価		
1	当月製品製造原価	600,000	
2	月末製品有高	120,000	480,000
	売上総利益		320,000
Ⅲ	販売費及び一般管理費		
1	変動販売費	50,000	
2	固定販売費	60,000	
3	固定一般管理費	70,000	180,000
	営業利益		140,000

(2) 損益計算書（直接原価計算）

			(単位：円)
Ⅰ	売上高		800,000
Ⅱ	変動売上原価		
1	当月製品製造原価	400,000	
2	月末製品有高	80,000	320,000
	変動製造マージン[06]		480,000
Ⅲ	変動販売費		50,000
	貢献利益		430,000
Ⅳ	固定費		
1	固定製造間接費	200,000	
2	固定販売費	60,000	
3	固定一般管理費	70,000	330,000
	営業利益		100,000

06) 直接原価計算では、本例のように、売上から変動売上原価だけを差し引いて変動製造マージンを計算することがあります。

次の図は、変動製造原価と固定製造原価の部分を上下に分けた製品勘定です。

製品

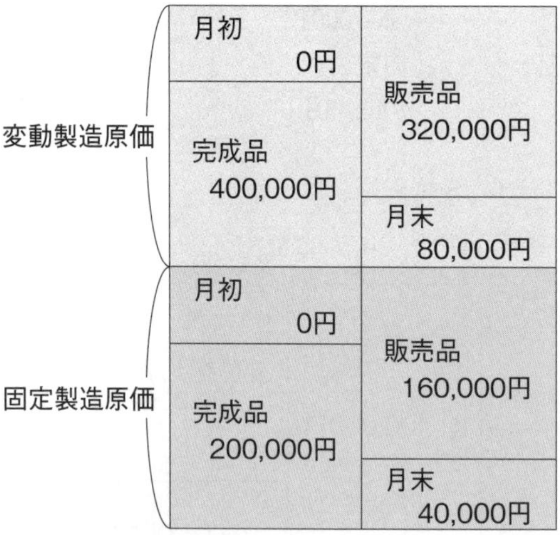

変動製造原価	月初 0円	販売品 320,000円
	完成品 400,000円	月末 80,000円
固定製造原価	月初 0円	販売品 160,000円
	完成品 200,000円	月末 40,000円

次の表は、営業利益の相違を示すために直接原価計算と全部原価計算の営業利益の計算過程を示したものです。この表から、固定製造原価について直接原価計算と全部原価計算とでは当月に費用化する金額が異なり[07]、結果として営業利益が異なることがわかります。

07) 全部原価計算では、固定製造原価のうち売上原価に含まれる金額のみを当月に費用化するのに対して、直接原価計算では、当月に発生した固定製造原価を当月中にすべて費用化するためです。

	直接原価計算	全部原価計算
		(単位：円)
売上高	800,000	800,000
変動製造原価	320,000	320,000
変動販売費	50,000	50,000
固定製造原価	200,000	160,000
固定販管費	130,000	130,000
営業利益	100,000	140,000

直接原価計算

次の資料にもとづき、以下の各問に答えなさい。

〔資　料〕

1．当月の生産・販売量

月初仕掛品	0 個	月初製品	0 個
当月投入量	1,400 個	当月完成量	1,400 個
合　計	1,400 個	合　計	1,400 個
月末仕掛品	0 個	月末製品	280 個
当月完成量	1,400 個	当月販売量	1,120 個（製品販売価格 @1,000円）

2．原価データ

①直接材料費（すべて変動費）196,000円

②直接労務費（すべて変動費）224,000円

③製造間接費　変動費　140,000円　固定費　280,000円

なお、製造間接費は生産量を基準として製品に配賦している。

④販　売　費　変動費　70,000円　固定費　84,000円

⑤一般管理費（すべて固定費）　98,000円

問1　全部原価計算による損益計算書を作成しなさい。

損益計算書（全部原価計算）　（単位：円）

Ⅰ　売上高		（　　　）
Ⅱ　売上原価		
1　当月製品製造原価	（　　　）	
2　月末製品有高	（　　　）	（　　　）
売上総利益		（　　　）
Ⅲ　販売費及び一般管理費		（　　　）
営業利益		（　　　）

問2　直接原価計算による損益計算書を作成しなさい。

損益計算書（直接原価計算）　（単位：円）

Ⅰ　売上高		（　　　）
Ⅱ　変動売上原価		
1　当月製品製造原価	（　　　）	
2　月末製品有高	（　　　）	（　　　）
変動製造マージン		（　　　）
Ⅲ　変動販売費		（　　　）
貢献利益		（　　　）
Ⅳ　固定費		
1　固定製造間接費	（　　　）	
2　固定販売費	（　　　）	
3　固定一般管理費	（　　　）	（　　　）
営業利益		（　　　）

問1

損益計算書（全部原価計算）　（単位：円）

Ⅰ　売上高			(1,120,000)
Ⅱ　売上原価			
1　当月製品製造原価	(840,000)		
2　月末製品有高	(168,000)	(672,000)	
売上総利益			(448,000)
Ⅲ　販売費及び一般管理費			(252,000)
営業利益			(196,000)

問2

損益計算書（直接原価計算）　（単位：円）

Ⅰ　売上高		(1,120,000)
Ⅱ　変動売上原価		
1　当月製品製造原価	(560,000)	
2　月末製品有高	(112,000)	(448,000)
変動製造マージン		(672,000)
Ⅲ　変動販売費		(70,000)
貢献利益		(602,000)
Ⅳ　固定費		
1　固定製造間接費	(280,000)	
2　固定販売費	(84,000)	
3　固定一般管理費	(98,000)	(462,000)
営業利益		(140,000)

解説

問1

1．売上高　@1,000円×1,120個＝1,120,000円

2．売上原価

製　品

借方	貸方
0個 0円	1,120個 672,000円　→　差額（売上原価）
1,400個 840,000円	280個 168,000円　→　$\frac{840{,}000\text{円}}{1{,}400\text{個}}$×280個＝168,000円

問2

1．売上高　問1と同じ

2．売上原価

製　品

0個 0円	1,120個 448,000円
1,400個 560,000円	280個 112,000円

→ 差額（変動売上原価）

→ $\frac{560{,}000円}{1{,}400個} \times 280個 = 112{,}000円$

Section 2のまとめ

■直接原価計算とは

製品原価を変動費のみから計算し、固定費を期間原価とすることで、損益計算書上においてCVP関係をよりよく示すことができます。

■直接原価計算と全部原価計算

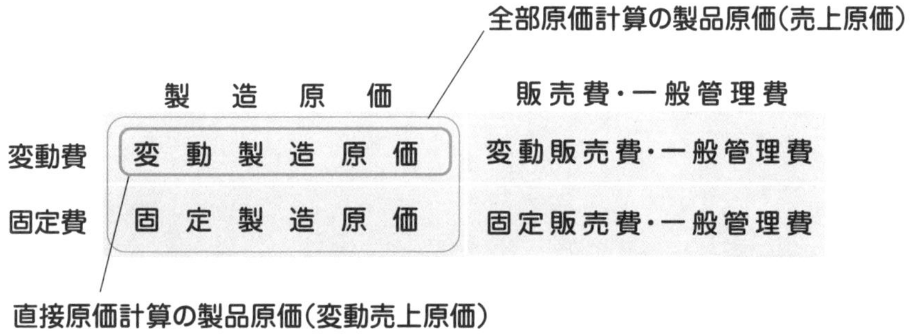

全部原価計算の製品原価(売上原価)

	製造原価	販売費・一般管理費
変動費	変動製造原価	変動販売費・一般管理費
固定費	固定製造原価	固定販売費・一般管理費

直接原価計算の製品原価(変動売上原価)

損益計算書(直接原価計算)(単位：円)

Ⅰ	売上高		10,000
Ⅱ	変動売上原価		4,500
	変動製造マージン		5,500
Ⅲ	変動販売費		500
	貢献利益		5,000
Ⅳ	固定費		
	1．固定製造原価	3,000	
	2．固定販管費	500	3,500
	営業利益		1,500

損益計算書(全部原価計算)(単位：円)

Ⅰ	売上高	10,000
Ⅱ	売上原価	7,000
	売上総利益	3,000
Ⅲ	販売費及び一般管理費	1,000
	営業利益	2,000

コラム　岐路

世の中『大差の時代』だ、『格差の時代』だ、などといわれていますし、確かにその兆しは感じられます。そしてそこには上下を分ける『差の線』があるように思います。

右肩上がりの成長が前提なら、普通に努力することで企業も成長し働く人々も収入も上がり、生活もよくなっていく。しかし、変化の激しい時代には、今現在のパフォーマンスを無視して年齢や勤続年数で給料を払っていたのでは確実に会社が倒れる。

そこで、企業が必要とするのは優秀なリードオフマンである。
彼らこそが時代の変化に対応し、新しい時代の新しい価値を生み出す可能性を持っている。そういったリードオフマンにはいくつかの資質が要求される。
パーソナリティは別格として、オリジナリティやバイタリティはスペシャリティにもとづいた自信に裏打ちされていることが多い。また、オリジナリティやバイタリティを磨くことは難しいが、スペシャリティなら自分で磨ける。

私は全経なら１級の合格が、『差の線』のちょうど真上のような気がする。
合格後、さらに頑張ってスペシャリティを磨いていけば差の線の上に出て、時代のリードオフマンとして活躍できる可能性が高くなる。
しかし逆も逆で、合格後に何もしなければその知識は確実に錆び、達成感というパワーもなくなり、差の線の下で決して高くない給料であまり創造性のない働き方をしなければならなくなる。
１級の合格者はまさに『岐路』に立っている、そんな気がする。
自分の人生を決めるのは自分以外の誰でもない、お互いに頑張っていきたいと思う。

Chapter 9

本社工場会計

本社工場会計の全体像

重要度

Section 1 本社工場会計 ★★★☆☆

ココがPOINT!!

本社工場会計の問われ方

本社工場会計は、商業簿記で学んだ本支店会計と同様の方法です。ただ一点異なるのは、本支店会計では、支店に現金勘定を設けたからといって本店に現金勘定がなくなることはないのに対して、本社工場会計では、工場に材料勘定を移すと本社には材料勘定がなくなります。この点だけを注意して学習を進めてください。

本社工場会計

はじめに

工場の設立当初、本社も工場の敷地内に置いて営業していたのですが、事業が発展するにつれて、手狭になってきました。
そこであなたは、本社機能を別の場所に移転させることにしました。すると、本社には経理部を置くことになりますし、工場には原価を計算する会計事務を残さなければなりません。
このような場合、本社と工場のやり取りはどのように処理すればいいのでしょうか。

1 工場会計の独立

工場の規模が大きくなったときには、工場にも経理部門を設けて、製造活動に関する会計事務を分担させればよいでしょう。これを工場会計の独立といいます。

工場会計を独立させるには、**一般元帳**[01)]から製造関係の勘定を除いて、**工場元帳**[02)]に移します。工場の経理部門は、この工場元帳を用いて製造関係の取引についてのみ計算・記帳を行います。

01）本社で用いる元帳です。
02）工場で用いる元帳です。

〈これまでの状態〉

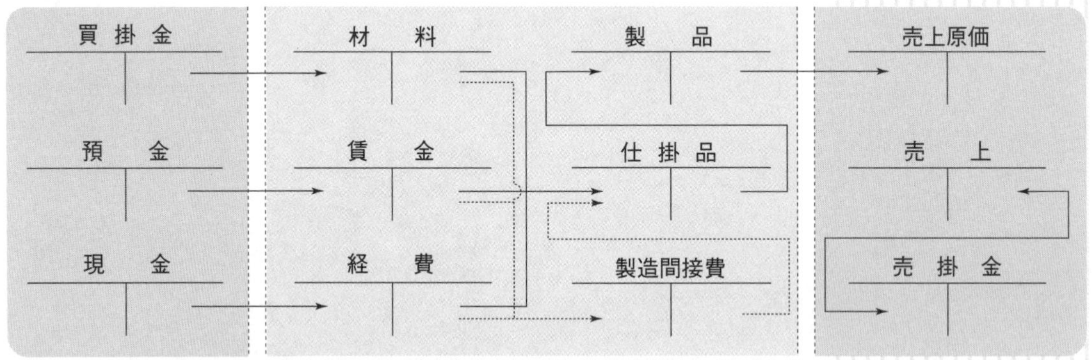

2 本社・工場間取引の処理

工場での会計を本社から独立させると、**本社と工場の間での取引**が発生することになります。

例えば、材料が仕入先から工場へ直接に届けられるのであれば、材料勘定は工場に設けることになります。ただし、その場合でも、代金の支払いは本社経理部門が担当するので、買掛金勘定や現金勘定は本社の一般元帳に残します。

そうしないと、本社のコントロールなしに工場が勝手に仕入れてしまう可能性があります。

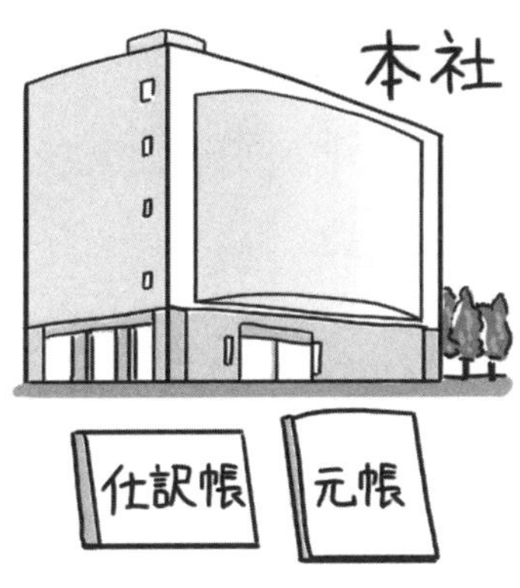

〈本社の元帳（一般元帳）〉

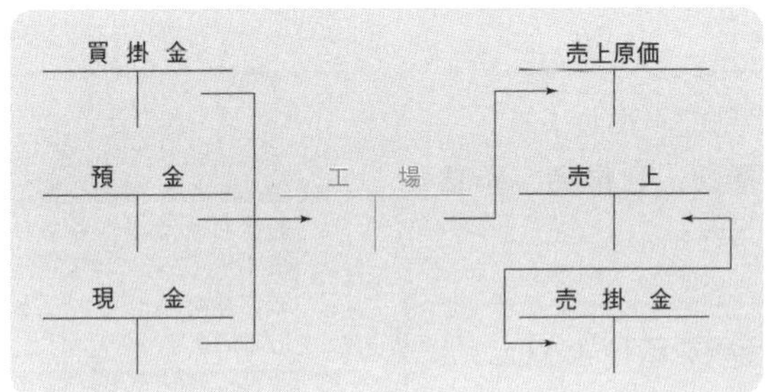

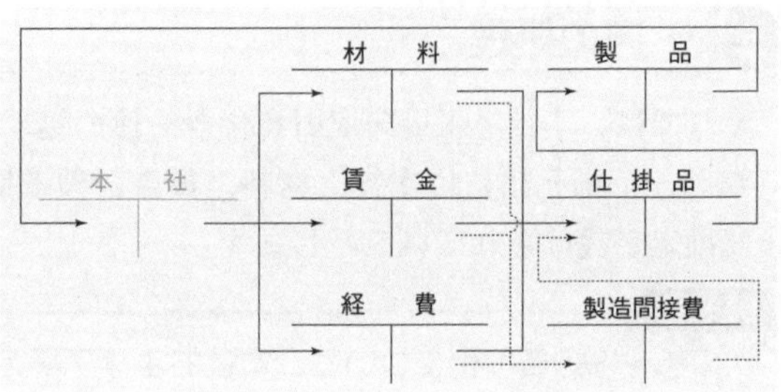

つまり、このときの材料の購入は、工場の会計と本社の会計にまたがる取引になります。このような本社工場間にまたがる取引を**本社・工場間取引**といい、**工場勘定**[03]と**本社勘定**[04]を用いて処理します。

03) 一般元帳上の勘定です。本社の工場に対する貸し借りを示します。

04) 工場元帳上の勘定です。工場の本社に対する貸し借りを示します。

(1)材料購入時の処理

材料勘定は工場元帳にあるので、工場で材料の受入れの処理をし、相手勘定である買掛金は一般元帳にあるので、本社で計上します。

例 1-1

工場は、材料 300,000 円を掛けで仕入れた。

工場での処理	（借）材　　料	300,000	（貸）本　　社[05]	300,000
本社での処理	（借）工　　場[06]	300,000	（貸）買 掛 金	300,000

05) 工場にとっては、本社への債務の発生を意味しています。

06) 本社にとっては、工場への債権の発生を意味しています。

つまり、本社・工場間での取引は、本社勘定、工場勘定を用いて1つの取引を分割して記帳するのです。したがって、**工場勘定と本社勘定の残高は常に等しくなります**（ただし貸借は逆になります）[07]。

07) 本社勘定と工場勘定は「照合勘定」です。貸借を逆にして、必ず金額が一致します。

(2)製品完成時の処理

完成した製品を工場から本社に送付し、本社の倉庫で管理している場合は、製品勘定は一般元帳に設けます。このとき、製品完成時に本社・工場間取引が発生します。

例1-2

工場において、製品1,000,000円が完成した。

工場での処理	(借)本　　社[08]	1,000,000	(貸)仕 掛 品	1,000,000
本社での処理	(借)製　　品	1,000,000	(貸)工　　場[09]	1,000,000

製品勘定は一般元帳にあるので、本社で製品受入れの処理を行い、相手勘定である仕掛品は工場元帳にあるので、工場で振り替えます。

08)工場にとっては、本社への債務の返済(または債権の発生)を意味しています。

09)本社にとっては、工場への債権の回収(または債務の発生)を意味しています。

3 一連の処理

それでは、本社・工場間取引を含む一連の処理を見てみましょう。

なお、工場元帳には**本社、材料、賃金、製造間接費、仕掛品、製品**[10]の諸勘定が設けられているとします。

10)製品勘定は、本社元帳に設けられる場合もありますが、ここでは工場元帳に設けられているとしています。

例1-3

次の①～⑧の各取引について、本社および工場の仕訳を示しなさい。仕訳不要の場合は「仕訳なし」とすること。

① 材料500,000円を掛けで購入した。現品は工場で受け入れた。
② 直接材料350,000円、間接材料150,000円を消費した。
③ 工場従業員の給与580,000円を当座預金から支給した。
④ 直接工賃金400,000円、間接工賃金180,000円が発生した。
⑤ 水道料、ガス代などの間接経費80,000円を現金で支払った。
⑥ 製造間接費を各製品に配賦した(直接労務費の100%)。
⑦ 当月完成品1,150,000円を倉庫に納品した。
⑧ 完成品のうち1,000,000円が1,700,000円で現金販売された。

〈取　引〉	〈本社の仕訳〉	〈工場の仕訳〉
① 材料の購入	(借)工　場 500,000 (貸)買 掛 金 500,000	(借)材　料 500,000 (貸)本　社 500,000
② 材料の消費	仕 訳 な し	(借)仕 掛 品 350,000 (貸)材　料 500,000 製造間接費 150,000
③ 賃金の支払い	(借)工　場 580,000 (貸)当座預金 580,000	(借)賃　金 580,000 (貸)本　社 580,000
④ 賃金の消費	仕 訳 な し	(借)仕 掛 品 400,000 (貸)賃　金 580,000 製造間接費 180,000
⑤ 経費の計上	(借)工　場 80,000 (貸)現　金 80,000	(借)製造間接費 80,000 (貸)本　社 80,000
⑥ 間接費配賦	仕 訳 な し	(借)仕 掛 品 400,000 (貸)製造間接費 400,000[11]
⑦ 製品完成	仕 訳 な し	(借)製　品 1,150,000 (貸)仕 掛 品 1,150,000
⑧ 製品販売	(借)売上原価 1,000,000 (貸)工　場 1,000,000 (借)現　金 1,700,000 (貸)売　上 1,700,000	(借)本　社 1,000,000 (貸)製　品 1,000,000

11)400,000円×100%
直接工賃金
＝400,000円

この例では、取引は①、③、⑤、⑧が本社･工場間取引となります。取引②、④、⑥、⑦は工場に設けられた勘定だけに関係する取引なので、本社では「仕訳なし」となります。

なお、工場元帳にどのような勘定を設けるかは企業によって異なります。それに応じて、どの取引が本社・工場間取引となるかが違ってきますから注意してください。

とくに製品勘定は、本社元帳に設けられることもあり、この場合、⑦製品完成時の処理、⑧製品販売時の処理は次のようになります。

〈取　引〉	〈本社の仕訳〉	〈工場の仕訳〉
⑦ **製品完成**	(借)製　品 1,150,000　(貸)工　場 1,150,000	(借)本　社 1,150,000　(貸)仕掛品 1,150,000
⑧ **製品販売**	(借)売上原価 1,000,000　(貸)製　品 1,000,000 (借)現　金 1,700,000　(貸)売　上 1,700,000	仕訳なし

▶ 製品勘定に注意！◀

本社工場会計で注意しなければならないのは、工場元帳に設けられている勘定科目の範囲です。材料、賃金、製造間接費、仕掛品の各勘定は必ず工場元帳にあると思っていいのですが、製品勘定が微妙です。工場元帳に設けられている場合もあれば、本社元帳に設けられている場合もあり、はたまたその両方に設けられている場合もあるのです。

この点には注意しておきましょう。

※差異勘定も製品勘定と同様にいろいろな可能性があるので、同様に注意しておきましょう。

本社工場会計

次の取引について、本社と工場の仕訳を示しなさい。なお、工場元帳には材料、仕掛品、製造間接費、賃金および本社の諸勘定が設けてある。また、仕訳が不要なときには「仕訳なし」と記入すること。

(1) 材料 300,000円を掛けで購入した。現品は工場で受け入れた。
(2) 直接材料 180,000円、間接材料 120,000円を消費した。
(3) 工場従業員の給与 360,000円を現金で支払った。
(4) 直接工賃金 240,000円、間接工賃金 120,000円が発生した。
(5) 工場の減価償却費 120,000円を本社で計上した。
(6) 製造間接費を各製品に配賦した(直接労務費の 150%)。
(7) 当月完成品 780,000円を本社の製品倉庫に納入した。

〈取　引〉	〈本社の仕訳〉	〈工場の仕訳〉
(1) 材料の購入	(借)工　場 300,000 (貸)買 掛 金 300,000	(借)材　料 300,000 (貸)本　社 300,000
(2) 材料の消費	仕訳なし	(借)仕 掛 品 180,000 (貸)材　料 300,000 製造間接費 120,000
(3) 賃金の計上	(借)工　場 360,000 (貸)現　金 360,000	(借)賃　金 360,000 (貸)本　社 360,000
(4) 賃金の消費	仕訳なし	(借)仕 掛 品 240,000 (貸)賃　金 360,000 製造間接費 120,000
(5) 経費の計上	(借)工　場 120,000 (貸)減価償却累計額 120,000	(借)製造間接費 120,000 (貸)本　社 120,000
(6) 間接費配賦	仕訳なし	(借)仕 掛 品 360,000 (貸)製造間接費 360,000*
(7) 製 品 完 成	(借)製　品 780,000 (貸)工　場 780,000	(借)本　社 780,000 (貸)仕 掛 品 780,000

まず、工場会計が独立していない場合の仕訳を考えて、それが本社にある勘定と工場にある勘定にまたがる場合は、本社勘定、工場勘定を用いて分割します。仕訳が工場にある勘定だけでできるときは、本社は「仕訳なし」となります。

* 240,000円 × 150% = 360,000円
直接工賃金

Section 1のまとめ

■本社・工場間の取引　本社には「工場」勘定が設定され、工場には「本社」勘定が設定されています。本社・工場間の取引は、必ずこの勘定を通して行われます。

Chapter10

個別原価計算の基礎

個別原価計算の基礎の全体像

ココがPOINT!!

個別原価計算とは

このChapterで取り上げる個別原価計算は、注文住宅の建築のように、お客様から注文を受けて製造を開始する、いわゆる受注生産経営で用いられる原価計算の方法です。

ということは、オリジナルな製品を製造することになるので材料や加工の方法が製品ごとに異なるため、製品ごとに個別に原価を集計し計算しなければなりません。

個別原価計算では、この原価を集計する場所として指図書(さしずしょ)を用います。"指図書＝(製品ごとの)仕掛品勘定"というイメージで捉えると、わかりやすくなります。

それでは、総合原価計算との違いを意識しながら、しっかりと学習しましょう。

Section 1

重要度 ★★★★☆

個別原価計算の方法

はじめに

あなたの経営する全経家具では、数多くの家具を作ったせいか、ずいぶんと工員たちが腕を上げてきています。それを見たあなたは、「そろそろ一品もの(個別の受注生産)も可能だな」と考えていました。
そんな中、知り合いの家具販売店から特注のベッドの注文が入るようになりました。
さて、これまでは大量生産だったので、1カ月間に発生した原価を1カ月間で製造した個数で割り振ればよかったのですが、今度はそうはいきません。
では、このような個別受注生産の場合、原価はどのように計算するのでしょうか。

1 個別原価計算の生産形態

個別原価計算を採用する会社における製品の注文から生産・販売までの流れを示すと、次の図のようになります。

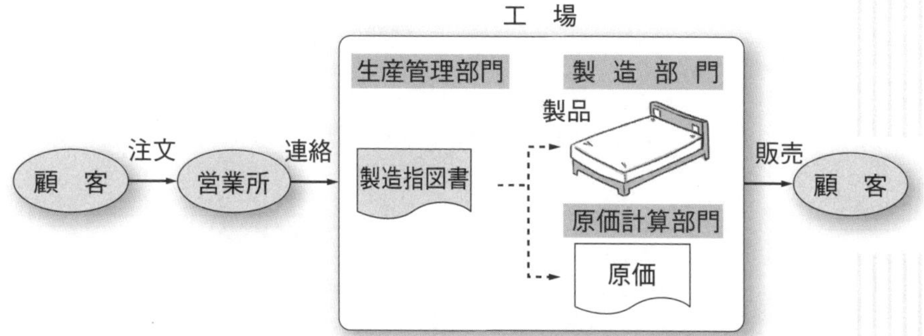

まず営業担当者が注文を受けると、その内容は工場の生産管理部門に伝達されます。生産管理部門では、作業日程や工員のスケジュールを考慮したうえで、**製造指図書**(せいぞうさしずしょ)[01]と呼ばれる書類を作成して、製造部門に生産を指示します。

01) Job Order：J/O と略されます。

製造指図書　　＃100

X5年6月3日

顧客名　○×家具店　　納　期　X5年6月30日
納入場所　東京都千代田区××　　着手日　X5年6月10日
完了日　　年　月　日

品名・規格	数　量	備　考
木製ベッドT型 シングルサイズ 木目調	1台	

製造指図書の写しは、原価計算部門にも回されます。原価計算部門では、製造原価を製造指図書ごとに集計していきます[02]。

例えば、当月は＃100[03]、＃200の2つの注文を受けて原価が1,000,000円発生したとすると、このうち＃100の分がいくらで、＃200の分がいくらかを計算するのです。

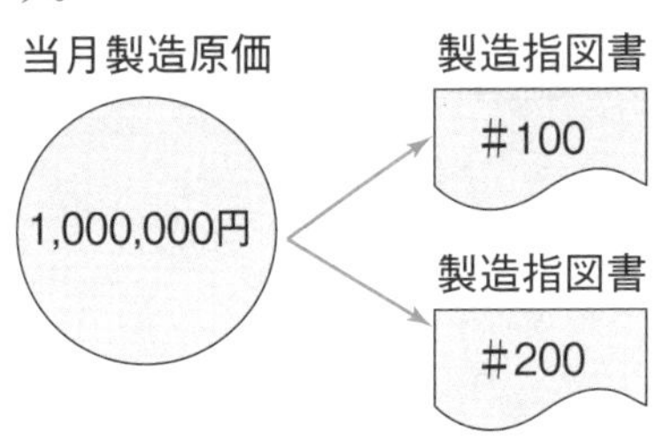

このように、受注生産企業では注文ごとに製造指図書を発行して、それにもとづいて製品を生産すると同時に、原価を集計する個別原価計算が行われます。それによって注文ごとの原価が明らかになるのです。

02）このことから個別原価計算は「指図書別原価計算」ともいわれます。

03）指図書の番号を示す＃は「ナンバー」と読んでください。「No」としている問題もあります。

2 原価の分類

原価を指図書に集計する方法は、原価によって異なります。個別原価計算では、原価を次のように分類します。

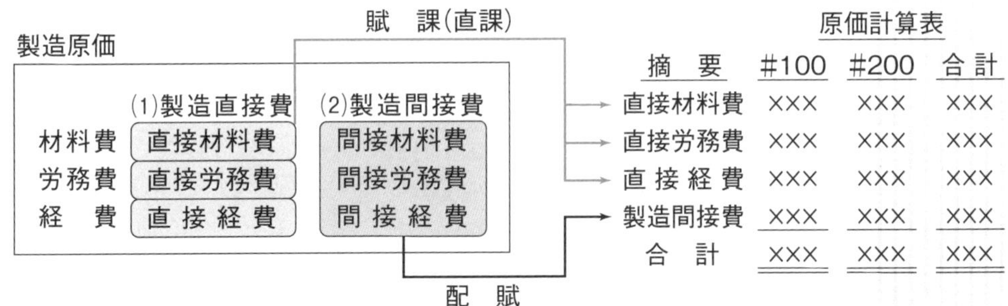

原価計算表

摘　要	#100	#200	合 計
直接材料費	×××	×××	×××
直接労務費	×××	×××	×××
直 接 経 費	×××	×××	×××
製造間接費	×××	×××	×××
合　計	×××	×××	×××

⑴製造直接費

製品に跡付(あとづ)けできる原価。どの製品(製造指図書)のためにいくら発生したかがわかる原価のことです。

例えば、＃100は木製ベッド、＃200はスチールベッドだとすると、木材、スチール材の代金はそれぞれ＃100、＃200のためにかかったものだとわかります。また、＃100は工員Aが、＃200は工員Bが生産したとすると、A、Bの賃金はそれぞれ＃100、＃200のためにかかったものであるといえます。これらは、製造直接費として各製造指図書に**賦課(ふか)**[04]します。

⑵製造間接費

製品に跡付けできない原価。生産した製品(製造指図書)について共通的に発生した原価のことです。

例えば、工具代(間接材料費)や工場長の給料(間接労務費)や建物の減価償却費(間接経費)は、＃100、＃200のどちらのためにかかったともいえません。＃100と＃200の生産に共通に発生した原価です。これらは、製造間接費であり、何らかの基準によって各製造指図書に**配賦(はいふ)**[05]します。

04）原価財の価格に各指図書ごとの消費量を掛けて、指図書別に金額を算定することです。直課ともいいます。

05）発生総額を集計し、基準値に応じて製造指図書に配分することです。基準とする値を配賦基準といいます。

それでは具体例によって計算してみましょう。

3 計算方法

例1-1

全経家具(株)では、家具の受注生産を行い、個別原価計算を採用している。

1．当月の生産状況

製造指図書	製品名	数量	着手日	完成日
＃100	A製品	200 個	6／3	― (仕掛中)
＃200	B製品	100 個	6／5	6/20 (すべて完成)
＃300	C製品	300 個	6／7	6/25 (すべて完成、顧客に引渡済)

ロット(一定の製造数量)単位で受注生産しているという前提です。1ロット＝50個くらいが多いようです。

2．当月の製造原価

①直接材料費
- 実際価格　600円/kg
- 実際消費量

＃100	＃200	＃300	計
350kg	220kg	450kg	1,020kg

②直接労務費
- 実際賃率　800円/時間
- 実際作業時間

＃100	＃200	＃300	計
250時間	125時間	300時間	675時間

③直接経費は発生しなかった。

④製造間接費　実際発生額

間接材料費	125,000円
間接労務費	248,000円
間 接 経 費	275,000円
計	648,000円

なお、製造間接費は直接労務費を基準に実際発生額を配賦する。

(1)製造直接費の計算

製造直接費(直接材料費、直接労務費)は、**価格要素**(材料価格、賃率)に**数量要素**(材料の消費量、作業時間)を掛けて、**指図書別に計算**し、**賦課**(直課)します。

製造指図書に賦課することができるのは、材料元帳や工員からの作業報告において、どの指図書のために、何を、いくら消費したかを記録しているためです。

＃100の直接材料費＝実際価格×＃100の実際消費量
210,000円 ＝ @600円 × 350kg
＃100の直接労務費＝実際賃率×＃100の実際作業時間
200,000円 ＝ @800円 × 250時

(2)製造間接費の計算

製造間接費は発生した総額しか把握できないので、①直接材料費額[06]、②直接労務費額[07]、③直接原価総額[08]（＝直接材料費＋直接労務費）の比率などで[09]で各指図書に配分します。

ここでは、直接労務費法で説明しています。

まず、製造間接費を直接労務費合計で割って**実際配賦率**[10]を算定し、これに指図書別の直接労務費を掛けて**配賦額**[11]を計算します。実際配賦率 @1.2円は、いわば製造間接費の価格[12]であって、これに消費量である配賦基準（直接労務費）を掛けて配賦額を計算していると考えてください。

直接労務費：@ 800 円× 675 時間＝ 540,000 円

実際配賦率：$\dfrac{\text{製造間接費実際発生額}\quad 648{,}000\text{円}}{\text{配賦基準値（直接労務費）}\quad 540{,}000\text{円}}$ ＝@ 1.2 円

＃100への配賦額：@1.2円×200,000円(@800円×250時間)＝240,000円
（＃100 の配賦基準値（直接労務費））

06)直接材料費額を基準にして配賦する方法を直接材料費法といいます。

07)直接労務費額を基準にして配賦する方法を直接労務費法といいます。

08)直接原価総額を基準にして配賦する方法を直接原価法または製造直接費法といいます。

09)これ以外にも、直接作業時間や機械稼働時間の比率で配分することもあります。

10)配賦基準値単位あたりの製造間接費実際発生額のことです。

11)製造指図書に配賦された製造間接費の金額のことです。

12)直接労務費が1円発生すると、製造間接費が1.2円発生しているという関係を示しています。

(3)原価計算表の記入

原価計算表　（単位：円）

摘　要	＃100	＃200	＃300	合　計
直接材料費[13]	210,000	132,000	270,000	612,000
直接労務費[14]	200,000	100,000	240,000	540,000
製造間接費[15]	240,000	120,000	288,000	648,000
合　計	650,000	352,000	798,000	1,800,000
備　考	仕掛中	完　成	完成・引渡済	

以上の計算によって、**製造指図書別原価**が計算できました。これを生産量で割ると、製品1個あたりの原価を算定することができます[16]。

＃200（B製品）352,000円÷100個＝@3,520円

＃300（C製品）798,000円÷300個＝@2,660円

ここで、各製品の単位原価が異なることに注意してください。製品の仕様が異なるので、当然に単位原価も異なります。このように注文品ごとの原価を計算するために指図書別に原価を集計したのです。

また、自家用のために製品を製造することがあります。この場合は、製品ではなく、製造原価の金額で機械などの有形固定資産勘定を計上します。

13)実際価格（@600円）×実際消費量

14)実際賃率（@800円）×実際作業時間

15)直接労務費×実際配賦率（@1.2円）

16)＃100（A製品）は仕掛中のため、製品あたりの単位原価の算定はまだ行えません。

4 帳簿への記入

それでは、計算結果を帳簿に記入してみましょう。これには、⑴**製品勘定を設ける方法**と、⑵**製品勘定を設けない方法**があります。なお、個別原価計算の処理では、①製造直接費の製品原価(仕掛品勘定)への賦課および製造間接費を集計したとき、②製造間接費を配賦したとき、③製品が完成したとき、④製品を販売したとき、の4つに注意してください。

受注生産の場合、完成するとすぐに注文先に納品するので、製品勘定をもたない会社もあります。

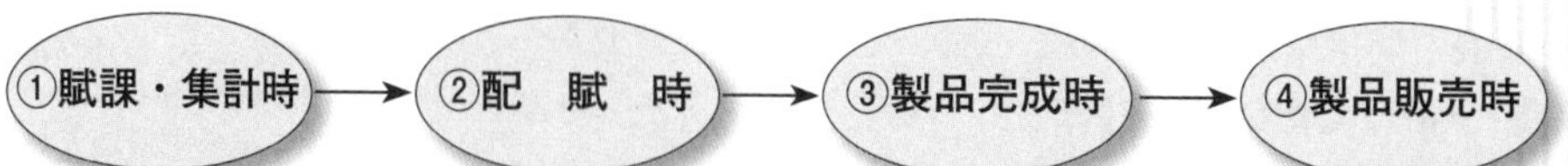

⑴製品勘定を設ける方法

①賦課・集計時

直接材料費、直接労務費、直接経費は仕掛品勘定へ振り替え、間接費は製造間接費勘定に集計します。

17) 612,000円＋540,000円＝1,152,000円

18) 125,000円＋248,000円＋275,000円＝648,000円

①製造直接費賦課	(借)	仕　掛　品	1,152,000 [17]	(貸)	材　　料	737,000
製造間接費集計		製造間接費	648,000 [18]		賃　　金	788,000
					経　　費	275,000

②配賦時

当月の配賦額合計(＝製造間接費発生額)を仕掛品勘定へ振り替えます。

②製造間接費配賦	(借)	仕　掛　品	648,000	(貸)	製造間接費	648,000

③－1製品完成時

当月の完成分を製品勘定へ振り替えます。

③製　品　完　成	(借)	製　　品	1,150,000	(貸)	仕　掛　品	1,150,000

③－2製品完成時(自家用資産)

自社で製造した製品を販売用ではなく、自社で使用する場合には、当月完成分を有形固定資産勘定等、該当する科目に振り替えます。

例)製造した機械を自社で使用する場合

③製品完成(自家用資産)	(借)	機械装置	1,150,000	(貸)	仕　掛　品	1,150,000

④製品販売時

当月の販売分を売上原価勘定へ振り替えます。

④製　品　販　売	(借)	売上原価	798,000	(貸)	製　　品	798,000

まとめると、次のようになります。

- 注文を受けた生産量のすべてを完成
  - 顧客に引渡済み ……**売　上　原　価**
  - 顧客に引渡未済 ……**月末製品棚卸高**
- 仕掛中(注文を受けた生産量の一部完成も含む) ……………**月末仕掛品棚卸高**

この設例では、次のように製品原価の動きを示すことができます。

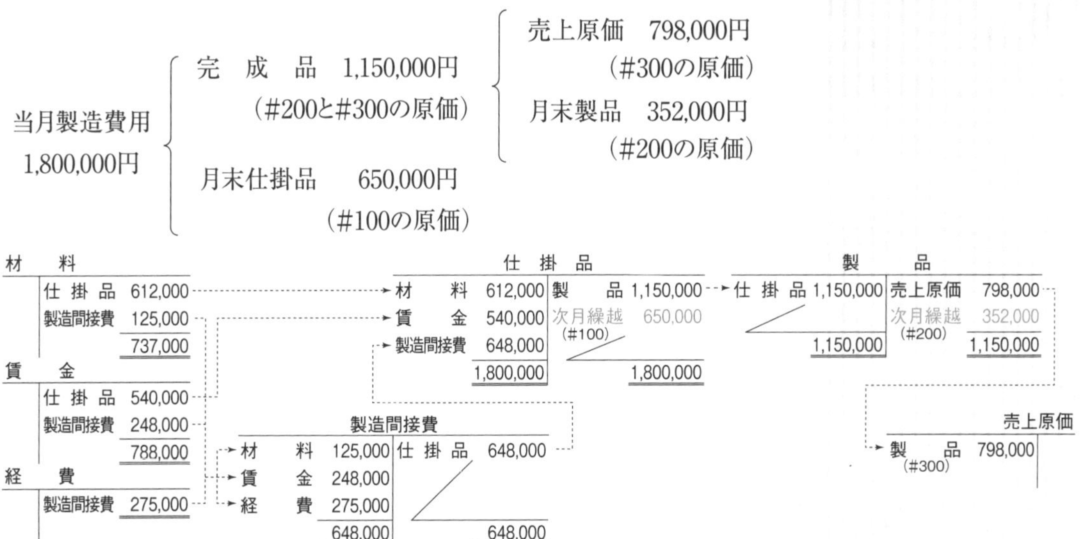

(2)製品勘定を設けない方法

①賦課と集計（原価消費）	（1）に同じ	
②製造間接費配賦	（1）に同じ	
③④製品完成・販売	（借）売上原価　798,000	（貸）仕掛品　798,000

受注生産では製品が完成するとすぐに顧客に引き渡すことも多いようです。その場合、③製品が完成したときと、④製品を販売したときとは、ほぼ同時と考えることができるので、仕訳も一本にまとめます[19]。

19）完成と同時に引き渡すということは、製品を倉庫に置いておくこともないので、製品勘定もいらないのです。

(1)の方法	③製品完成	（借）製　品	×××	（貸）仕掛品	×××
	④製品販売	（借）売上原価	×××	（貸）製　品	×××
	↓		↓		
(2)の方法	③④製品完成・販売	（借）売上原価	×××	（貸）仕掛品	×××

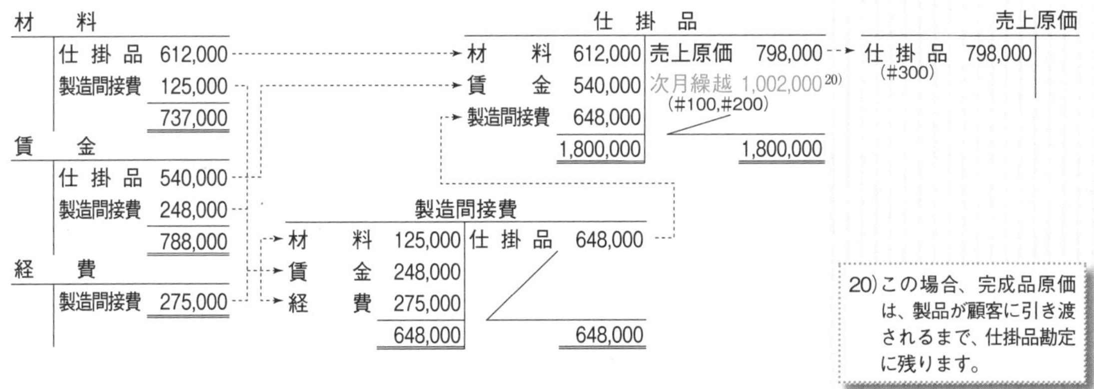

20）この場合、完成品原価は、製品が顧客に引き渡されるまで、仕掛品勘定に残ります。

個別原価計算の方法

原価計算表を埋めて製造指図書別原価を計算し、仕掛品勘定(一部)と製品勘定を作成しなさい。なお、使用する勘定科目は、材料、賃金、経費、製造間接費、仕掛品、製品、売上原価とする。

〔資　料〕

(1) 当月の生産状況(すべて当月に作業を開始した)

製造指図書	製品名	注文量	完成量
# 100	A製品	80 台	20 台（仕掛中）
# 200	B製品	50 台	50 台（当月完成し、月末現在、手許に保管中）
# 300	C製品	100 台	100 台（顧客に引渡済み）

(2) 当月の製造原価

① 直接材料費 ｛実際価格　300 円 / 個
　　　　　　　 実際消費量　# 100 (340 個)　# 200 (160 個)　# 300 (280 個)

② 直接労務費 ｛実際賃率　500 円 / 時間
　　　　　　　 実際作業時間　# 100 (380 時間)　# 200 (180 時間)　# 300 (240 時間)

③ 製造間接費　実際発生額

間接材料費	120,000 円
間接労務費	235,000 円
間 接 経 費	245,000 円
計	600,000 円

なお、製造間接費は直接労務費を基準に実際発生額を配賦する。

原価計算表　(単位：円)

摘　要	# 100	# 200	# 300	合　計
直接材料費				
直接労務費				
製造間接費				
合　計				
備　考				

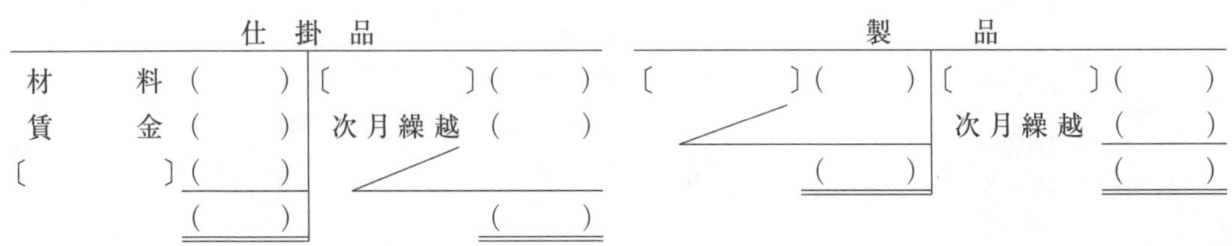

原価計算表　　　　(単位：円)

摘　要	# 100	# 200	# 300	合　計
直接材料費	102,000 [21]	48,000	84,000	234,000
直接労務費	190,000 [22]	90,000	120,000	400,000
製造間接費	285,000 [23]	135,000	180,000	600,000
合　計	577,000	273,000	384,000	1,234,000
備　考	仕掛中	完成・未引渡	完成・引渡済	

21)(価格×消費量)で計算します。

22)(賃率×作業時間)で計算します。

23)直接労務費を基準に配賦します。

$$\frac{600,000円}{400,000円} \times 190,000円 = 285,000円$$

仕　掛　品

借方	金額	貸方	金額
材　料	(234,000)	〔製　品〕	(657,000)
賃　金	(400,000)	次月繰越	(577,000)
〔製造間接費〕	(600,000)		
	(1,234,000)		(1,234,000)

製　品

借方	金額	貸方	金額
〔仕 掛 品〕	(657,000)	〔売上原価〕	(384,000)
		次月繰越	(273,000)
	(657,000)		(657,000)

	取引	借方科目	金額	貸方科目	金額
①	製造直接費賦課	(借) 仕 掛 品	634,000	(貸) 材　料	354,000
	製造間接費集計	製造間接費	600,000	賃　金	635,000
				経　費	245,000
②	製造間接費配賦	(借) 仕 掛 品	600,000	(貸) 製造間接費	600,000
③	製品完成	(借) 製　品	657,000 [24]	(貸) 仕 掛 品	657,000
④	製品販売	(借) 売上原価	384,000 [25]	(貸) 製　品	384,000

24) 273,000円(# 200)
＋384,000円(# 300)
＝657,000円

25)販売済となった# 300の原価です。

Section 1のまとめ

■個別原価計算の生産形態　種類が異なる製品を個別的に生産する生産形態において適用される方法です。製造原価は、製品ごとに製造指図書に集計されます。

■原価の分類
①製造直接費(製品に跡付けできる原価)の各指図書への賦課(ふか)
②製造間接費(製品に跡付けできない原価)の各指図書への配賦(はいふ)

■計算方法

(資料1)

	#101	#102	#103
直接材料費	150円	90円	180円
直接労務費	120円	190円	420円
製造間接費	#101～#103 合計 600円		
配賦割合	50%	30%	20%

＊#101、#102は作業を完了しているが、#103は作業途中である。
　また、#101は顧客に引渡済みである。

上記の資料から、指図書別原価計算表と仕掛品勘定の記入を行うと、次のようになります。

■指図書別原価計算表　A→a　B→b　C→c　それぞれ対応しています。

指図書別原価計算表　(単位：円)

摘要	#101	#102	#103	合　計	
直接材料費	150	90	180	420	
直接労務費	120	190	420	730	A
製造間接費	300	180	120	600	
合　計	570	460	720	1,750	
備　考	完成・引渡済	完　成	仕掛中		
		B	C		

■帳簿への記入

(1)製品勘定を設ける場合

仕　掛　品

	借方		貸方		
a	直接材料費	420	製　品	1,030	b
	直接労務費	730	次月繰越	720	c
	製造間接費	600			
		1,750		1,750	

製　品

借方		貸方	
仕掛品	1,030	売上原価	570
		次月繰越	460
	1,030		1,030

売上原価

借方		貸方	
製　品	570		

(2)製品勘定を設けない場合

仕　掛　品

	借方		貸方		
a	直接材料費	420	売上原価	570	b
	直接労務費	730	次月繰越	1,180	b+c
	製造間接費	600			
		1,750		1,750	

売上原価

借方		貸方	
仕掛品	570		

■売上原価等の算定

個別原価計算において、各指図書に集計された原価の合計額は、売上原価・期末製品・期末仕掛品のいずれかに対応します。

- 完成
  - 引渡済 —— 売上原価
  - 引渡未済 —— 期末製品
- 未完成 —— 期末仕掛品

（資料２）

指図書No.	原価	完成状況
＃201	980円	完成・引渡済
＃202	560円	完成・引渡未済
＃203	430円	完成・引渡未済
＃204	770円	仕掛中

（資料２）についての売上原価、期末製品、期末仕掛品の金額は、次のようになります。

- 売上原価　980円（＃201）
- 期末製品　990円（＃202、＃203）
- 期末仕掛品　770円（＃204）

Section 2

重要度 ★★★☆☆

仕損・作業くずの会計処理

はじめに

イスを製造していると何点かキズが付いてしまったり、見た目が悪いなどで、不合格品が出てしまいました。最終的に受注した製品を納品しなければならないので、可能であれば補修をして完成品にし、不可能ならば代品の製造が必要になります。

では、このようなときはどのように処理すればいいのでしょうか。

1 仕損の意義

加工作業に失敗して、検査の結果、不合格とされた製品のことを**仕損品**といいます。総合原価計算と同様に、仕損が生じたときは仕損が生じるまでにかかった原価を計算し、良品(合格品)の原価に負担させます。

2 仕損費の計算

仕損費の計算方法は、仕損が明らかになった後、その仕損にどう対応したかによって異なります。

仕損品にかかった原価のことを仕損費といいます。

仕損の発生
- (1)補修を行う
- (2)補修せずに代品を作る

(1)補修を行う場合

失敗した製品を補修して良品とすることができたのであれば、その**補修にかかった原価を補修指図書に集計**し、これを仕損費とします。

もとの製造指図書

指図書#100	
直接材料費	×××
直接労務費	×××
製造間接費	×××
計	×××

補修指図書

指図書#100-1	
直接材料費	×××
直接労務費	×××
製造間接費	×××
計	×××

補修を行えば良品となる　　補修用材料、補修作業

仕損費 ＝ 補修指図書に集計した補修の原価

⑵補修せずに代品を作る場合

補修しても合格品となりそうもないときは、代わりの製品を作り直すことになります。この場合は、新たに製造指図書を発行して代わりの製品を作ります。

もともとの注文量全部が失敗して、代わりの製品を作ったのであれば、**もとの製造指図書の原価のすべてが仕損費**になります。なお、仕損品に処分価値があるときは、**評価額**[01]を見積もって控除します。

01)仕損品をスクラップとして外部に売却できるときは、見積もった売却価額が評価額となります。

旧製造指図書

指図書#200	
直接材料費	×××
直接労務費	×××
製造間接費	×××
計	×××

新製造指図書

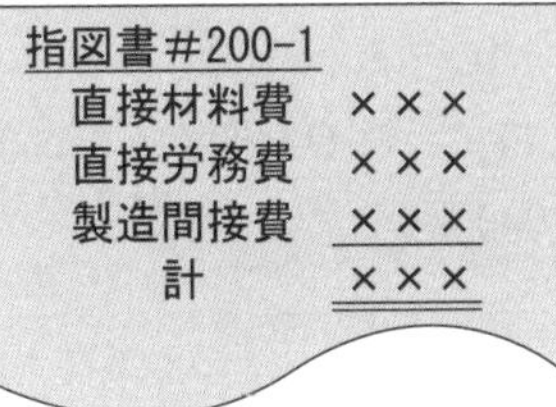

全部仕損

代品

仕損費 ＝ 旧製造指図書に集計した原価 − 仕損品評価額

補修を行う場合には、仕損品評価額はありません。仕損品を補修するので、仕損品として残らないためです。

3 計算方法

例2-1

1．当月は以下の指図書について作業を行い、すべて当月中に完成した。

原価計算表 (単位：円)

	#100	#200	#100－1	#200－1	計
直接材料費	160,000	140,000	20,000	100,000	420,000
直接労務費	230,000	220,000	15,000	170,000	635,000
製造間接費	310,000	300,000	15,000	330,000	955,000
合　計	700,000	660,000	50,000	600,000	2,010,000

2．指図書#100（A製品 1,000個）について仕損が発生したが、補修により合格品となった。#100－1はこの補修に対して発行した補修指図書である。

3．指図書#200（B製品 1,200個）は注文量全部が仕損となった。そこで指図書#200－1を発行して代品を製造した。なお、仕損品は60,000円で外部に売却できる見込みである。

このとき、各製品の原価および仕損費は次のように計算します。

原価計算表 (単位：円)

	#100	#200	#100－1	#200－1	計
直接材料費	160,000	140,000	20,000	100,000	420,000
直接労務費	230,000	220,000	15,000	170,000	635,000
製造間接費	310,000	300,000	15,000	330,000	955,000
小計	700,000	660,000	50,000	600,000	2,010,000
評価額	0	△ 60,000	0	0	△ 60,000
仕損費	50,000	△600,000	△50,000	600,000	0
合計	750,000	0	0	1,200,000	1,950,000

4 仕損費の処理

仕損費[02]は、発生した仕損と直接に関係のある製造指図書に直接経費として賦課します[03]。

例で見ると、#100－1、#200は、それぞれ#100、#200－1と関係のある仕損費ですから、それぞれの指図書に賦課します。

この処理によって仕損費は良品が負担する(良品の原価に含められる)ことになります。例えば、#100は、本来ならば700,000円(＝直接材料費＋直接労務費＋製造間接費)だけですんでいたはずですが、仕損が生じたことで仕損費(50,000円)が加算されて、750,000円かかったことになってしまいます。

仕損費の処理は①仕損品に評価額がない場合、②仕損品に評価額がある場合の2つに分けて理解するようにしてください。

①仕損品に評価額がない場合(#100－1に関して)

(借)	仕掛品	50,000	(貸)	仕掛品	50,000

②仕損品に評価額がある場合(#200に関して)

(借)	仕掛品	600,000	(貸)	仕掛品	660,000
	仕損品[04]	60,000			

02)ここでは正常な原因により生じた仕損費の処理について見ていきます。

03)他に間接経費として処理する方法もありますが、出題傾向からここでは扱いません。

04)仕損品の評価額については、仕損品勘定(資産)で処理します。

5 帳簿への記入

ここでは、仕掛品勘定が製造指図書ごとに分割して設定されているとします。このとき、帳簿へは次のように記入します。

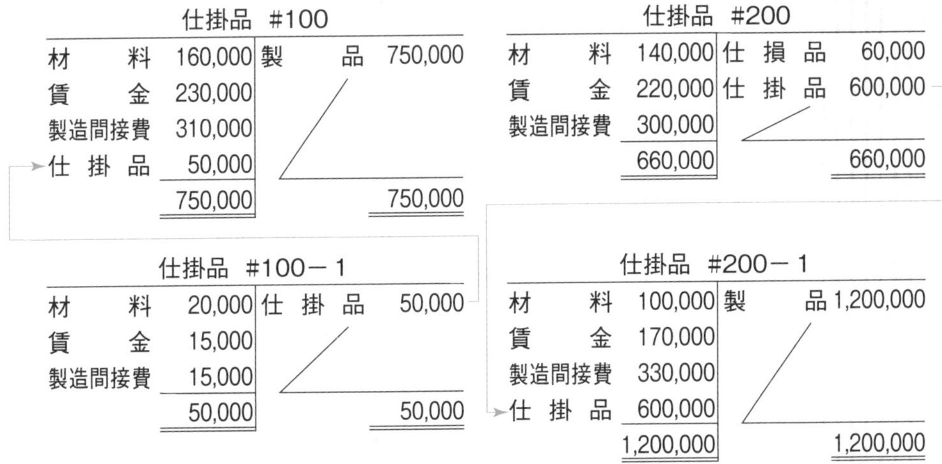

仕掛品 #100

材　料	160,000	製　品	750,000
賃　金	230,000		
製造間接費	310,000		
仕掛品	50,000		
	750,000		750,000

仕掛品 #200

材　料	140,000	仕損品	60,000
賃　金	220,000	仕掛品	600,000
製造間接費	300,000		
	660,000		660,000

仕掛品 #100－1

材　料	20,000	仕掛品	50,000
賃　金	15,000		
製造間接費	15,000		
	50,000		50,000

仕掛品 #200－1

材　料	100,000	製　品	1,200,000
賃　金	170,000		
製造間接費	330,000		
仕掛品	600,000		
	1,200,000		1,200,000

評価額のある仕損品は、実際に売却するまでは**仕損品勘定**に振り替えておきます。

▶ どの指図書に原価を集めるのが合理的か ◀

このSectionでは、補修を行う場合は「もとの製造指図書」に仕損費を賦課し、代品を製造する場合には逆に「新製造指図書」のほうに仕損費として旧製造指図書に集計された（仕損品評価額を差し引いた）原価を賦課しています。

なぜ、このようにするのでしょうか。

要するに、本当は「もとの製造指図書」のほうに原価を集計したいのです。ですから、補修するために補修指図書を発行しても、その原価は「もとの製造指図書」に集めています。

しかし、注文量の全部が失敗するという状況になると、さすがに全部壊れてしまった旧指図書に原価を集める意味が乏しいので、それを仕損費として「新製造指図書」に集めることにしているのです。

6 作業くずとは

作業くずとは、製造工程で生じた材料の残りくずのうち、処分価値のあるものです。

7 作業くずの処理

作業くずの処理
- (1) **発生した製造部門費から控除する方法（原則的な処理）**
- (2) 製造指図書の原価から控除する方法
- (3) 雑収入として処理する方法

(1)製造部門費から控除する方法（原則的な処理）

作業くずが**どの製品（製造指図書）から発生したかを特定できないとき**は、発生した製造部門の部門費から控除します[05]。例えば、作業くずが第1製造部門から20,000円生じ、これを第1製造部門費から控除するときは、次の仕訳を行います。

(借) 作業くず	20,000	(貸) 第1製造部門費	20,000

05) 原価計算表上は、部門費の配賦額から控除（実際配賦のとき）、または配賦差異に含まれて表には反映されません（予定配賦のとき）。

(2)製造指図書の原価から控除する方法

作業くずが**どの製品（製造指図書）から発生したかを特定できるとき**は、その指図書の原価から評価額を控除します。例えば、作業くずが指図書No.1の加工から10,000円生じたとすると、次のように処理します[06]。

(借) 作業くず	10,000	(貸) 仕掛品	10,000

06) 原価計算表上は、直接材料費欄から直接控除、または作業くず欄で控除します。
なお、次のように処理することもあります。
(借)作業くず 10,000 ／(貸)材料 10,000

(3)雑収入として処理する方法

発生した作業くずが軽微な場合には、製造原価から控除せず、売却収入を雑収入として処理することができます[07]。例えば、作業くずが発生したが軽微であるため、売却価額15,000円を雑収入とするときは、次のように仕訳を行います。

(借) 現金	15,000	(貸) 雑収入	15,000

07) (3)は例外的な処理です。

原価計算基準では、次のとおり規定しています。

> **36. 作業くずの処理**
> 個別原価計算において、作業くずは、これを総合原価計算の場合に準じて評価し、その発生部門の部門費から控除する。ただし、必要がある場合には、これを当該製造指図書の直接材料費又は製造原価から控除することができる。

Try it 例題

仕損の会計処理

次の資料にもとづいて原価計算表を完成させ、数値が0となる欄には0と記入しなさい。

〔資　料〕

(1) 当月は以下の指図書について作業を行い、すべて当月中に完成した(単位：円)。

	# 100	# 200	# 100 − 1	# 200 − 1	計
直接材料費	50,000	40,000	7,000	30,000	127,000
直接労務費	80,000	70,000	4,000	60,000	214,000
製造間接費	120,000	100,000	5,000	114,000	339,000
合　計	250,000	210,000	16,000	204,000	680,000

(2) 指図書# 100について仕損が発生したが、補修により合格品となった。# 100 − 1はこの補修に対して発行した補修指図書である。

(3) 指図書# 200は注文量全部が仕損となった。そこで指図書# 200 − 1を発行して代品を製造した。なお、仕損品は30,000円で外部に売却できる見込みである。

原 価 計 算 表

(単位：円)

	# 100	# 200	# 100 − 1	# 200 − 1	計
直接材料費					
直接労務費					
製造間接費					
小　計					
評　価　額					
仕　損　費					
合　計					

解答

原 価 計 算 表

(単位：円)

	# 100	# 200	# 100 − 1	# 200 − 1	計
直接材料費	50,000	40,000	7,000	30,000	127,000
直接労務費	80,000	70,000	4,000	60,000	214,000
製造間接費	120,000	100,000	5,000	114,000	339,000
小　計	250,000	210,000	16,000	204,000	680,000
評　価　額	0	△ 30,000	0	0	△ 30,000
仕　損　費	16,000	△ 180,000	△ 16,000	180,000	0
合　計	266,000	0	0	384,000	650,000

Section 2のまとめ

■仕損の意義　仕損とは、生産物の加工に失敗し、不合格品(仕損品)が発生することをいいます。この不合格品の発生に伴う原価を仕損費といいます。

■計算方法

(資料3)

指図書別原価計算表　(単位：円)

摘　要	#101	#201	#101-1	#201-1	合　計
⋮	⋮	⋮	⋮	⋮	⋮
合　計	500	150	120	360	1,130
仕損品評価額	0	△ 60	0	0	△ 60
仕　損　費	120	△ 90	△ 120	90	0
差引・計	620	0	0	450	1,070
備　考	完　成	#201-1へ	#101へ	仕掛中	

#101、#201の作業中にそれぞれ仕損が発生した。これに伴い#101は補修が可能であるため、補修指図書#101-1を発行したが、#201（仕掛品評価額60円)はすべてが補修不可能であるため、代品の製造指図書#201-1を発行した。

■仕損費の計算

仕損の発生
- 補修可能 … 補修指図書に集計された原価（仕損費）
- 補修不能 … 旧指図書に集計された原価－評価額

①補修可能な仕損

仕損費＝補修費(#101に対して#101-1)

②補修不能な仕損

仕損費＝旧指図書に集計された原価－評価額(#201-1に対して#201)

■作業くずの意義　作業くずとは、製造工程で生じた材料の残りくずのうち、処分価値のあるものです。

■作業くずの処理

(1) 発生した製造部門費から控除する方法(原則的な処理)

(借) 作業くず	20,000	(貸) 第1製造部門費	20,000

(2) 製造指図書の原価から控除する方法

(借) 作業くず	10,000	(貸) 仕掛品	10,000

(3) 雑収入として処理する方法

(借) 現金	15,000	(貸) 雑収入	15,000

Chapter11

個別原価計算の応用

個別原価計算の応用の全体像

ココがPOINT!!

部門別計算恐れるに足らず！

このChapterの中心テーマは、原価の部門別計算です。原価の部門別計算は大きな難関といえるかもしれませんが、計算の手続きを順序よく覚えながら勉強を進めれば心配ありません。

例えば、Section 2で学ぶ部門別予定配賦の場合であれば、手続きは次のようになっています。

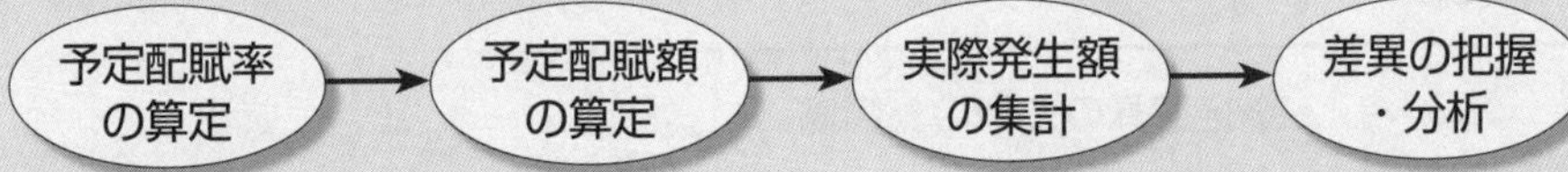

この手続きの順番に計算の方法を覚えてしまえば(どんな問題でもこの組立てどおりにできていますから)部門別計算は得意分野にさえなってしまいます。ただし、この順序をまちがえると、数字の意味がわからなくなり“数字の海に溺れる”状態になってしまうので、注意してください。

製造間接費の部門別計算

はじめに

総合原価計算でも、１つの製品を作るのに工程別に分けて計算し、工程ごとに加工費が投入され、原価の計算をしていました。
やはり、個別原価計算でも１つの工程(＝部門)だけで製品が完成するわけではないので、部門別に計算しないと正確なものになりません。
全経家具の受注生産の工程(＝部門)は切削(せっさく)と組立(くみたて)ですが、他にも事務部門や動力部門があります。
さて、これらの部門で発生する原価をどのように集計していけばいいのでしょうか。

1 部門別計算の意義

正確に原価を計算するために、工場を原価部門[01]に分け、いったんこの**原価部門に製造間接費を集計**します。これを**部門別計算**といいます。

そのうえで、各原価部門に最も適当な配賦基準を設定し、それぞれの製造間接費を製品に配賦します(**製品別計算**)。このSectionではまず、実際額の部門別計算について見ていきましょう。

01)原価を集計する計算上の区分のことです。部門＝場所と考えるといいでしょう。作業内容や方法を考慮して設定します。

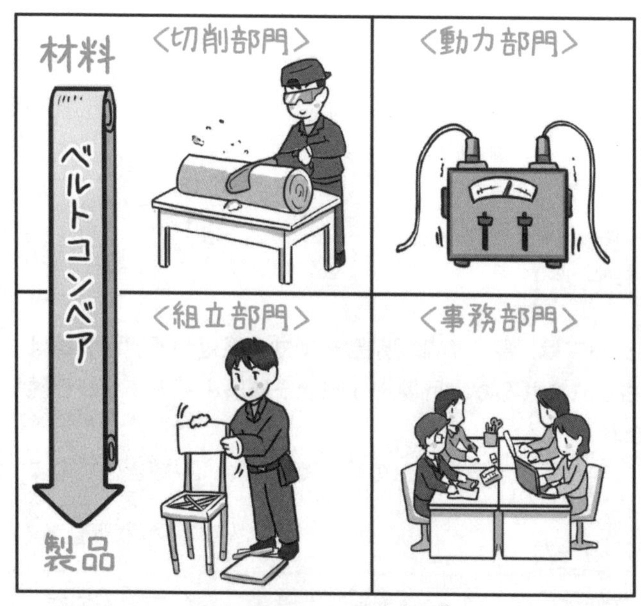

全経家具の工場の鳥瞰図(ちょうかんず)

部門別配賦によれば、生産の実態を反映した正確な配賦計算ができます。切削部門[02]では機械を使い、組立部門[02]では人の手で作業するのであれば、前者は機械時間で、後者は直接作業時間で配賦するのが合理的でしょう。そのためには、原価部門を設定し、製造間接費を部門別に分けることが必要です。

02)それぞれの部門の長を部長といいます。

2 部門の分類

原価部門は、**製造部門**と**補助部門**に分けられます。

ベルトコンベアが通っていて、実際にモノを作っている部門をイメージしてください。

(1)製造部門

製品を**製造する部門**のことです。切削部門、組立部門、塗装部門などがこれにあたります。

(2)補助部門

製品生産には直接は携わらず、**製造部門を補助したり、管理的な仕事をする部門**のことです。動力部門、事務部門、修繕部門などが、これにあたります[03]。

03)ベルトコンベアは通っていませんが、ここで発生する原価も製品原価です。

3 部門別計算の流れ

個別原価計算を前提とした、製造間接費の部門別配賦の方法を見ていきましょう[04]。

製造部門(切削、組立)と補助部門(動力、事務)に分かれた工場を考えると、製造間接費は次のような流れを経て製品(製造指図書)に配賦されます。

04)個別原価計算は、製造間接費の配賦方法によって、総括配賦を採っていれば単純個別原価計算、部門別配賦を採っていれば部門別個別原価計算と区別されます。
ここでは試験での重要性から、部門別個別原価計算を説明していきます。

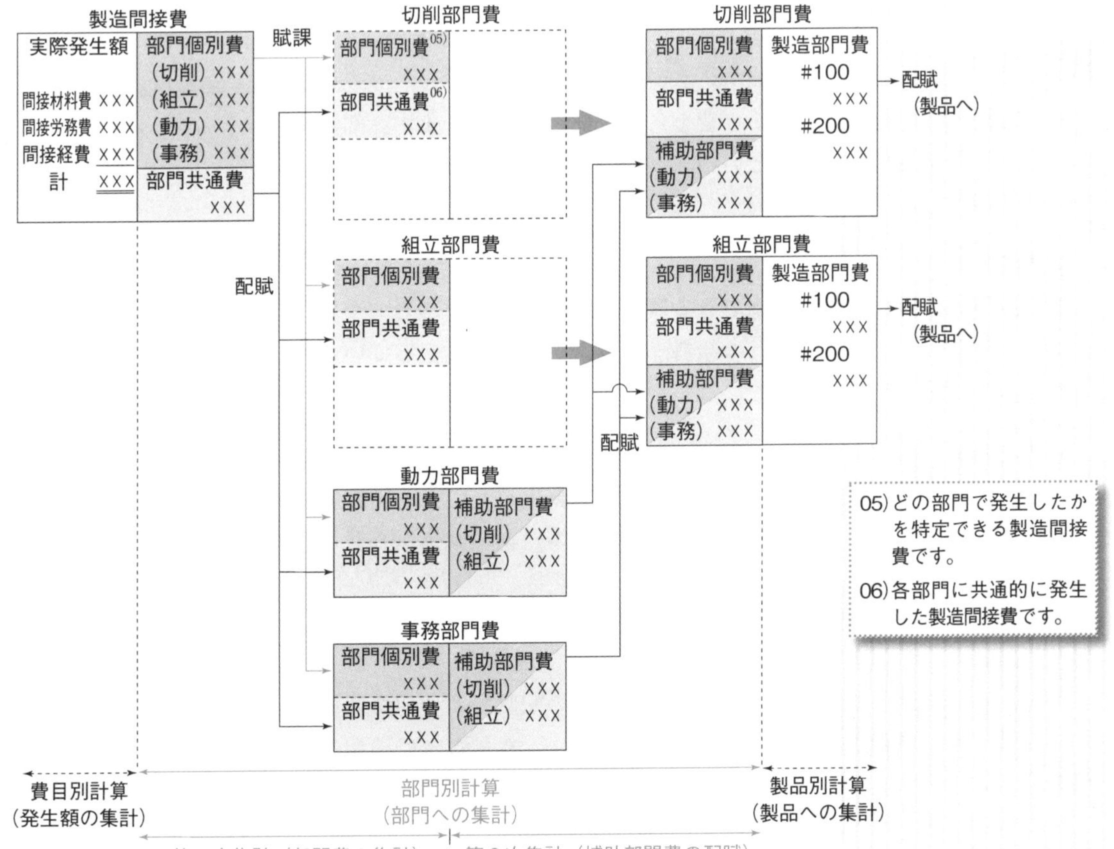

05)どの部門で発生したかを特定できる製造間接費です。

06)各部門に共通的に発生した製造間接費です。

4 1次集計と2次集計のイメージ

1次集計(部門費[07]の集計)は、各部門で発生した原価を集計します。

しかし、ベルトコンベアが通っていない部門(**補助部門**)では、**発生した原価を製品に賦課することができない**ので、実際に製品の製造に関わっている部門(製造部門)に賦課し、製品原価に含めます。

07) 部門個別費と部門共通費の総称です。

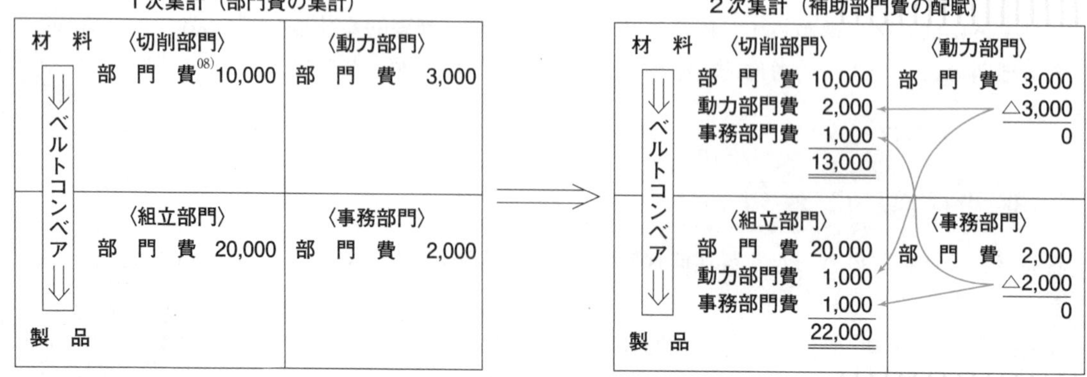

仮に、切削部門を13個の仕掛品が通過し加工を受けたとすると、切削部門で1個あたり1,000円[08]の製造間接費が原価として加わり、さらにこのうち11個が組立部門を通過し加工を受けたとすると、組立部門で1個あたり2,000円[09]の製造間接費が製品原価となります。

08) 13,000円÷13個＝@1,000円

09) 22,000円÷11個＝@2,000円

5 部門費の集計(第1次集計)

費目別計算で把握した製造間接費を各原価部門に集計します。部門に集計した製造間接費を部門費といい、⑴部門個別費と⑵部門共通費に分けられます。

⑴部門個別費(こべつひ)

どの部門で発生したかを特定できる原価(製造間接費)のことです。例えば、その部門の管理者や工員の給料・賃金、その部門で使っている機械の減価償却費などです。

⑵部門共通費(きょうつうひ)

各部門に共通的に発生しており、**どの部門で発生したのかが特定できない原価**のことです。工場長や守衛の給料、工場建物の減価償却費などがこれにあたります。

第1次集計では、部門個別費は発生した部門に賦課し、**部門共通費は各部門に配賦**して、製造間接費を部門ごとに集計します[10]。

10) 全部門の部門費を合計すると、製造間接費の総額と一致します。

第1次集計におけるポイントは、部門共通費の配賦です。何を基準として配賦するかが問題となりますが、次のように、費目ごとに適切な基準を選んでください。

部門共通費	配賦基準
建物減価償却費 建物保険料	各部門の占有面積
電力料(機械用)	各部門の機械馬力数または見積消費量
電力料(照明用)	各部門の電灯ワット数または占有面積
福利費、厚生費	各部門の従業員数

例1-1

1．当工場には、製造部門として切削部門、組立部門があり、補助部門として事務部門、動力部門がある。

2．当月の製造間接費発生額は、次のとおりであった（単位：円）。

	切削部門	組立部門	事務部門	動力部門	計
部門個別費					
消耗品費	7,500	14,500	3,000	4,000	29,000
間接賃金	40,000	268,000	26,000	32,000	366,000
機械減価償却費	230,000	108,000	19,000	28,000	385,000
部門共通費					
(i)建物減価償却費					150,000
(ii)建物保険料					30,000
(iii)福利費					40,000
製造間接費					1,000,000

3．部門共通費は、次の基準によって各部門に配賦する。

配賦基準	切削部門	組立部門	事務部門	動力部門	計
占有面積(m^2)	1,200	1,000	300	500	3,000
従業員数(人)	20	55	10	15	100

上記資料をもとに、部門費の集計(第1次集計)をしてみましょう。

部門個別費はどこの部門の負担かがはっきりとわかっていますが、部門共通費はどこの部門にどれだけの負担になるかがすぐにはわからないので、計算によって算出します。

(1)**部門個別費**

消耗品費、間接賃金、機械減価償却費→各部門に賦課します。

(2)**部門共通費**

(i) **建物減価償却費**：占有面積比で各部門に配賦します。切削部門を例にとると、次のように計算できます。

$$\underset{60{,}000\text{円}}{\text{切削部門への配賦額}} = \frac{\text{建物減価償却費 } 150{,}000\text{円}}{\text{占有面積合計 } 3{,}000\text{m}^2} \times \underset{1{,}200\text{m}^2}{\text{切削部門の占有面積}}$$

(ii) **建物保険料**：占有面積比で各部門に配賦します。

(iii) **福利費**：従業員数比で各部門に配賦します。

これで製造間接費の発生額1,000,000円を4つの部門に振り分けます。

（単位：円）

部門費集計表	切削部門	組立部門	事務部門	動力部門	計
部門個別費					
消耗品費	7,500	14,500	3,000	4,000	29,000
間接賃金	40,000	268,000	26,000	32,000	366,000
機械減価償却費	230,000	108,000	19,000	28,000	385,000
部門共通費					
(i)建物減価償却費	① 60,000	② 50,000	③ 15,000	④ 25,000	150,000
(ii)建物保険料	⑤ 12,000	⑥ 10,000	⑦ 3,000	⑧ 5,000	30,000
(iii)福利費	⑨ 8,000	⑩ 22,000	⑪ 4,000	⑫ 6,000	40,000
部門費	357,500	472,500	70,000	100,000	1,000,000

(i) **建物減価償却費**：$\frac{150{,}000円}{3{,}000m^2} = 50円/m^2$

① $50円/m^2 \times 1{,}200m^2 = 60{,}000円$（切削部門）
② $50円/m^2 \times 1{,}000m^2 = 50{,}000円$（組立部門）
③ $50円/m^2 \times 300m^2 = 15{,}000円$（事務部門）
④ $50円/m^2 \times 500m^2 = 25{,}000円$（動力部門）

(ii) **建物保険料**：$\frac{30{,}000円}{3{,}000m^2} = 10円/m^2$

⑤ $10円/m^2 \times 1{,}200m^2 = 12{,}000円$（切削部門）
⑥ $10円/m^2 \times 1{,}000m^2 = 10{,}000円$（組立部門）
⑦ $10円/m^2 \times 300m^2 = 3{,}000円$（事務部門）
⑧ $10円/m^2 \times 500m^2 = 5{,}000円$（動力部門）

(iii) **福利費**：$\frac{40{,}000円}{100人} = 400円/人$

⑨ 400円／人×20人＝ 8,000円（切削部門）
⑩ 400円／人×55人＝22,000円（組立部門）
⑪ 400円／人×10人＝ 4,000円（事務部門）
⑫ 400円／人×15人＝ 6,000円（動力部門）

以上までの仕訳は、次のようになります。

(借)切削部門費	357,500	(貸)製造間接費	1,000,000
組立部門費	472,500		
事務部門費	70,000		
動力部門費	100,000		

6 補助部門費の配賦（第２次集計）

部門費のうち、補助部門に集計された分(補助部門費)は、直接に製品へ配賦するのではなく、製造部門に配賦します。

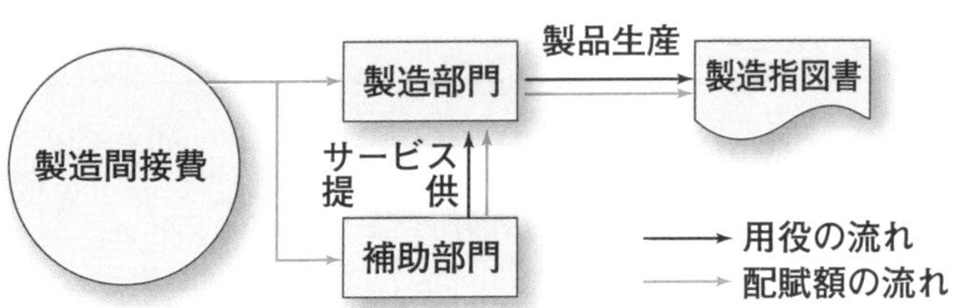

事務部門で発生した費用を切削部門を流れる製品に配賦しようとしても、何を基準にしていいかわからないですよね。

補助部門は実際に製品を生産しているわけではないので、製品に配賦しようにも適当な基準がないことが多いのです。代わりに、**補助部門**は製造部門に用役(サービス)を提供しているので、**配賦も製造部門**[11]**に対して行います**[12]。

補助部門費の配賦においても、何を基準として配賦するかが問題となりますが、次のように部門ごとに適切な基準を選んでその割合で配賦します。

11)製造部門に集計した製造間接費を製造部門費といいます。

12)これを直接配賦法といいます。なお、給料計算などの事務負担は各部門の従業員数に比例して発生すると考えられるので、従業員数を基準に製造部門に配賦するのは合理的です。

補助部門	配賦基準
動力部門	各部門の動力消費量
修繕部門	各部門の修繕時間
事務部門、労務部門	各部門の従業員数または就業時間

7 直接配賦法と相互配賦法

補助部門費の配賦では、配賦基準の選択以外にもう１つ、重要な問題があります。それは「**補助部門どうしの用役の授受をどう考えるか**」ということです。

例えば、事務部門は製造部門だけではなく、動力部や修繕部といった他の補助部門の事務作業も引き受けていますし、動力部門の供給する動力も使っているでしょう。

永遠にお互いに配賦し合うことになりかねません。

したがって、用役の流れにあわせて配賦しようとすると、補助部門間で配賦額が行き来することになり、製造間接費の全額を製造部門に集計することが難しくなるのです。

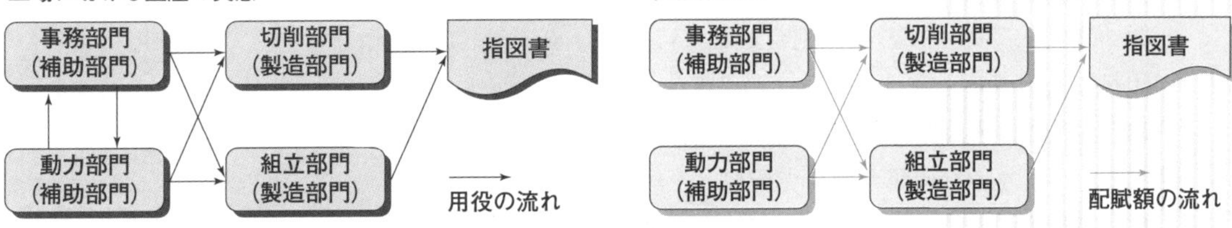

この点を解決するためには、⑴**直接配賦法**（ちょくせつはいふほう）、⑵**相互配賦法**（そうごはいふほう）のいずれかの方法により配賦します。【例1-2】で見てみましょう。

例1-2（【例1-1】の追加資料）

4．補助部門費は各部門の用役提供量を基準に配賦する。

配賦基準	切削部門	組立部門	事務部門	動力部門	計
事務部門用役（時間）	100	300	—	100	500（時間）
動力部門用役（kWh）	600	200	200	—	1,000（kWh）

(1)直接配賦法

補助部門相互の用役授受を配賦計算上は無視して、補助部門費を製造部門にだけ配賦します。

事務部門費：製造部門である切削部門と組立部門にそれぞれ100時間：300時間の割合で配賦します（補助部門である動力部門への100時間は無視する）。

動力部門費：製造部門である切削部門と組立部門にそれぞれ600kWh：200kWhの割合で配賦します（補助部門である事務部門への200kWhは無視する）。

（単位：円）

補助部門費配賦表	切削部門	組立部門	事務部門	動力部門	計
部門費	357,500	472,500	70,000	100,000	1,000,000
事務部門費	① 17,500	② 52,500			
動力部門費	③ 75,000	④ 25,000			
製造部門費	450,000	550,000			1,000,000

事務部門：$\frac{70{,}000円}{100時間+300時間}$＝175円/時間

① 175円/時間 ×100時間＝17,500円（切削部門）

② 175円/時間 ×300時間＝52,500円（組立部門）

動力部門：$\frac{100{,}000円}{600kWh+200kWh}$＝125円/kWh

③ 125円/kWh×600kWh＝75,000円（切削部門）

④ 125円/kWh×200kWh＝25,000円（組立部門）

(2)相互配賦法[13]

この方法では補助部門費の配賦を2段階に分けます。

①第1次配賦（純粋な相互配賦）

第1次配賦では用役の提供割合どおりに配賦します（補助部門相互の用役授受も考慮します）。

事務部門費：切削部門、組立部門、動力部門に100時間：300時間：100時間の割合で配賦。

動力部門費：切削部門、組立部門、事務部門に600kWh：200kWh：200kWhの割合で配賦。

13）正確には補助部門費の配賦は補助部門相互の用役授受を無視できませんが、これを繰り返してもきりがないので無視します。直接配賦法ははじめから無視していますが、相互配賦法は1回だけは考慮しているので、直接配賦法よりも正確な結果が出ることになります。

②**第２次配賦(直接配賦)**

純粋な相互配賦の結果、事務部門、動力部門に20,000円、14,000円が戻ってきます。これを相互配賦しても再びいくらかが戻ってくるでしょう。それを繰り返してもきりがないので、第２次配賦では製造部門にだけ配賦します。

事務部門費：切削部門、組立部門に 100時間：300時間で配賦。

動力部門費：切削部門、組立部門に 600kWh：200kWhで配賦。

（単位：円）

補助部門費配賦表	切削部門	組立部門	事務部門	動力部門	計
部門費	357,500	472,500	70,000	100,000	1,000,000
事務部門費	① 14,000	② 42,000	—	③ 14,000	
動力部門費	④ 60,000	⑤ 20,000	⑥ 20,000	—	
小計	431,500	534,500	20,000	14,000	1,000,000
事務部門費	⑦ 5,000	⑧ 15,000			
動力部門費	⑨ 10,500	⑩ 3,500			
製造部門費	447,000	553,000			1,000,000

〈１次配賦〉

事務部門：$\frac{70{,}000円}{500時間}$＝140円/時間

① 140円/時間×100時間＝14,000円(切削部門)

② 140円/時間×300時間＝42,000円(組立部門)

③ 140円/時間×100時間＝14,000円(動力部門)

動力部門：$\frac{100{,}000円}{1{,}000kWh}$＝100円/kWh

④ 100円/kWh×600kWh＝60,000円(切削部門)

⑤ 100円/kWh×200kWh＝20,000円(組立部門)

⑥ 100円/kWh×200kWh＝20,000円(事務部門)

〈２次配賦〉

事務部門：$\frac{20{,}000円}{100時間+300時間}$＝50円/時間

⑦ 50円/時間×100時間＝ 5,000円(切削部門)

⑧ 50円/時間×300時間＝15,000円(組立部門)

動力部門：$\frac{14{,}000円}{600kWh+200kWh}$＝17.5円/kWh

⑨ 17.5円/kWh×600kWh＝10,500円(切削部門)

⑩ 17.5円/kWh×200kWh＝ 3,500円(組立部門)

直接配賦法と相互配賦法の結果を比べると、製造部門費の内訳は異なりますが、合計はいずれも1,000,000円になります。つまり、製造間接費はすべて製造部門に集計されたことを意味しています。

8 製造部門から製品への配賦

補助部門費の製造部門への配賦を終えたら、製造部門費の配賦率を算定し、それに配賦基準を掛けることにより、製品に配賦します。

例1-3（【例1-2】の続き）

5．製品別配賦は、切削部門は機械時間、組立部門は直接作業時間あたりの実際配賦率を用いる。当月の実際時間は次のとおりであった。

配賦基準値	＃100	＃200	合　計
切削部門（機械時間）	380時間	120時間	500時間
組立部門（直接作業時間）	280時間	820時間	1,100時間

上記資料をもとに製品へ配賦した結果は、次のとおりです（補助部門費は直接配賦法で配賦していたとします）。

原価計算表（一部）[14]　（単位：円）

摘　要	#100	#200	計
切削部門費	① 342,000	② 108,000	450,000
組立部門費	③ 140,000	④ 410,000	550,000
製造間接費	482,000	518,000	1,000,000

14)【例1-2】の直接配賦法の結果を引き継いでいます。

切削部門費配賦率＝$\frac{\text{切削部門費発生額（合計）}}{\text{機械時間数}}$：$\frac{450{,}000\text{円}}{500\text{時間}}$＝900円／時間

① 900円／時間×380時間

＝342,000円（＃100の製造原価となる切削部門費）

② 900円／時間×120時間

＝108,000円（＃200の製造原価となる切削部門費）

組立部門費配賦率＝$\frac{\text{組立部門費発生額（合計）}}{\text{直接作業時間数}}$：$\frac{550{,}000\text{円}}{1{,}100\text{時間}}$＝500円／時間

③ 500円／時間×280時間

＝140,000円（＃100の製造原価となる組立部門費）

④ 500円／時間×820時間

＝410,000円（＃200の製造原価となる組立部門費）

これで配賦計算は終わりです。製造間接費 1,000,000円が＃100に482,000円、＃200に518,000円と配賦されました。

切削部門は、機械減価償却費の割合が高いので、機械時間を基準としました。それによって、機械時間が多い＃100に切削部門費がより多く配賦されています。

逆に、直接作業時間が多い＃200には組立部門費（間接賃金や福利費の割合が高い）がより多く配賦されたということになります。

9 帳簿への記入

最後に、以上の計算結果を帳簿に記入する方法を示しておきましょう（補助部門費は直接配賦をしたものとします）。

製造間接費勘定（統制勘定）と部門別勘定を設ける方法

この方法では、まず製造間接費勘定（統制勘定）で発生額を集計し、次に部門別計算の結果を部門別勘定に記入して、そこから仕掛品勘定へ振り替えます。

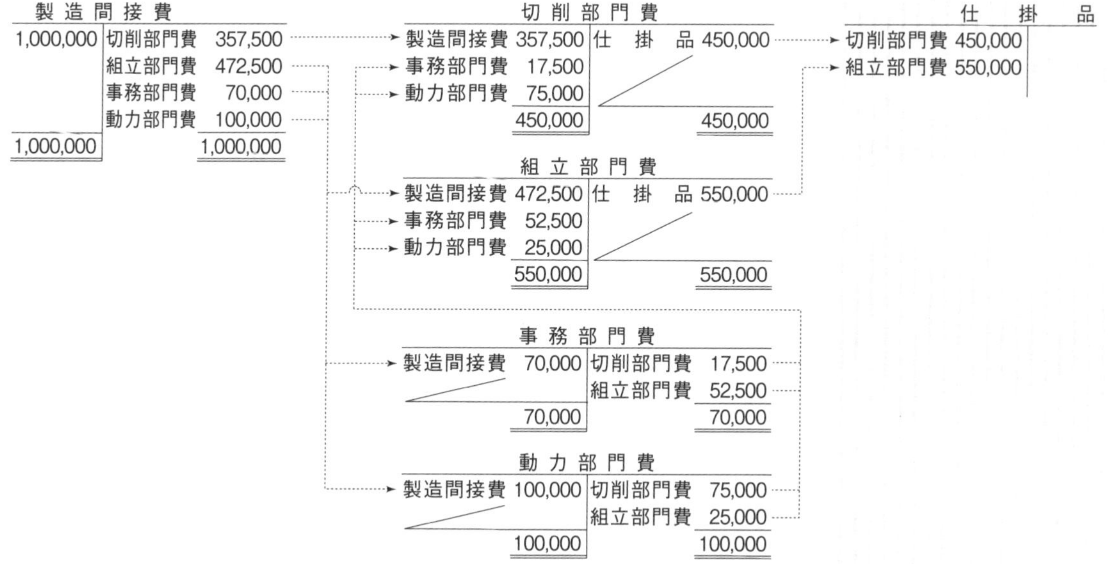

製品への配賦と帳簿記入

当工場には製造部門A、Bと補助部門甲、乙がある。次の資料にもとづき、解答記入欄に示した３つの表を完成させて、製造間接費を部門別に配賦しなさい。

〔資　料〕

1．当月の製造間接費実際発生額は、次のとおりであった（単位：円）。

	A製造部	B製造部	甲補助部	乙補助部	計
部門個別費					
間接賃金	170,000	130,000	48,000	34,000	382,000
機械減価償却費	160,000	120,000	32,000	26,000	338,000
部門共通費					
建物減価償却費					400,000
福利費					80,000
製造間接費					1,200,000

2．部門共通費は、次の基準により各部門に配賦する。

配賦基準	A製造部	B製造部	甲補助部	乙補助部	計
占有面積（m^2）	800	700	300	200	2,000
従業員数（人）	40	30	20	10	100

3．補助部門費は、次の用役提供量を基準に直接配賦法で配賦する。

配賦基準	A製造部	B製造部	甲補助部	乙補助部	計
甲部門用役(kWh)	4,800	2,400	－	800	8,000
乙部門用役(時間)	280	280	140	－	700

4．製品別配賦は、直接作業時間を基準に実際配賦する。

配賦基準	＃100	＃200	計
A製造部門直接作業時間	560	240	800
B製造部門直接作業時間	120	480	600

(1) **部門費集計表**

（単位：円）

部門費集計表	A製造部	B製造部	甲補助部	乙補助部	計
部門個別費					
間接賃金					
機械減価償却費					
部門共通費					
建物減価償却費					
福利費					
部門費					

(2) **補助部門費配賦表**

（単位：円）

補助部門費配賦表	A製造部	B製造部	甲補助部	乙補助部	計
部門費					
甲補助部門					
乙補助部門					
製造部門費					

(3) **原価計算表**

（単位：円）

原価計算表	＃100	＃200	計
A製造部門費			
B製造部門費			
製造間接費			

(1) **部門費集計表**

(単位：円)

部門費集計表	A製造部	B製造部	甲補助部	乙補助部	計
部門個別費					
間接賃金	170,000	130,000	48,000	34,000	382,000
機械減価償却費	160,000	120,000	32,000	26,000	338,000
部門共通費					
建物減価償却費[15)]	160,000	140,000	60,000	40,000	400,000
福利費[16)]	32,000	24,000	16,000	8,000	80,000
部門費	522,000	414,000	156,000	108,000	1,200,000

15) 占有面積比で各部門に配賦します。
16) 従業員数比で各部門に配賦します。

(2) **補助部門費配賦表**

(単位：円)

補助部門費配賦表	A製造部	B製造部	甲補助部	乙補助部	計
部門費	522,000	414,000	156,000	108,000	1,200,000
甲補助部門[17)]	104,000	52,000			
乙補助部門[18)]	54,000	54,000			
製造部門費	680,000	520,000			

17) AとBに4,800 kWh：2,400 kWh(＝2：1)で配賦します。
18) AとBに280時間：280時間(＝1：1)で配賦します。

(3) **原価計算表**

(単位：円)

原価計算表	#100	#200	計
A製造部門費[19)]	476,000	204,000	680,000
B製造部門費[20)]	104,000	416,000	520,000
製造間接費	580,000	620,000	1,200,000

19) #100と#200に560時間：240時間で配賦します。
20) #100と#200に120時間：480時間で配賦します。

Section 1のまとめ

■部門別計算の意義
①製造間接費の配賦計算を合理的にすることで、製品原価の計算を正確にすること。
②原価発生の部門に一定の責任を負わせることで、原価管理に役立てること。

■部門別計算の流れ
①部門個別費の賦課、部門共通費の配賦(第1次集計)
②補助部門費の製造部門への配賦(第2次集計)
（①②：実際発生額の把握）
③製造部門費の製品への配賦(実際配賦)

製造間接費の部門別予定配賦

はじめに

全経家具のあなたは、正確な原価の計算のために部門別配賦を学びました。しかしそれには問題点があり、実際配賦を前提としているので計算が遅れるという点です。製造間接費の実際の発生額は、月末にならないと集計できません。これでは「いくら部門別配賦が正確だといっても採用しにくいな」と考えたあなたは、部門別配賦の長所と予定配賦の長所をあわせた方法を考えてみました。

1 部門別予定配賦の意義

予定配賦の長所（**迅速**(じんそく)**な計算**）と部門別配賦の長所（**正確な原価の計算**）をあわせもつ方法として、**部門別予定配賦**があります。

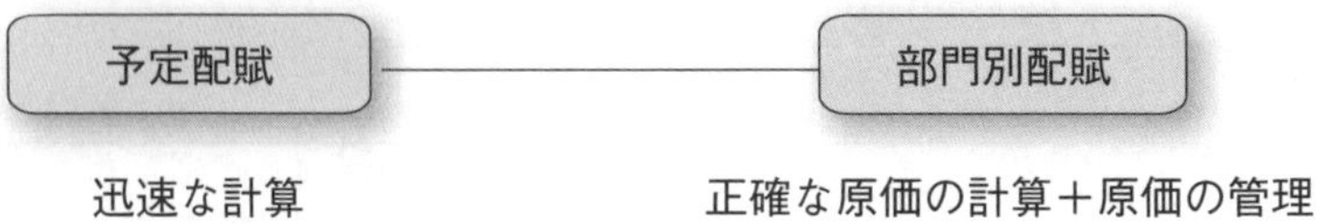

部門別配賦は、**原価の管理**にも役立ちます。原価を部門別に集計することで、その**部門の管理者の責任を明らかにすること**ができるからです。

部門別予定配賦の流れは、次のようになります[01]。

01）ここからは、図の①～⑤の順に説明していきます。

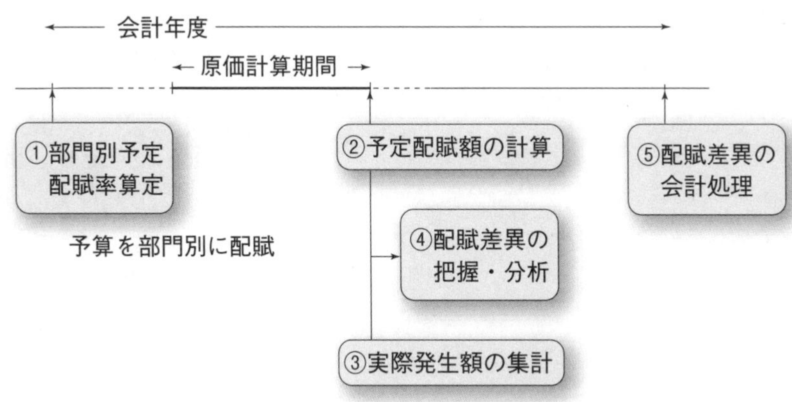

部門別予定配賦では、予定 → 実際の順で部門別の計算が繰り返されることに注意してください。

会計年度の初めには部門別の予定配賦率を算定するために予算額を配賦し、月末には配賦差異を把握するために実際発生額を配賦して差異を把握し、分析します。

▶ 部門別配賦は2度行われる ◀

部門費は、製造間接費のことでしたね。

製造間接費の中には、機械の修繕費のように1年経ってみないとわからないものもあります。そこで、どうしても予定配賦を行わなければ、月ごとの原価計算に間に合わなくなります。その予定配賦を正確にするためには、（製造間接費を一括するのではなく）部門ごとに行う必要があります。

と、いうことは……。

まず、すべての製造間接費（部門費）を予定額で計算して、配賦率を算定しておく必要があります。

そのためには、予定額で製造部門費も補助部門費も計算し、予定額で補助部門から製造部門への配賦を行い、製造部門の配賦率を算定しておくという手続きを行わなければなりません。ここまでが準備段階です。

その後に実際の部門費が計算されて、実際額での補助部門から製造部門への配賦を行い、製造部門での差異が求められるということになるのです。

予定額と実際額で、部門別の配賦は2回行われます。試験では実際額のほうしか出ないとは思いますが…。

2 部門別予定配賦率の算定

ここでは、A製造部門、B製造部門、甲補助部門からなる工場を考えます。部門別予定配賦率は、次のように算定します。

$$\text{部門別予定配賦率} = \frac{\text{製造部門費予算（製造部門費の予定発生額）}}{\text{基準操業度（予定直接作業時間など）}}$$

例2-1

1．部門別予定配賦率算定のための資料[02]

⑴月間製造間接費予算は、次のとおりである。

	A製造部	B製造部	甲補助部	計
部門個別費				
間接賃金	120,000	80,000	10,000	210,000
機械減価償却費	160,000	130,000	20,000	310,000
部門共通費				
建物減価償却費				400,000
厚生費				80,000
合計				1,000,000

02）会計年度の初めに行っていることを意識しましょう。

⑵部門共通費は、次の基準によって各部門に配賦する。

配賦基準	A製造部	B製造部	甲補助部	計
占有面積(m^2)	500	350	150	1,000
従業員数(人)	40	30	10	80

⑶補助部門費は、用役提供量を基準に各製造部へ配賦する。

配賦基準	A製造部	B製造部	甲補助部	計
甲部門用役(時間)	300	200	−	500

⑷製品別配賦は、直接作業時間を基準とする。基準操業度はA製造部門が800時間、B製造部門が600時間である。

予定配賦率を算定するために、まず製造間接費予算を部門別に配賦しましょう。

部門費予算集計表	A製造部	B製造部	甲補助部	計
部門個別費				
間接賃金	120,000	80,000	10,000	210,000
機械減価償却費	160,000	130,000	20,000	310,000
部門共通費				
建物減価償却費	200,000	140,000	60,000	400,000
厚生費	40,000	30,000	10,000	80,000
部門費	520,000	380,000	100,000	1,000,000

補助部門費予算配賦表	A製造部	B製造部	甲補助部	計
部門費	520,000	380,000	100,000	1,000,000
甲補助部門費	60,000	40,000		
製造部門費	580,000	420,000		1,000,000

製造部門費予算がわかれば、部門別予定配賦率は次のように算定することができます。

$$\text{A部門予定配賦率}=\frac{\text{A製造部門費予算}}{\text{A部門基準操業度}}:\frac{580{,}000\text{円}}{800\text{時間}}=@725\text{円}$$

$$\text{B部門予定配賦率}=\frac{\text{B製造部門費予算}}{\text{B部門基準操業度}}:\frac{420{,}000\text{円}}{600\text{時間}}=@700\text{円}$$

3 部門別予定配賦額の計算

製品へは部門別予定配賦率を用いて配賦します。

例2-2（【例2-1】の続き）

2．部門別予定配賦額計算のための資料

当月の実際直接作業時間は、次のとおりである。

配賦基準	#100	#200	計
A製造部門(時間)	530	250	780
B製造部門(時間)	160	430	590
合　計	690	680	1,370

部門別予定配賦率に、上記の実際直接作業時間を掛けて予定配賦額を計算します[03]。

03）予定配賦額を算出するために部門別予定配賦率に実際直接作業時間を掛けることに注意してください。

原価計算表

	# 100	# 200	計
A製造部門費	① 384,250	② 181,250	565,500
B製造部門費	③ 112,000	④ 301,000	413,000
製造間接費	496,250	482,250	978,500

① @725円×530時間＝384,250円

② @725円×250時間＝181,250円

③ @700円×160時間＝112,000円

④ @700円×430時間＝301,000円

以上までの仕訳は、次のようになります。

(借)仕　掛　品	978,500	(貸)A製造部門費	565,500
		B製造部門費	413,000

4 部門費実際発生額の集計

予定配賦額に対して、実際にはどれだけ製造部門費が発生したのでしょうか。次は、実際発生額を部門別に配賦してみましょう[04]。

04）Section 1の【例1-1】～【例1-2】で行ったのと同じ手続きです。

例2-3（【例2-2】の続き）

3．部門費実際発生額集計のための資料

(1)当月の製造間接費実際発生額は、次のとおりである。

	A製造部	B製造部	甲補助部	計
部門個別費				
間接賃金	136,000	65,500	11,500	213,000
機械減価償却費	180,000	114,000	23,000	317,000
部門共通費				
建物減価償却費				420,000
厚生費				100,000
合　計				1,050,000

(2)部門共通費は、次の基準により各部門に配賦する。

配賦基準	A製造部	B製造部	甲補助部	計
占有面積(m^2)	500	350	150	1,000
従業員数(人)	40	30	10	80

(3)補助部門費は、用役提供量を基準に直接配賦法で配賦する。

配賦基準	A製造部	B製造部	甲補助部	計
甲部門用役(時間)	240	160	—	400

上記資料にもとづいて実際発生額を部門別に集計します。

部門費実際額集計表	A製造部	B製造部	甲補助部	計
部門個別費				
間接賃金	136,000	65,500	11,500	213,000
機械減価償却費	180,000	114,000	23,000	317,000
部門共通費				
建物減価償却費	210,000	147,000	63,000	420,000
厚生費	50,000	37,500	12,500	100,000
部門費	576,000	364,000	110,000	1,050,000

補助部門費実際額配賦表	A製造部	B製造部	甲補助部	計
部門費	576,000	364,000	110,000	1,050,000
甲補助部門費	66,000	44,000		
製造部門費	642,000	408,000		1,050,000

以上までの仕訳は、次のようになります。

(借)A製造部門費	576,000	(貸)製造間接費	1,050,000
B製造部門費	364,000		
甲補助部門費	110,000		
(借)A製造部門費	66,000	(貸)甲補助部門費	110,000
B製造部門費	44,000		

5 配賦差異の把握・分析

それでは、予定配賦額と実際発生額とを比べてみましょう。

配賦差異	予定配賦額[05]（①）	実際発生額（②）	配賦差異（①－②）
A製造部門費	565,500	642,000	△76,500
B製造部門費	413,000	408,000	＋ 5,000
計	978,500	1,050,000	△71,500

工場全体では 71,500円の不利差異が生じています。予定を上回って原価がかかったことを意味しています。ただし、これは、B製造部門の差異（有利な差異 5,000円）を、A製造部門の差異（不利な差異 76,500円）が上回った結果、生じたものです[06]。したがって、A製造部門の管理者に不利差異をなくすような対策をするように求めるべきでしょう。

以上までの仕訳は、次のようになります。

(借)製造部門費配賦差異	76,500	(貸)A製造部門費	76,500
B製造部門費	5,000	製造部門費配賦差異	5,000

05)【例2-2】の原価計算表より。

06)このように全体としての結果だけでなく、部門ごとの予定と実際の差を確認できることが部門別予定配賦の利点です。

6 帳簿への記入

ここでは、製造間接費勘定（統制勘定）と部門別勘定を設ける方法によって記帳した結果を示しておきます。

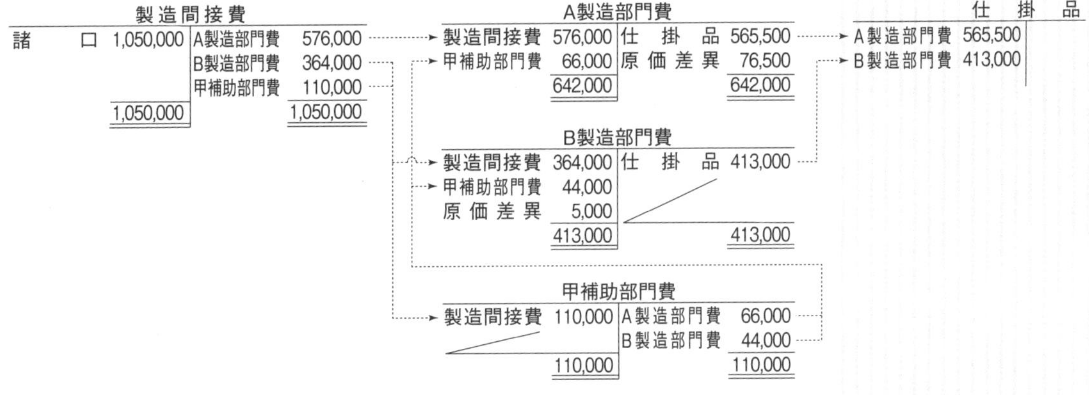

注 意

上記の勘定口座へは次の順序で記入が行われます。

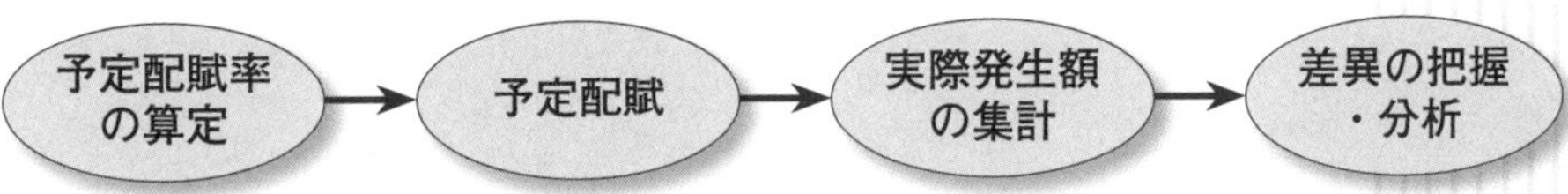

製造間接費の部門別予定配賦

次の一連の取引の仕訳を示しなさい。

(1) 製造部門費の予定配賦額は、次のようになった。
　　第1製造部門　68,000円　　第2製造部門　60,000円

(2) 材料70,000円、賃金30,000円、製造経費25,000円を、製造間接費として次のとおり各部門に配賦した。
　　第1製造部門　40,000円　　第2製造部門　30,000円
　　A補助部門　25,000円　　B補助部門　30,000円

(3) 補助部門費を、次のように製造部門に配賦した。
　　A補助部門費：第1製造部門　12,000円　　第2製造部門　13,000円
　　B補助部門費：第1製造部門　11,000円　　第2製造部門　19,000円

(4) 製造部門費の予定配賦額と実際発生額との差額を処理した。

(1)	(借)	仕掛品	128,000	(貸)	第1製造部門費	68,000
					第2製造部門費	60,000
(2)	(借)	第1製造部門費	40,000	(貸)	材料	70,000
		第2製造部門費	30,000		賃金	30,000
		A補助部門費	25,000		製造経費	25,000
		B補助部門費	30,000			
(3)	(借)	第1製造部門費	23,000	(貸)	A補助部門費	25,000
		第2製造部門費	32,000		B補助部門費	30,000
(4)	(借)	第1製造部門費	5,000 07)	(貸)	製造部門費配賦差異	5,000
	(借)	製造部門費配賦差異	2,000 08)	(貸)	第2製造部門費	2,000

07)68,000円－(40,000円＋23,000円)
＝5,000円(有利差異)

08)60,000円－(30,000円＋32,000円)
＝△2,000円(不利差異)

Section 2のまとめ

■予定配賦の手続き

あらかじめ設定した予定配賦率を用いて、製造部門費を製品に予定配賦する方法です。

①製造部門費の製品への配賦（予定配賦）
↓
②部門個別費の賦課、部門共通費の配賦
↓
③補助部門費の製造部門への配賦
（②③：実際発生額の把握）
↓
④差異の把握、分析

■部門別予定配賦率の算定

$$部門別予定配賦率 = \frac{製造部門費予算（製造部門費の予定発生額）}{基準操業度（予定直接作業時間など）}$$

■帳簿への記入

（組立部門費予定配賦額 560円）

①（借）仕掛品 560　（貸）組立部門費 560

（切削部門費予定配賦額 480円）

②（借）仕掛品 480　（貸）切削部門費 480

（組立部門費実際発生額 570円）

③（借）製造部門費配賦差異 10　（貸）組立部門費 10

（切削部門費実際発生額 440円）

④（借）切削部門費 40　（貸）製造部門費配賦差異 40

以上の仕訳を、勘定連絡の形で表すと、次のとおりです。

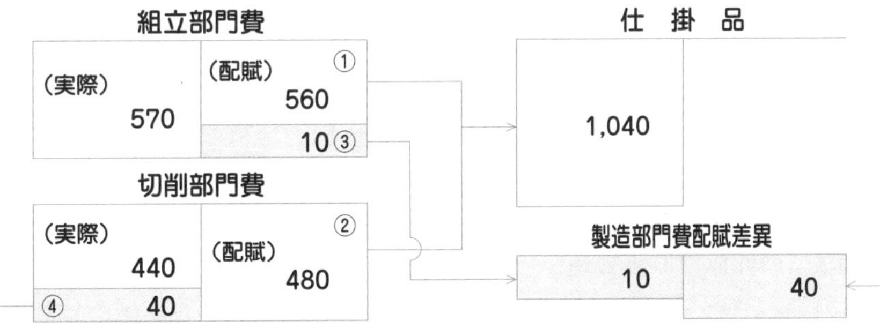

①、②、③、④は、それぞれ仕訳と対応しています。

原価計算基準

第一章　原価計算の目的と原価計算の一般的基準

一　原価計算の目的

原価計算には、各種の異なる目的が与えられるが、主たる目的は、次のとおりである。

(一)　企業の出資者、債権者、経営者等のために、過去の一定期間における損益ならびに期末における財政状態を財務諸表に表示するために必要な真実の原価を集計すること。

(二)　価格計算に必要な原価資料を提供すること。

(三)　経営管理者の各階層に対して、原価管理に必要な原価資料を提供すること。ここに原価管理とは、原価の標準を設定してこれを指示し、原価の実際の発生額を計算記録し、これを標準と比較して、その差異の原因を分析し、これに関する資料を経営管理者に報告し、原価能率を増進する措置を講ずることをいう。

(四)　予算の編成ならびに予算統制のために必要な原価資料を提供すること。ここに予算とは、予算期間における企業の各業務分野の具体的な計画を貨幣的に表示し、これを総合編成したものをいい、予算期間における企業の利益目標を指示し、各業務分野の諸活動を調整し、企業全般にわたる総合的管理の要具となるものである。予算は、業務執行に関する総合的な期間計画であるが、予算編成の過程は、たとえば製品組合せの決定、部品を自製するか外注するかの決定等個々の選択的事項に関する意思決定を含むことは、いうまでもない。

(五)　経営の基本計画を設定するに当たり、これに必要な原価情報を提供すること。ここに基本計画とは、経済の動態的変化に適応して、経営の給付目的たる製品、経営立地、生産設備等経営構造に関する基本的事項について、経営意思を決定し、経営構造を合理的に組成することをいい、随時的に行なわれる決定である。

二　原価計算制度

この基準において原価計算とは、制度としての原価計算をいう。原価計算制度は、〔財務諸表〕の作成、原価管理、〔予算〕統制等の異なる目的が、重点の相違はあるが相ともに達成されるべき一定の計算秩序である。かかるものとしての原価計算制度は、財務会計機構のらち外において随時断片的に行なわれる原価の統計的、技術的計算ないし調査ではなくて、財務会計機構と有機的に結びつき常時継続的に行なわれる計算体系である。原価計算制度は、この意味で原価会計にほかならない。

原価計算制度において計算される原価の種類およびこれと財務会計機構との結びつきは、単一でないが、しかし原価計算制度を大別して実際原価計算制度と標準原価計算制度とに分類することができる。

実際原価計算制度は、製品の実際原価を計算し、これを財務会計の主要帳簿に組み入れ、製品原価の計算と財務会計とが、実際原価をもって有機的に結合する原価計算制度である。原価管理上必要ある場合には、実際原価計算制度においても必要な原価の標準を勘定組織のわく外において設定し、これと実際との差異を分析し、報告することがある。

標準原価計算〔制度〕は、製品の標準原価を計算し、これを財務会計の主要〔帳簿〕に組み入れ、製品原価の計算と財務会計とが、標準原価をもって有機的に〔結合〕する原価計算制度である。標準原価計算制度は、必要な計算段階において実際原価を計算し、これと標準との〔差異〕を分析し、〔報告〕する計算体系である。

企業が、この基準にのっとって、原価計算を実施するに当たっては、上述の意味における実際原価計算制度または標準原価計算制度のいずれかを、当該企業が原価計算を行なう目的の重点、その他企業の個々の条件に応じて適用するものとする。

広い意味での原価の計算には、原価計算制度以外に、経営の基本計画および予算編成における選択的事項の決定に必要な特殊の原価たとえば差額原価、機会原価、付加原価等を、随時に統計的、技術的に調査測定することも含まれる。しかしかかる特殊原価調査は、制度としての原価計算の範囲外に属するものとして、この基準には含めない。

三　原価の本質

原価計算制度において、原価とは、〔経営〕における一定の給付にかかわらせて、把握された〔財貨〕又は用役(以下これを「財貨」という。)の消費を、〔貨幣〕価値的に表したものである。

(一)　原価は、経済価値の消費である。経営の活動は、一定の財貨を生産し販売することを目的とし、一定の財貨を作り出すために、必要な財貨すなわち経済価値を消費する過程である。原価とは、かかる経営過程における価値の消費を意味する。

(二)　原価は、経営において作り出された一定の給付に転嫁される価値であり、その給付にかかわらせて、把握されたものである。ここに給付とは、経営が作り出す財貨をいい、それは経営の最終給付のみでなく、中間的給付をも意味する。

(三)　原価は、経営目的に関連したものである。経営の目的は、一定の財貨を生産し販売することにあり、経営過程は、このための価値の消費と生成の過程である。原価は、かかる財貨の生産、販売に関して消費された経済価値であり、経営目的に関連しない価値の消費を含まない。財務活動は、財貨の生成および消費の過程たる経営過程以外の、資本の調達、返還、利益処分等の活動であり、したがってこれに関する費用たるいわゆる財務費用は、原則として原価を構成しない。

(四)　原価は、正常的なものである。原価は、正常な状態のもとにおける経営活動を前提として、把握された価値の消費であり、異常な状態を原因とする価値の減少を含まない。

四　原価の諸概念

原価計算制度においては、原価の本質的規定にしたがい、さらに各種の目的に規定されて、具体的には、次のような諸種の原価概念が生ずる。

（一）　実際原価と標準原価

原価は、その消費量および価格の算定基準を異にするにしたがって、実際原価と標準原価とに区別される。

1　実際原価とは、財貨の実際消費量をもって計算した原価をいう。ただし、その実際消費量は、経営の正常な状態を前提とするものであり、したがって、異常な状態を原因とする異常な消費量は、実際原価の計算においてもこれを実際消費量と解さないものとする。

実際原価は、厳密には実際の〔取得価格〕をもって計算した原価の実際〔発生額〕であるが、原価を〔予定価格〕等をもって計算しても、〔消費量〕を実際によって計算する限り、それは実際原価の計算である。ここに予定価格とは、将来の一定期間における実際の取得価格を予想することによって定めた価格をいう。

2　標準原価とは、財貨の消費量を科学的、統計的調査に基づいて能率の尺度となるように予定し、かつ、予定価格又は正常価格をもって計算した原価をいう。この場合、能率の尺度としての標準とはその標準が適用される期間において達成されるべき原価の目標を意味する。（　略　）

（二）　製品原価と期間原価

原価は、財務諸表上収益との対応関係に基づいて、製品原価と期間原価に区別される。製品原価とは、一定単位の製品に集計された原価をいい、期間原価とは、一定期間における発生額を、当期の収益に直接対応させて、把握した原価をいう。

製品原価と〔期間原価〕との範囲の区別は相対的であるが、通常、売上品および〔たな卸資産〕の価額を構成する全部の〔製造原価〕を製品原価とし、販売費および一般管理費は、これを〔期間原価〕とする。

（三）　全部原価と部分原価

原価は、集計される原価の範囲によって、全部原価と部分原価に区別される。

全部原価とは、一定の給付に対して生ずる全部の製造原価又はこれに販売費および一般管理費を加えて集計したものをいい、部分原価とは、そのうち一部分のみを集計したものをいう。

部分原価は、計算目的によって各種のものを計算することができるが、最も重要な部分原価は、変動直接費および変動間接費のみを集計した直接原価(変動原価)である。

五　非原価項目（　略　）

六　原価計算の一般的基準（　略　）

第二章 実際原価の計算

七 実際原価の計算手続

実際原価の計算においては、製造原価は、原則として、その実際〔発生額〕を、まず費目別に計算し、次いで〔原価部門〕別に計算し、最後に〔製品〕別に集計する。販売費および一般管理費は、原則として、一定期間における実際発生額を、費目別に計算する。

■ 第一節 製造原価要素の分類基準 ■

八 製造原価要素の分類基準

原価要素は、製造原価要素と販売費および一般管理費の要素に分類する。

製造原価要素を分類する基準は次のようである。

（一） 形態別分類

形態別分類とは、財務会計における費用の発生を基礎とする分類、すなわち原価発生の形態による分類であり、原価要素は、この分類基準によってこれを材料費、労務費および経費に属する各費目に分類する。

材料費とは、物品の消費によって生ずる原価をいい、おおむね次のように細分する。

1 素材費（原料費）
2 買入部品費
3 燃料費
4 工場消耗品費
5 消耗工具器具備品費

労務費とは、労働用役の消費によって生ずる原価をいい、おおむね次のように細分する。

1 賃金（基本給のほか割増賃金を含む）
2 給料
3 雑給
4 従業員賞与手当
5 退職給与引当金繰入額
6 福利費（健康保険料負担金等）

経費とは、〔材料費〕、労務費以外の原価要素をいい、減価償却費、たな卸減耗費および福利施設負担額、賃借料、修繕料、電力料、旅費交通費等の諸〔支払〕経費に細分する。

原価要素の形態別分類は、財務会計における費用の発生を基礎とする分類であるから、原価計算は、財務会計から原価に関するこの形態的分類による基礎資料を受け取り、これに基づいて原価を計算する。この意味でこの分類は、原価に関する基礎的分類であり、原価計算と財務会計との関連上重要である。

（二） 機能的分類

機能的分類とは、原価が経営上のいかなる機能のために発生したかによる分類であり、原価要素は、この分類基準によってこれを機能別に分類する。この分類基準によれば、たとえば、材料費は、主要材料費、および修繕材料費、試験研究材料費等の補助材料費、ならびに工場消耗品費等に、賃金は、作業種類別直接賃金、間接作業賃金、手待賃金等に、経費は、各部門の機能別経費に分類する。

（三） 製品との関連における分類

製品との関連における分類とは、製品に対する原価発生の態様、すなわち原価の発生が〔一定単位〕の製品の生成に関して直接的に認識されるかどうかの性質上の区別による分類であり、原価要素は、この分類基準によってこれを直接費と〔間接費〕とに分類する。

1 直接費は、これを直接材料費、直接労務費および直接経費に分類し、さらに適当に細分する。

2 間接費は、これを間接材料費、間接労務費および間接経費に分類し、さらに適当に細分する。

必要ある場合には、直接労務費と製造間接費とを合わせ、又は直接材料費以外の原価要素を総括して、これを加工費として分類することができる。

（四） 操業度との関連における分類

操業度との関連における分類とは、操業度の増減に対する原価発生の態様による分類であり、原価要素は、この分類基準によってこれを固定費と変動費とに分類する。ここに操業度とは、生産設備を一定とした場合におけるその利用度をいう。固定費とは、操業度の増減にかかわらず変化しない原価要素をいい、変動費とは、操業度の増減に応じて比例的に増減する原価要素をいう。

ある範囲内の操業度の変化では固定的であり、これをこえると急増し、再び固定化する原価要素たとえば監督者給料等、又は操業度が零の場合にも一定額が発生し、同時に操業度の増加に応じて比例的に増加する原価要素たとえば電力料等は、これを準固定費又は準変動費となづける。

準固定費又は準変動費は、固定費又は変動費とみなして、これをそのいずれかに帰属させるか、もしくは固定費と変動費が合成されたものであると解し、これを固定費の部分と変動費の部分とに分類する。

（五） 原価の管理可能性に基づく分類

原価の管理可能性に基づく分類とは、原価の発生が一定の管理者によって管理しうるかどうかによる分類であり、原価要素は、この分類基準によってこれを管理可能費と管理不能費とに分類する。下級管理者層にとって管理不能費であるものも、上級管理者層にとっては、管理可能費となることがある。

■ 第二節　原価の費目別計算 ■

九　原価の費目別計算

原価の費目別計算とは、一定〔期間〕における原価要素を費目別に分類〔測定〕する手続をいい、財務会計における〔費用〕計算であると同時に、原価計算における第一次の計算段階である。

一〇　費目別計算における原価要素の分類

費目別計算においては、原価要素を、原則として、形態別分類を基礎とし、これを直接費と間接費とに大別し、さらに必要に応じ機能別分類を加味して、たとえば次のように分類する。

直接費

　直接材料費

　　主要材料費(原料費)

　　買入部品費

　直接労務費

　　直接賃金(必要ある場合には作業種類別に細分する)

　直接経費

　　外注加工賃

間接費

　間接材料費

　　補助材料費

　　工場消耗品費

　　消耗工具器具備品費

　間接労務費

　　間接作業賃金

　　間接工賃金

　　手待賃金

　　休業賃金

　　給　料

　　従業員賞与手当

　　退職給与引当金繰入額

　　福利費(健康保険料負担金等)

　間接経費

　　福利施設負担額

　　厚生費

　　減価償却費

　　賃借料

　　保険料

　　修繕料

　　電力料

　　ガス代

　　水道料

　　租税公課

　　旅費交通費

　　通信費

　　保管料

　　たな卸減耗費

　　雑　費

　間接経費は、原則として形態別に分類するが、必要に応じ修繕費、運搬費等の複合費を設定することができる。

一一　材料費計算

（一）　直接材料費、補助材料費等であって、出入記録を行なう材料に関する原価は、各種の材料につき原価計算期間における実際の消費量に、その消費価格を乗じて計算する。

（二）　材料の実際の消費量は、原則として〔継続記録法〕によって計算する。ただし、材料であって、その消費量を〔継続記録法〕によって計算することが困難なもの又はその必要のないものについては、〔たな卸計算法〕を適用することができる。

（三）　材料の消費価格は、原則として購入原価をもって計算する。

同種材料の購入原価が異なる場合、その消費価格の計算は、次のような方法による。

1　先入先出法
2　移動平均法
3　総平均法
4　後入先出法
5　個別法

材料の消費価格は、必要ある場合には、予定価格等をもって計算することができる。

（四）　材料の購入原価は、原則として実際の購入原価とし、次のいずれかの金額によって計算する。

1　購入代価に買入手数料、引取運賃、荷役費、保険料、関税等材料買入に要した引取費用を加算した金額

2　購入代価に引取費用ならびに購入事務、検収、整理、選別、手入、保管等に要した費用(引取費用とあわせて以下これを「材料副費」という。)を加算した金額。ただし、必要ある場合には、引取費用以外の材料副費の一部を購入代価に加算しないことができる。

（　略　）

（五）　間接材料費であって、工場消耗品、消耗工具器具備品等、継続記録法又はたな卸計算法による出入記録を行なわないものの原価は、原則として当該原価計算期間における買入額をもって計算する。

一二　労務費計算

（一）　直接賃金等であって、〔作業時間〕又は作業量の測定を行なう〔労務費〕は、実際の〔作業時間〕又は作業量に〔賃率〕を乗じて計算する。賃率は、実際の個別賃率又は、職場もしくは作業区分ごとの平均賃率による。平均賃率は、必要ある場合には、予定平均賃率をもって計算することができる。

直接賃金等は、必要ある場合には、当該原価計算期間の負担に属する要支払額をもって計算することができる。

（二）　間接労務費であって、間接工賃金、給料、賞与手当等は、原則として当該原価計算期間の負担に属する要支払額をもって計算する。

一三　経費計算

（一）　経費は、原則として当該原価計算期間の実際の発生額をもって計算する。ただし、必要ある場合には、予定価格又は予定額をもって計算することができる。

（二）　減価償却費、不動産賃借料等であって、数ヵ月分を一時に総括的に計算し又は支払う経費については、これを月割り計算する。

（三） 電力料、ガス代、水道料等であって、消費量を計量できる経費については、その実際消費量に基づいて計算する。

一四 費目別計算における予定価格等の適用

費目別計算において一定期間における原価要素の発生を測定するに当たり、予定価格等を適用する場合には、これをその適用される期間における実際価格にできる限り近似させ、価格差異をなるべく僅少にするように定める。

■ 第三節 原価の部門別計算 ■

一五 原価の部門別計算

原価の部門別計算とは、〔費目〕別計算において把握された原価要素を、原価部門別に〔分類〕集計する手続をいい、原価計算における〔第二次〕の計算段階である。

一六 原価部門の設定

原価部門とは、原価の発生を〔機能〕別、〔責任〕区分別に管理するとともに、〔製品原価〕の計算を正確にするために、原価要素を〔分類〕集計する計算組織上の区分をいい、これを諸製造部門と諸〔補助〕部門とに分ける。製造および補助の諸部門は、次の基準により、かつ、経営の特質に応じて適当にこれを区分設定する。

（一） 製造部門

製造部門とは、直接製造作業の行なわれる部門をいい、製品の種類別、製品生成の段階、製造活動の種類別等にしたがって、これを各種の部門又は工程に分ける。たとえば機械製作工場における鋳造、鍛造、機械加工、組立等の各部門はその例である。

副産物の加工、包装品の製造等を行なういわゆる副経営は、これを製造部門とする。

製造に関する諸部門は、必要ある場合には、さらに機械設備の種類、作業区分等にしたがって、これを各小工程又は各作業単位に細分する。

（二） 補助部門

補助部門とは、〔製造〕部門に対して補助的関係にある部門をいい、これを補助〔経営〕部門と〔工場管理〕部門とに分け、さらに機能の種類別等にしたがって、これを各種の部門に分ける。

補助経営部門とは、その事業の目的とする製品の生産に直接関与しないで、自己の製品又は用役を製造部門に提供する諸部門をいい、たとえば動力部、修繕部、運搬部、工具製作部、検査部等がそれである。工具製作、修繕、動力等の補助経営部門が相当の規模となった場合には、これを独立の経営単位とし、計算上製造部門として取り扱う。

工場管理部門とは、管理的機能を行なう諸部門をいい、たとえば、材料部、労務部、企画部、試験研究部、工場事務部等がそれである。

一七 部門個別費と部門共通費

原価要素は、これを原価部門に〔分類集計〕するに当たり、当該部門において発生したことが直接的に〔認識〕されるかどうかによって、部門〔個別費〕と部門共通費とに分類する。

部門個別費は、原価部門における発生額を直接に当該部門に賦課し、部門共通費は、原価要素別に又はその性質に基づいて分類された原価要素群別にもしくは一括して、適当な配賦基準によって関係各部門に配賦する。部門共通費であって工場全般に関して発生し、適当な配賦基準を得がたいものは、これを一般費とし、補助部門費として処理することができる。

一八　部門別計算の手続

（一）　原価要素の全部又は一部は、まずこれを各製造部門および補助部門に賦課又は配賦する。この場合、部門に集計する原価要素の範囲は、製品原価の正確な計算および原価管理の必要によってこれを定める。たとえば、個別原価計算においては、製造間接費のほか、直接労務費をも製造部門に集計することがあり、総合原価計算においては、すべての製造原価要素又は加工費を製造部門に集計することがある。

各部門に集計された原価要素は、必要ある場合には、これを変動費と固定費又は管理可能費と管理不能費とに区分する。

（二）　次いで補助部門費は、直接配賦法、階梯式配賦法、相互配賦法等にしたがい、適当な配賦基準によって、これを各製造部門に配賦し、製造部門費を計算する。

一部の補助部門費は、必要ある場合には、これを製造部門に配賦しないで直接に製品に配賦することができる。

（三）　製造部門に集計された原価要素は、必要に応じさらにこれをその部門における小工程又は作業単位に集計する。この場合、小工程又は作業単位には、その小工程等において管理可能の原価要素又は直接労務費のみを集計し、そうでないものは共通費および他部門配賦費とする。

■ 第四節　原価の製品別計算 ■

一九　原価の製品別計算および原価単位

原価の製品別計算とは、原価要素を一定の〔製品単位〕に集計し、単位製品の〔製造原価〕を算定する手続をいい、原価計算における〔第三次〕の計算段階である。

製品別計算のためには、原価を集計する一定の製品単位すなわち原価単位を定める。原価単位は、これを個数、時間数、度量衡単位等をもって示し、業種の特質に応じて適当に定める。

二〇　製品別計算の形態

製品別計算は、経営における生産形態の種類別に対応して、これを次のような類型に区分する。

（一）　単純総合原価計算

（二）　等級別総合原価計算

（三）　組別総合原価計算

（四）　個別原価計算

二一　単純総合原価計算

単純総合原価計算は、同種製品を反復連続的に生産する生産形態に適用する。単純総合原価計算にあっては、一原価計算期間（以下これを「一期間」という。）に発生したすべての原価要素を集計して当期製造費用を求め、これに期首仕掛品原価を加え、この合計額（以下これを「総製造費用」という。）を、完成品と期末仕掛品とに分割計算することにより、完成品総合原価を計算し、これを製品単位に均分して単位原価を計算する。

二二　等級別総合原価計算

等級別総合原価計算は、〔同一〕工程において、〔同種〕製品を連続生産するが、その製品を形状、大きさ、品位等によって等級に区別する場合に適用する。

等級別総合原価計算にあっては、各等級製品について適当な〔等価係数〕を定め、一期間における〔完成品〕の総合原価又は一期間の製造費用を〔等価係数〕に基づき各等級製品に〔按分〕してその製品原価を計算する。

等価係数の算定およびこれに基づく等級製品原価の計算は、次のいずれかの方法による。

(一)　各等級製品の重量、長さ、面積、純分度、熱量、硬度等原価の発生と関連ある製品の諸性質に基づいて等価係数を算定し、これを各等級製品の一期間における生産量に乗じた積数の比をもって、一期間の完成品の総合原価を一括的に各等級製品に按分してその製品原価を計算し、これを製品単位に均分して単位原価を計算する。

(二)　一期間の製造費用を構成する各原価要素につき、又はその性質に基づいて分類された数個の原価要素群につき、各等級製品の標準材料消費量、標準作業時間等各原価要素又は原価要素群の発生と関連ある物量的数値等に基づき、それぞれの等価係数を算定し、これを各等級製品の一期間における生産量に乗じた積数の比をもって、各原価要素又は原価要素群を按分して、各等級製品の一期間の製造費用を計算し、この製造費用と各等級製品の期首仕掛品原価とを、当期における各等級製品の完成品とその期末仕掛品とに分割することにより、当期における各等級製品の総合原価を計算し、これを製品単位に均分して単位原価を計算する。

この場合、原価要素別又は原価要素群別に定めた等価係数を個別的に適用しないで、各原価要素又は原価要素群の重要性を加味して総括し、この総括的等価係数に基づいて、一期間の完成品の総合原価を一括的に各等級製品に按分して、その製品原価を計算することができる。

二三　組別総合原価計算

組別総合原価計算は、異種製品を組別に連続生産する生産形態に適用する。

組別総合原価計算にあっては、一期間の〔製造〕費用を〔組直接費〕と組間接費又は原料費と加工費とに分け、〔個別〕原価計算に準じ、〔組直接費〕又は原料費は、各組の製品に〔賦課〕し、組間接費又は加工費は、適当な〔配賦〕基準により各組に〔配賦〕する。次いで一期間における組別の製造費用と期首仕掛品原価とを、当期における組別の完成品とその期末仕掛品とに分割することにより、当期における組別の完成品総合原価を計算し、これを製品単位に均分して単位原価を計算する。

二四　総合原価計算における完成品総合原価と期末仕掛品原価

単純総合原価計算、等級別総合原価計算および組別総合原価計算は、いずれも原価集計の単位が期間生産量であることを特質とする。すなわち、いずれも継続製造指図書に基づき、一期間における生産量について総製造費用を算定し、これを期間生産量に分割負担させることによって完成品総合原価を計算する点において共通する。したがって、これらの原価計算を総合原価計算の形態と総称する。

総合原価計算における完成品総合原価と期末仕掛品原価は、次の手続により算定する。

(一)　まず、当期製造費用および期首仕掛品原価を、原則として直接材料費と加工費とに分け、期末仕掛品の完成品換算量を直接材料費と加工費とについて算定する。

期末仕掛品の完成品換算量は、直接材料費については、期末仕掛品に含まれる直接材料消費量の完成品に含まれるそれに対する比率を算定し、これを期末仕掛品現在量に乗じて計算する。加工費については、期末仕掛品の仕上り程度の完成品に対する比率を算定し、これを期末仕掛品現在量に乗じて計算する。

(二)　次いで、当期製造費用および期首仕掛品原価を、次のいずれかの方法により、完成品と期末仕掛品とに分割して、完成品総合原価と期末仕掛品原価とを計算する。

1　当期の直接材料費総額(期首仕掛品および当期製造費用中に含まれる直接材料費の合計額)および当期の加工費総額(期首仕掛品および当期製造費用中に含まれる加工費の合計額)を、それぞれ完成品数量と期末仕掛品の完成品換算量との比により完成品と期末仕掛品とに按分して、それぞれ両者に含まれる直接材料費と加工費とを算定し、これをそれぞれ合計して完成品総合原価および期末仕掛品原価を算定する(平均法)。

2　期首仕掛品原価は、すべてこれを完成品の原価に算入し、当期製造費用を、完成品数量から期首仕掛品の完成品換算量を差し引いた数量と期末仕掛品の完成品換算量との比により、完成品と期末仕掛品とに按分して完成品総合原価および期末仕掛品原価を算定する(先入先出法)。

3　(　略　)

4　(　略　)

5　期末仕掛品は、必要ある場合には、予定原価又は正常原価をもって評価することができる。

6　期末仕掛品の数量が毎期ほぼ等しい場合には、総合原価の計算上これを無視し、当期製造費用をもってそのまま完成品総合原価とすることができる。

二五　工程別総合原価計算

総合原価計算において、製造工程が〔二〕以上の連続する工程に分けられ、工程ごとにその工程製品の総合原価を計算する場合(この方法を「工程別総合原価計算」という。)には、一工程から次工程へ振り替えられた工程製品の総合原価を、〔前工程費〕又は原料費として次工程の〔製造費用〕に加算する。この場合、工程間に振り替えられる工程製品の計算は、予定原価又は正常原価によることができる。

二六　加工費工程別総合原価計算

(　略　)

二七　仕損および減損の処理

総合原価計算においては、仕損の費用は、原則として、特別に仕損費の費目を設けることをしないで、これをその期の完成品と期末仕掛品とに負担させる。

加工中に蒸発、粉散、ガス化、煙化等によって生ずる原料の減損の処理は、仕損に準ずる。

二八　副産物等の処理と評価

総合原価計算において、副産物が生ずる場合には、その価額を算定して、これを主産物の〔総合〕原価から控除する。副産物とは、主産物の製造過程から必然に〔派生〕する物品をいう。

副産物の価額は、次のような方法によって算定した額とする。

(一)　副産物で、そのまま外部に売却できるものは、見積売却価額から販売費および一般管理費又は販売費、一般管理費および通常の利益の見積額を控除した額。

(二)　副産物で、加工の上売却できるものは、加工製品の見積売却価額から加工費、販売費および一般管理費又は加工費、販売費、一般管理費および通常の利益の見積額を控除した額

(三)　副産物で、そのまま自家消費されるものは、これによって節約されるべき物品の見積購入価額

(四)　副産物で、加工の上自家消費されるものは、これによって節約されるべき物品の見積購入価額から加工費の見積額を控除した額

軽微な副産物は、前項の手続によらないで、これを売却して得た収入を、原価計算外の収益とすることができる。

作業くず、仕損品等の処理および評価は、副産物に準ずる。

二九　連産品の計算

連産品とは、同一〔工程〕において同一原料から生産される〔異種〕の製品であって、相互に〔主副〕を明確に区別できないものをいう。連産品の価額は、連産品の正常市価等を基準として定めた等価係数に基づき、一期間の総合原価を連産品に按分して計算する。この場合、連産品で、加工の上売却できるものは、加工製品の見積売却価額から加工費の見積額を控除した額をもって、その正常市価とみなし、等価係数算定の基礎とする。ただし、必要ある場合には、連産品の一種又は数種の価額を副産物に準じて計算し、これを一期間の総合原価から控除した額をもって、他の連産品の価額とすることができる。

三〇　総合原価計算における直接原価計算

総合原価計算において、必要ある場合には、一期間における製造費用のうち、変動直接費および変動間接費のみを部門に集計して部門費を計算し、これに期首仕掛品を加えて完成品と期末仕掛品とに按分して製品の直接原価を計算し、固定費を製品に集計しないことができる。

この場合、会計年度末においては、当該会計期間に発生した固定費額は、これを期末の仕掛品および製品と当年度の売上品とに配賦する。

三一　個別原価計算

個別原価計算は、種類を異にする製品を個別的に生産する生産形態に適用する。

個別原価計算にあっては、〔特定〕製造指図書について個別的に〔直接費〕および間接費を集計し、製品原価は、これを当該指図書に含まれる製品の生産完了時に算定する。

経営の目的とする製品の生産にさいしてのみでなく、自家用の建物、機械、工具等の製作又は修繕、試験研究、試作、仕損品の補修、仕損による代品の製作等にさいしても、これを特定指図書を発行して行なう場合は、個別原価計算の方法によってその原価を算定する。

三二　直接費の賦課

個別原価計算における直接費は、発生のつど又は定期に整理分類して、これを当該指図書に賦課する。

(一)　直接材料費は、当該指図書に関する実際消費量に、その消費価格を乗じて計算する。消費価格の計算は、第二節一一の(三)に定めるところによる。

自家生産材料の消費価格は、実際原価又は予定価格等をもって計算する。

(二)　直接労務費は、当該指図書に関する実際の作業時間又は作業量に、その賃率を乗じて計算する。賃率の計算は、第二節一二の(一)に定めるところによる。

(三)　直接経費は、原則として当該指図書に関する実際発生額をもって計算する。

三三　間接費の配賦

(一)　個別原価計算における間接費は、原則として部門間接費として各指図書に配賦する。

(二)　間接費は、原則として予定配賦率をもって各指図書に配賦する。

(三)　部門間接費の予定配賦率は、一定期間における各部門の間接費予定額又は各部門の固定間接費予定額および変動間接費予定額を、それぞれ同期間における当該部門の予定配賦基準をもって除して算定する。

(四)　一定期間における各部門の間接費予定額又は各部門の固定間接費予定額および変動間接費予定額は、次のように計算する。

1　まず、間接費を固定費および変動費に分類して、過去におけるそれぞれの原価要素の実績を把握する。この場合、間接費を固定費と変動費とに分類するためには、間接費要素に関する各費目を調査し、費目によって固定費又は変動費のいずれかに分類する。準固定費又は準変動費は、実際値の変化の調査に基づき、これを固定費又は変動費とみなして、そのいずれかに帰属させるか、もしくはその固定費部分および変動費率を測定し、これを固定費と変動費とに分解する。

2　次に、将来における物価の変動予想を考慮して、これに修正を加える。

3　さらに固定費は、設備計画その他固定費に影響する計画の変更等を考慮し、変動費は、製造条件の変更等変動費に影響する条件の変化を考慮して、これを修正する。

4　変動費は、予定操業度に応ずるように、これを算定する。

(五)　予定配賦率の計算の基礎となる予定操業度は、原則として、一年又は一会計期間において予期される操業度であり、それは、技術的に達成可能な最大操業度ではなく、この期間における生産ならびに販売事情を考慮して定めた操業度である。

操業度は、原則として直接作業時間、機械運転時間、生産数量等間接費の発生と関連ある適当な物量基準によって、これを表示する。

操業度は、原則としてこれを各部門に区分して測定表示する。

(六)　部門間接費の各指図書への配賦額は、各製造部門又はこれを細分した各小工程又は各作業単位別に、次のいずれかによって計算する。

1　間接費予定配賦率に、各指図書に関する実際の配賦基準を乗じて計算する。

2　固定間接費予定配賦率および変動間接費予定配賦率に、それぞれ各指図書に関する実際の配賦基準を乗じて計算する。

(七)　一部の補助部門費を製造部門に配賦しないで、直接に指図書に配賦する場合には、そのおのおのにつき適当な基準を定めてこれを配賦する。

三四　加工費の配賦

個別原価計算において、労働が機械作業と密接に結合して総合的な作業となり、そのため製品に賦課すべき直接労務費と製造間接費とを分離することが困難な場合その他必要ある場合には、加工費について部門別計算を行ない、部門加工費を各指図書に配賦することができる。部門加工費の指図書への配賦は、原則として予定配賦率による。予定加工費配賦率の計算は、予定間接費配賦率の計算に準ずる。

三五　仕損費の計算および処理

個別原価計算において、仕損が発生する場合には、原則として次の手続により仕損費を計算する。

(一)　仕損が補修によって回復でき、補修のために補修指図書を発行する場合には、補修指図書に集計された製造原価を仕損費とする。

(二)　仕損が補修によって回復できず、代品を製作するために新たに製造指図書を発行する場合において

1　旧製造指図書の全部が仕損となったときは、旧製造指図書に集計された製造原価を仕損費とする。

2　旧製造指図書の一部が仕損となったときは、新製造指図書に集計された製造原価を仕損費とする。

(三)　仕損の補修又は代品の製作のために別個の指図書を発行しない場合には、仕損の補修等に要する製造原価を見積ってこれを仕損費とする。

前記(二)又は(三)の場合において、仕損品が売却価値又は利用価値を有する場合には、その見積額を控除した額を仕損費とする。

軽微な仕損については、仕損費を計上しないで、単に仕損品の見積売却価額又は見積利用価額を、当該製造指図書に集計された製造原価から控除するにとどめることができる。

仕損費の処理は、次の方法のいずれかによる。

(一)　仕損費の実際発生額又は見積額を、当該指図書に賦課する。

(二)　仕損費を間接費とし、これを仕損の発生部門に賦課する。この場合、間接費の予定配賦率の計算において、当該製造部門の予定間接費額中に、仕損費の予定額を算入する。

三六　作業くずの処理

個別原価計算において、作業くずは、これを総合原価計算の場合に準じて評価し、その発生部門の部門費から控除する。ただし、必要ある場合には、これを当該製造指図書の直接材料費又は製造原価から控除することができる。

■ 第五節　販売費および一般管理費の計算 ■

三七　販売費および一般管理費要素の分類基準（　略　）

三八　販売費および一般管理費の計算（　略　）

三九　技術研究費（　略　）

第三章 標準原価の計算

四〇 標準原価算定の目的

標準原価算定の目的としては、おおむね次のものをあげることができる。

(一) 原価管理を効果的にするための原価の標準として標準原価を設定する。これは標準原価を設定する最も重要な目的である。

(二) 標準原価は、真実の原価として仕掛品、製品等のたな卸資産価額および売上原価の算定の基礎となる。

(三) 標準原価は、予算とくに見積財務諸表の作成に、信頼しうる基礎を提供する。

(四) 標準原価は、これを勘定組織の中に組み入れることによって、記帳を簡略化し、迅速化する。

四一 標準原価の算定

標準原価は、直接材料費、直接労務費等の直接費および製造間接費について、さらに製品原価について算定する。(略)

(一) 標準直接材料費(略)

(二) 標準直接労務費(略)

(三) 製造間接費の標準(略)

(四) 標準製品原価

標準製品原価は、製品の一定単位につき標準直接材料費、標準直接労務費等を集計し、これに標準間接費配賦率に基づいて算定した標準間接費配賦額を加えて算定する。標準間接費配賦率は、固定予算算定の基礎となる操業度ならびにこの操業度における標準間接費を基礎として算定する。(略)

四二 標準原価の改訂(略)

四三 標準原価の指示(略)

第四章 原価差異の算定および分析

四四 原価差異の算定および分析(略)

四五 実際原価計算制度における原価差異(略)

四六 標準原価計算制度における原価差異(略)

第五章 原価差異の会計処理

四七 原価差異の会計処理

(一) 実際原価計算制度における原価差異の処理は、次の方法による。

1 原価差異は、材料受入価格差異を除き、原則として当年度の売上原価に賦課する。

2 材料受入価格差異は、当年度の材料の払出高と期末在高に配賦する。この場合、材料の期末在高については、材料の適当な種類群別に配賦する。(略)

スピードアップのための電卓術（ワザ）

電卓の上手な使い方をマスターすればスピードアップが図れ、得点力がアップします。
電卓を使いこなすテクニックを修得しましょう。

3つの省略テクニックでスピードUP

今までふつうに叩いていたキーを省略してスピードアップを図りましょう。

省略テクニック❶「計算途中の = キーは省略できる」

練習問題

片道の交通費が電車賃200円とバス代100円です。往復だといくらでしょうか？

計算式：(200円＋100円) × 2 ＝ 600円

普通の使い方：2 00 + 1 00 = × 2 = 600

テクニック 2 00 + 1 00 × 2 = 600

Point = キーは省略できます。

省略テクニック❷「0 を省略」

練習問題

販売価格1,000円で原価率60%（0.6）の商品の原価はいくらでしょうか？

計算式：1,000円× 0.6 ＝ 600円

普通の使い方：1 00 0 × 0 . 6 = 600

テクニック 1 00 0 × . 6 = 600

Point 0 は省略できます。

省略テクニック❸「% キーを使って = キーを省略」

省略で
差をつけよう

練習問題

販売価格1,000円で原価率60%（0.6）の商品の原価はいくらでしょうか？

テクニック 1 00 0 × 6 0 % 600

Point = キーを押す必要はありません。

省略とメモリー機能で電卓上手

スピードアップのための電卓術（ワザ）

電卓の上手な使い方をマスターすればスピードアップが図れ、得点力がアップします。
電卓を使いこなすテクニックを修得しましょう。

メモリー機能を使いこなそう

「計算途中の結果を紙にメモした」経験がありませんか。でも電卓が覚えてくれるなら、その方が楽ですね。

紙に書く代わりに電卓に覚えさせるメモリー機能を使ってスピードアップを図りましょう。

メモリー機能は次の４つのキーで操作します。

キー	呼び方	機能
M＋	メモリープラス	画面の数字を電卓のメモリーに加算し（足し込み）ます。
M－	メモリーマイナス	画面の数字を電卓のメモリーから減算し（引き）ます。
RM または MR	リコールメモリー	メモリーに入っている数字を画面に表示します。
CM または MC	クリアメモリー	メモリーに入っている数字をクリア（ゼロ）にします。

メモリー機能の練習

練習問題

100円の商品を３個と200円の商品を５個購入しました。総額でいくらでしょうか。

メモの必要なし

操作	電卓の表示	機能	メモリーの値
CA または AC と MC	0	計算結果やメモリーを全てクリアします。	0
1 00 × 3 M＋	300	メモリーに300を加算します。	300
2 00 × 5 M＋	1,000	メモリーに1,000を加算します。	1,300
RM または MR	1,300	メモリーに入っている数字を表示します。	1,300

索　　引

た

は

ま

や

ら

■監修

田坂 公（タサカ コウ）
福岡大学教授
長崎県出身
中央大学商学部会計学科卒業
博士（経営学）専修大学
1988年～2010年　資格の学校TACなどで簿記講師を歴任
2014年～2018年　金融庁・公認会計士試験委員（管理会計論）
2022年～　金融庁・公認会計士試験専門委員（管理会計論）
趣味　ボーカル・トレーニング

■編著

桑原 知之（ネットスクール株式会社）

■制作スタッフ

藤巻健二　中嶋典子　石川祐子　吉永絢子　吉川史織

■表紙デザイン

株式会社スマートゲート

本書の発行後に公表された法令等及び試験制度の改正情報、並びに判明した誤りに関する訂正情報については、弊社WEBサイト内の**『読者の方へ』**にてご案内しておりますので、ご確認下さい。

https://www.net-school.co.jp/

なお、万が一、誤りではないかと思われる箇所のうち、弊社WEBサイトにて掲載がないものにつきましては、**書名（ＩＳＢＮコード）と誤りと思われる内容**のほか、お客様の**お名前**及び**ご連絡先（電話番号）**を明記の上、弊社まで**郵送またはe-mail**にてお問い合わせ下さい。

＜郵送先＞　〒101 － 0054
東京都千代田区神田錦町３－23メットライフ神田錦町ビル３階
ネットスクール株式会社　正誤問い合わせ係

＜e-mail＞　seisaku@net-school.co.jp

※正誤に関するもの以外のご質問、本書に関係のないご質問にはお答えできません。
※**お電話によるお問い合わせはお受けできません。**ご了承下さい。
※回答及び内容確認のためにお電話を差し上げることがございますので、必ずご連絡先をお書きください。

全経　簿記能力検定試験　公式テキスト　１級原価計算・管理会計

2024年３月19日　初　版　第１刷発行

監修者	田坂　公
編著者	桑原知之
発行者	桑原知之
発行所	ネットスクール株式会社 出版本部 〒101-0054　東京都千代田区神田錦町3-23 電話　03（6823）6458（営業） FAX　03（3294）9595 https://www.net-school.co.jp/
DTP制作	ネットスクール株式会社
印刷・製本	日経印刷株式会社

ISBN 978-4-7810-0365-8